1%를 읽는 매크로 투자
주식의 코드

이 책의 판권은 ㈜베가북스가 소유합니다. 저작권법에 따라 보호받는 저작물이므로 무단 전재와 복제를 금합니다. 이 책의 전부 또는 일부를 이용하거나 유튜브 동영상, 오디오북, 요약자료 등으로 생성 및 유포할 때도 반드시 사전에 ㈜베가북스의 서면 동의를 받아야 합니다. 더 자세한 사항은 ㈜베가북스로 문의 부탁드립니다.

홈페이지 | www.vegabooks.co.kr   이메일 | info@vegabooks.co.kr
블로그 | http://blog.naver.com/vegabooks
인스타그램 | @vegabooks   페이스북 | @VegaBooksCo

1%를 읽는 매크로 투자

주식의 코드

주식의 코드 지음

베가북스
VegaBooks

차례

프롤로그 • 12

|1부| 투자의 첫걸음:
왜 시작하고 무엇을 어떻게 살까?

1장 ••• 투자를 안 하면 가난해지는 이유 — 27

돈의 가치는 왜 줄어드는가? — 28

돈 가치의 하락은 곧 자산 가치의 상승 — 29

돈은 어떻게 만들어지고 풀리는가? — 31

돈의 흐름은 결국 생산성이 높은 곳으로 — 32

개별 기업 투자가 어려운 이유 — 34

모든 기업을 사라: 지수 ETF의 힘 — 35

확실하고 안전하게 수익을 보자 — 36

2장 ••• 좋은 종목을 찾는 방법은 쉽다. 하지만 타이밍이 중요하다 — 38

정말 좋은 종목 찾는 법 — 38

좋은 종목도 타이밍이 전부다 — 40

3장 ••• 주가는 어떻게 계산할 수 있을까? _ 43

실적이 안정적인 기업만 보자 _ 43

주가 공식은 간단하다: 실적×멀티플 _ 45

멀티플, 적정가치 분석의 핵심 _ 46

정규분포로 저점과 고점 찾기 _ 48

4장 ••• 멀티플은 이렇게 분석한다 _ 54

첫걸음: 데이터를 직접 모아보자 _ 56

평균과 표준편차로 기준선 만들기 _ 59

멀티플이 싼지 비싼지 해석하는 법 _ 61

한눈에 정리하는 멀티플 분석의 핵심 _ 63

5장 ••• 실적은 이렇게 예측한다 _ 65

S&P 500 지수, 실적 추정 공식 _ 66

실적을 예측하는 구체적 방법: FOMC 점도표 _ 68

실전 투자에 적용할 때 주의할 점 _ 78

6장 ••• 투자의 첫걸음 핵심 요약 _ 80

| 2부 | **경제 사이클로 잡는 타이밍**

1장 ••• 경제 사이클은 무엇인가? _85

　　사이클을 움직이는 세 가지 힘: 통화 정책, 재정 정책, 물가 _88

2장 ••• 침체기에서 회복기로: 대세 상승장의 시작 _92

　　침체기는 왜 기회인가? _94

　　회복기의 특징: 유동성 장세, 실적보다 돈의 힘이 앞선다 _96

　　실전 전략: 하이일드 채권, 금, 장기금리 활용법 _99

　　침체기 전반 → 후반 전환 신호: 하이일드 채권 금리 하락 _101

　　침체기 후반 → 진입 확인 신호: 금 가격 상승 _104

　　침체기 후반 → 회복기 전환 신호: 금 가격 하락, 국채 금리 상승 _106

　　회복기 이후 확장으로 갈까, 둔화로 갈까? _108

　　핵심 정리: 침체기에서 회복기로 넘어갈 때의 투자 원칙 _118

3장 ••• 회복기에서 확장기로: 실적 장세와 조정 _121

　　인플레이션이 왜 핵심 변수일까? _124

　　확장기의 특징: 실적 장세, 기업 성장이 시장을 이끈다 _125

　　실전 전략: 금리와 금 가격으로 확장기를 읽는 법 _127

　　핵심 정리: 좋은 실적에도 조정이 오는 이유 이해하기 _142

4장 ••• 확장기 이후: 불확실성이 커지는 시기 _145

　　금리 상승의 원인을 왜 분석해야 할까? _**148**

　　확장기 후반의 특징: 물가 안정이라는 착시 _**153**

　　실전 전략: 기대인플레이션을 체크하라 _**157**

　　핵심 정리: 불확실성 시대의 투자 원칙 _**161**

5장 ••• 둔화 국면: 침체로 갈까, 다시 회복할까? _163

　　정답보다 시장의 해석이 왜 중요한가? _**167**

　　둔화기의 특징: 같은 지표도 해석이 엇갈린다 _**171**

　　실전 전략: 금리·환율·자산 가격의 종합 해석법 _**174**

　　핵심 정리: 시장의 생각을 읽는 힘 _**187**

6장 ••• 경제 사이클별 핵심 투자 포인트 _190

| 3부 | **자산별 매크로 해석법**

1장 ••• 단기금리(2년물 미국 국채)는 무엇을 말해줄까? _195

기준금리와 채권 금리, 어떻게 다를까? _**196**

단기금리를 해석하는 핵심 프레임: 성장과 물가 _**197**

성장과 물가로 읽는 2년물 국채 금리 _ **213**

핵심 정리: 더 깊은 해석을 위한 통화 정책에 대한 이해 _ **216**

2장 ••• 장기금리(10년물 미국 국채): 경제의 장기 기대 _ 219

10년물 금리를 이루는 요소: DKW(D'Amico, Kim, Wei) 모델 _**220**

역사적 사건으로 본 장기금리의 움직임 _ **228**

성장·물가·프리미엄으로 읽는 10년물 금리 _ **239**

3장 ••• 환율: 글로벌 자금 흐름의 거울 _ 242

환율을 왜 봐야 하는가? _ **244**

환율을 해석하는 방법과 실전 예시 _ **246**

금리-환율 조합으로 읽는 자산시장 _ **266**

4장••• 금: 인플레이션과 불안심리의 지표 _ 270

    금 가격은 왜 오르는 걸까? _ 270

    금 가격 해석 방법과 실전 사례 _ 275

    인플레이션·안전자산 선호로 읽는 금 가격 _ 280

5장••• 코인: 인플레이션과 위험자산 선호 지표 _ 284

    코인 가격은 왜 오르는가? _ 285

    코인 가격을 해석하는 방법과 실전 사례 _ 286

    인플레이션·위험자산 선호도를 읽는 코인 가격 _ 295

6장••• 다섯 가지 자산 가격 신호, 종합해 읽기 _ 300

    실전 투자자라면 반드시 알아야 할 다섯 가지 자산 _ 300

    각 자산 가격의 움직임 해석하기 _ 301

    해석 차이가 실전 투자 전략을 만든다 _ 306

7장••• 다섯 가지 자산 가격 해석의 힘 _ 309

| 4부 | 실전 투자에 쓰는 매크로 도구

1장 ••• 금리·물가·고용으로 금리전망 읽는 방법 —313

　　　　비농업고용지수: 어느 정도가 적절한 수준인가? —**314**

　　　　소비자물가지수와 기대인플레이션 —**316**

2장 ••• CME FedWatch를 활용한 금리전망 읽기 —319

3장 ••• 공포·탐욕지수와 VIX 지수를 활용한 주식 투자 전략 —325

　　　　공포·탐욕지수로 매수·매도 영역 찾기 —**327**

　　　　표준편차로 가치평가하기 —**328**

　　　　VIX 지수를 활용해 분할매수 구간 정하기 —**330**

4장 ••• DKW 모델을 활용한 10년물 국채 금리 체크 방법 _ 332

　　　　데이터 다운로드 및 가공 _ **334**

　　　　구성요소 나누어 가치평가하기 _ **337**

5장 ••• 실전에 바로 쓰는 매크로 도구 _ 341

　　　　에필로그 • 343

프롤로그

투자 공부 방법

오늘날 투자자들은 매우 다양한 자산에 손쉽게 투자할 수 있습니다. 대표적으로 한국 주식이나 미국 주식, 일정한 이자를 지급하는 채권이나 예금이 있습니다. 부동산은 직접 사지 않아도 리츠(REITs)를 통해 간접적으로 지분 투자를 할 수 있습니다. 또한 금이나 은 같은 귀금속, 농산물이나 산업 광물 같은 원자재에도 쉽게 투자할 수 있죠. 환율을 통해 투자 기회를 찾는 분들은 달러나 엔화, 원화 같은 외환 상품도 활용할 수 있습니다. 또한 시장 가격의 하락에도 수익을 낼 수 있는 인버스 같은 파생상품도 있으며 최근 큰 관심을 받는 비트코인도 중요한 투자 대상입니다.

금융기술의 발전 덕분에 이제는 하나의 증권사 계좌만 있어도 위에서 소개한 다양한 상품들에 손쉽게 투자할 수 있는 시대가 되었습니다.

예를 들어 ETF(상장지수펀드) 같은 상품을 통해 주식처럼 실시간으로 금이나 원유 같은 원자재, 국내외 채권 등에 투자할 수 있습니다. 과거

자산의 종류와 투자 가능 상품

자산의 종류	투자 가능한 상품
주식	한국, 미국 등 국내외 다양한 기업의 주식
채권, 예금	일정한 이자를 지급하는 고정금리 예금 상품
부동산, 리츠	부동산 지분에 간접 투자할 수 있는 리츠(REITs) 상품
원자재	농산물(밀, 옥수수 등), 산업 광물(구리 등)
귀금속	금, 은 등 안전자산으로 선호되는 귀금속
외환(환율)	달러, 엔화, 원화 등의 통화 환율에 투자
파생상품	가격 하락 시에도 수익을 얻는 인버스 상품 등
암호화폐	비트코인 같은 디지털 자산

출처: 자체 제작

에는 각각의 자산마다 다른 창구를 통해 투자해야 했지만 이제는 증권사 계좌 하나로 대부분의 자산군에 접근할 수 있게 된 큰 변화가 있었습니다. 이러한 편리함 덕분에 포트폴리오 분산투자가 쉬워졌고 개인투자자들은 주식 이외 다양한 대체자산에도 관심을 가지고 있죠.

이제 중요한 것은 무엇을 언제 얼마나 담을지를 정하는 기준입니다.

이 기준을 세우려면 학습이 필요하고 보통 투자자들은 가치투자·매크로 투자·차트(기술적) 분석을 활용해 매수·매도 기준점을 정합니다.

이 책은 그중에서도 매크로 투자에 집중합니다. '매크로'는 개별 기업이 아니라 금리·인플레이션·환율·성장·고용·정책 같은 거시지표로 경제 전체의 흐름을 읽는 관점을 말합니다.

저는 이 매크로를 활용해 매수·매도 기준을 세우며 어떻게 매크로를 사용할 수 있는지 이론과 방법을 구체적으로 설명했습니다.

이 책을 읽으시면서 부족하거나 더 깊이 알고 싶으신 개념이 있다면 다른 책을 통해 그 부분을 보완하시거나 제가 후속으로 출간할 책을

📊 가치투자, 매크로 투자, 차트 투자

가치투자 (1부)	1. 실적과 멀티플 이해하기
	2. 실적 추론 방법(EPS)
	3. 멀티플 추론 방법(PER)
매크로 투자 (2~4부)	1. 자산군의 특성에 대한 이해
	2. 경제 사이클에 대한 이해
	3. 시장 생각 읽어내기
	4. 내 생각과 비교하기
	5. 다양한 분석 도구
차트 투자	1. 지지와 저항
	2. 거래량 분석

출처: 자체 제작

통해 추가로 학습하시기를 권합니다.

투자 방법론의 핵심인 가치투자, 매크로 투자, 차트 투자에 대해 간략히 살펴보겠습니다.

가치투자: 기업 가치에 집중하는 전략

가치투자는 쉽게 말하면 "좋은 기업을 적정한 가격에 사서 장기적으로 보유하는 전략"입니다. 하지만 좀 더 깊이 들어가 보면 가치투자의 핵심은 결국 "언제 주식을 사야 하는가?"에 대한 명확한 기준을 세우는 것입니다.

주가는 2가지 핵심 요소로 이루어져 있습니다.

첫 번째는 기업의 실질적인 수익 창출 능력을 나타내는 '실적'이고 두 번째는 시장이 이 실적을 얼마나 긍정적 또는 부정적으로 평가하는지를 나타내는 '멀티플'입니다.

이것을 공식으로 간단히 표현하면 다음과 같습니다.

> 주가 = 실적 × 멀티플

여기서 기억해야 할 중요한 점은 실적은 비교적 안정적이고 변화가 크지 않아 예측하기 쉽다는 것입니다. 이미 많은 전문가가 철저히 분석하고 가공된 정보를 제공하고 있어 누구나 충분히 따라갈 수 있는 영역입니다. 하지만 많은 투자자가 '멀티플'의 개념을 정확히 이해하지 못하거나 제대로 인지하지 못해 이 정보를 실전 투자와 연결하지 못하는 문제가 있습니다. 결국 중요한 것은 이 2가지 정보(실적과 멀티플)를 정확히 이해하고 이를 결합해 실전 투자로 연결하는 능력입니다.

그래서 이 책은 초보자를 위한 종목 선정법과 멀티플 기반의 매수·매도 기준 설정법을 상세히 다룰 예정입니다.

여러분이 제 책을 그대로 따라 하기만 하면 어렵게 느껴졌던 멀티플을 손쉽게 분석하고 명확한 매수·매도 기준점을 스스로 잡고 실전에 활용하는 데 도움이 될 것입니다.

매크로 투자: 멀티플의 움직임을 읽는 전략

주가는 '실적 × 멀티플'로 결정됩니다. 이때 멀티플은 투자자의 기대·

불안(심리)을 반영해 크게 흔들리는데 그 심리를 움직이는 것이 매크로 요인입니다. 금리·환율·인플레이션 등 거시지표가 변하면 낙관과 비관이 바뀌고 그 결과 개별 주식의 멀티플도 크게 변합니다.

따라서 매크로 투자는 경제지표를 통해 멀티플을 이해·예측해 투자 기회를 찾는 전략입니다. 개별 기업의 재무만 보지 않고 경제 전체의 흐름과 사이클을 함께 고려해 방향을 정합니다.

매크로 투자를 위해서는 경제 사이클(cycle)에 대한 이해가 필수입니다. 경제는 확장 국면과 수축 국면을 끊임없이 오가며 호황 → 과열 → 침체 → 회복의 순환을 반복합니다. 중요한 것은 각 단계마다 유리한 자산군이 다르다는 것입니다. 예를 들어 경기가 침체에 접어들면 중앙은행이 금리를 내리고 돈을 풀기 때문에 채권 가격이 오르고 주식시장도 바닥을 찍고 회복할 준비를 합니다. 반대로 경기가 과열되면 인플레이션 우려로 금리가 상승하고 기존 주식 가치평가가 부담스러워져 시장에 조정이 올 수 있습니다.

이처럼 매크로 투자의 핵심은 경제 사이클의 흐름을 정확히 읽어내고 자산군을 이동하며 투자 기회를 극대화하는 것입니다. 헤지펀드 같은 전문 기관투자자들은 국가의 통화 정책이나 금리 정책 변화까지 예측하며 채권, 통화, 원자재, 주식 지수 등에 폭넓게 투자하는 글로벌 매크로 전략을 펼치기도 합니다.

이 책에서는 매크로 투자를 실천할 때 구체적으로 어떤 경제지표와 시장 신호를 관찰해야 하는지, 그리고 이를 통해 어떻게 더 효과적인 투자 전략을 수립할 수 있는지 명확히 안내해 드리겠습니다.

매크로 투자자들이 관찰하는 대표적인 주요 지표와 그 해석을 간단히 살펴보겠습니다.

- **단기금리**: 중앙은행의 기준금리나 단기 국채 금리를 의미합니다. 금리 상승 이유가 경기 호조 때문이라면 주식시장에 긍정적인 신호가 될 수 있지만 물가 상승을 억제하기 위한 금리 인상이라면 주식시장에 부정적인 영향을 미칠 수 있습니다.
- **장기금리**: 10년물 국채 금리 같은 장기 시장금리로 경기 전망이나 인플레이션 기대, 미래의 불확실성을 반영합니다. 장기금리가 경기 호조를 반영해 오르면 주식시장에 좋지만 불확실성이나 물가 상승 우려 때문이라면 시장에 부담이 될 수 있습니다.
- **주가 지수**: S&P 500 같은 주요 주가 지수도 매크로 지표로 활용됩니다. 주가 지수가 상승하면 경제 상황이 좋거나 위험자산 선호가 높아진다는 의미로 볼 수 있고 급락하면 위험자산 회피 심리가 높아졌다는 신호로 해석됩니다.
- **금 가격**: 금은 안전자산이자 인플레이션 방어 수단입니다. 금값이 오르면 시장에 불안감이 커지거나 물가 상승 우려가 있다는 신호로, 하락하면 위험자산 선호가 높아졌거나 인플레이션 우려가 낮아졌다는 의미로 봅니다.
- **달러 가치(환율)**: 달러 인덱스나 원/달러 환율을 통해 글로벌 자금의 흐름을 알 수 있습니다. 환율 변동을 이해하려면 화폐 공급량과 인플레이션에 대한 이해가 필요합니다.
- **원자재 가격**: 유가 등 원자재 가격은 세계 경제의 수요·공급 상황을 직접 반영합니다. 유가가 수요 증가로 인해 오르면 경제에 긍정적

이지만 공급 차질로 인해 오르면 경제에 부담이 될 수 있습니다.

이처럼 매크로 투자의 핵심은 단순히 지표의 움직임을 보는 것이 아니라 그 움직임의 이유를 분석하고 지표 간 상호작용을 통해 시장의 전체적 흐름을 읽는 것입니다.

예를 들어 다음과 같은 경제적 시나리오를 생각할 수 있습니다.
'단기금리 상승, 장기금리 하락, 달러 가치 상승, 금 가격 상승'
이 4가지 지표(단기금리 상승, 장기금리 하락, 달러 가치 상승, 금 가격 상승)의 종합적인 흐름을 이해하기 쉽게 다시 정리하면 다음과 같습니다.

중앙은행이 단기금리를 올린다는 것은 당장은 물가 상승(인플레이션)을 잡으려고 긴축적인 통화 정책을 쓰고 있다는 신호이고 이것을 투자자들이 알고 있어 단기금리가 상승했습니다. 그런데 동시에 장기금리가 떨어지고 있다는 것은 투자자들이 먼 미래의 경기를 부정적으로 보고 있다는 뜻이죠. 다시 말해 시장에서는 "지금 당장은 경제가 과열되었거나 물가가 높아 긴축이 필요하지만 결국에는 이러한 긴축 정책이 경제를 침체로 끌고 갈 것"이라고 우려할 때 장기금리 하락이 나타날 수 있겠죠.

이렇게 미래 경제에 대한 불안감과 우려가 커지면 투자자들은 위험한 자산보다는 안전한 자산으로 돈을 옮기게 됩니다. 그래서 대표적인 안전자산인 달러와 금의 가격이 함께 오르게 되는 것이죠.

한마디로 요약하면 이러한 상황은 "경제가 지나친 물가 상승과 과열을 진정시키려고 긴축 정책을 펴고 있는데 투자자들은 오히려 이 정책이 장기적으로 경기 침체를 부를까 봐 걱정하는 흐름"을 반영한다고 이해하면 됩니다.

　이는 전형적인 '경기 후반부의 긴축적 통화 정책과 동시에 나타나는 경기 침체 우려' 시나리오를 반영할 때 주로 나타나는 시나리오입니다. 하지만 중요한 것은 이러한 시나리오를 단순히 '암기'하는 것이 아니라 왜 이런 흐름이 나타나는지를 정확히 '이해'하는 것입니다. 경제 상황이나 사이클에 따라 지표들이 서로 다르게 연결되고 움직이기 때문입니다.

차트 투자: 기술적 분석과 시장 심리 읽기

차트를 보면 특정 가격대에서 주가가 반복적으로 오르내리는 현상을 발견할 수 있습니다.

　예를 들어 어떤 주식이 5만 원에 도달한 후 더 이상 오르지 않고 하락한다면 그 5만 원이 '저항선'이 되고 반대로 3만 원 이하로 내려가 사람들이 적극적으로 매수해 다시 오르는 구간이라면 그 3만 원이 '지지선'입니다. 이렇게 시장이 자주 반응했던 가격대를 찾아내 투자 타이밍을 잡는 것이 차트 투자의 기본적인 기술입니다.

　이를 기반으로 매우 짧게 주식을 사고파는 '스켈핑', 주가가 일시적으로 눌렸다가 반등하는 '눌림목', 주요 가격을 강하게 돌파할 때의 '돌파매매', 며칠부터 몇 주 정도 보유하는 '스윙' 같은 다양한 기법이 나오게 되죠.

　다만 차트 분석에서의 다른 효용은 시장의 생각을 읽어낼 수 있다는

지지선과 저항선

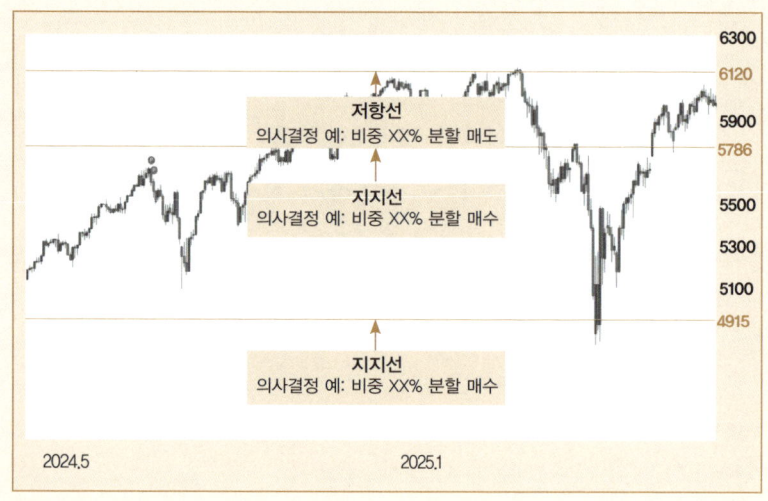

출처: Investing.com

점입니다. 그리고 이를 적용하면 '가치투자와 매크로 분석'에도 매우 큰 도움이 됩니다.

제가 차트 분석을 사용하는 방법은 단순히 주가의 그래프를 분석하는 것이 아니라 수많은 투자자의 심리가 담긴 시장의 이야기를 읽어내는 용도로 사용합니다. 과거 차트에서 어떤 요인으로 주가가 상승하고 움직였는지를 기록하면서 투자자들이 어디에 주목하고 있는지를 분석할 수 있습니다. 왜냐하면 가격이 움직이는 배경에는 언제나 사람들의 기대와 두려움, 욕심과 실망이 얽혀 있고 차트는 바로 사람들의 그런 감정을 시각화한 결과물이기 때문에 이를 제대로 읽으면 시장 참여자들의 심리를 깊이 이해할 수 있기 때문입니다.

그러면 차트가 보여주는 신호들이 조금씩 살아 있는 이야기처럼 느

📊 4~5월 주요 사건별, 원/달러 환율과 10년물 미국 국채 금리

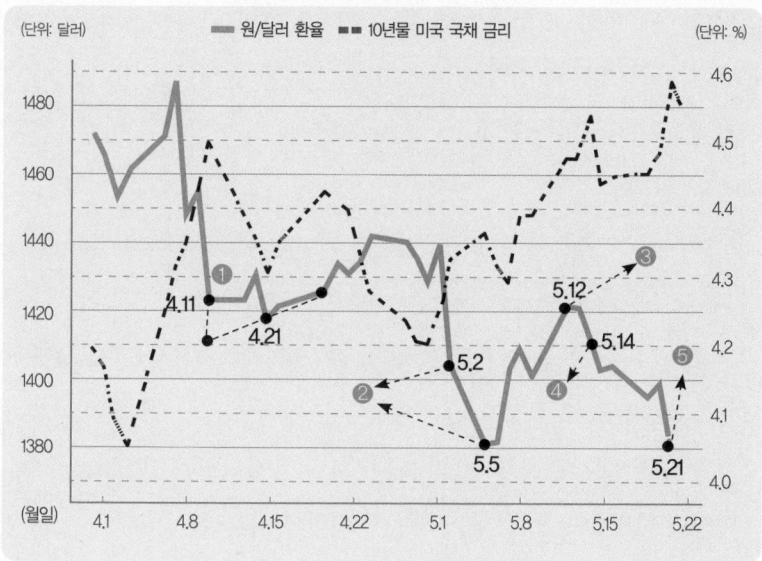

출처: 국제금융센터, 자체 제작

번호	월일	주요 내용	상세 내용
①	4.11~4.21	달러 신뢰도 하락	• 10년물 미국 국채 금리 급등 • 글로벌 주식시장 하락 • 달러 인덱스 급락
②	5.2~5.5	미·중 무역협상 진전	• 원화·대만달러 급등 • 대내외 수급 불균형 • 한미 환율 협상 이슈
③	5.12	관세 리스크 완화	• 경기 침체 우려 감소 • 대외 불확실성 감소 • 위험자산 선호 심리
④	5.14	미국 재정 적자 부각	• 미국 채권 금리 4.5%↑ • 기간 프리미엄 상승 • 미국 예산안 통과 이슈
⑤	5.21	한미 환율 협상	• 원화 절상 요구

꺼지기 시작할 겁니다. 실제로 투자 고수들은 "차트와 대화하라."라는 말을 자주 하는데요. 이는 차트를 통해 과거 투자자들의 의사결정 흐

름과 오늘날에는 어떤 이슈에 주목하고 있는지를 읽어내라는 깊은 뜻입니다. 예측보다 교감에 가깝다는 말도 있죠. 그만큼 차트에는 수많은 투자자의 행동과 생각이 녹아 있으니 이를 면밀히 관찰하면 당시 시장이 어떤 상황이었는지, 시장 참여자들의 심리 상태가 어땠는지를 유추할 수 있습니다.

차트 투자를 연습할 때 1가지 팁을 드리자면 한 종목의 과거 6개월~1년 치 차트를 놓고 중요한 사건들과 함께 살펴보는 것입니다. 이를테면 그 기간에 나온 뉴스나 재료(실적 발표, 경제지표, 이슈 등)를 정리해 보면서 "이날 이런 뉴스로 주가가 급등했구나.", "이때 실적이 안 좋게 나오니 주가가 흘러내렸네."라고 변동 요인을 하나씩 짚어보는 것이죠.

이렇게 하면 차트의 등락이 단순히 그림이 아니라 이유가 있는 움직임으로 이해되기 시작합니다. 그리고 나서 차트에 어느 정도 익숙해졌다면 거기에 가치투자의 관점도 얹어보는 연습을 하시길 권합니다.

즉 "이 기업의 주가가 이만큼 내렸는데 지금 실적과 대비하면 어느 정도 수준인가? 밸류에이션 매력은 있는가?"라고 차트와 펀더멘털을 함께 대화시키는 것이죠. 이것이 가능해지면 기술적 분석과 기본적 분석을 겸비하게 되어 투자 판단의 근거가 한층 탄탄해집니다.

시장과 대화하며 자신의 인사이트를 키우세요

지금까지 가치투자, 매크로 투자, 차트 투자까지 다양한 투자 방법론을 살펴보았습니다. 각각 접근하는 초점과 시간 범위가 다르지만 어느 1가지가 절대적으로 우월한 방법이라고 단정하기는 어렵습니다. 시장의 모습은 시시각각 변하기 때문에 기업 가치 분석이 효과적일 때가 있고 거시경제 흐름이 수익률을 좌우하고 또 어떤 때는 차트상 신호가 매매 타이밍을 결정짓기도 합니다. 결국 다양한 관점의 균형 잡힌 시각이 중요하다고 하겠습니다.

특히 이 모든 것을 아우르는 것은 '시장을 읽어내는 능력'입니다. 시장은 늘 새로운 사건과 정보로 우리에게 말을 걸어옵니다. 그럴 때 매일 쏟아지는 뉴스에 흔들리기만 할 것이 아니라 "이 소식은 시장에 어떤 의미가 있지? 왜 이런 반응이 나오지?"라며 스스로 묻고 답하는 습관을 들이세요. 이게 안 된다면 새로운 정보를 습득하더라도 절대로 실전 투자로 연결되지 않습니다. 이론과 실전을 연결하는 핵심은 바로 '시장의 생각'을 읽어내는 능력입니다.

그렇게 시장의 속마음을 파악하다 보면 나만의 해석 체계가 점점 생겨납니다. 이것이 쌓이고 쌓이면 남들이 쉽게 따라 할 수 없는 저자만의 인사이트가 됩니다.

투자의 대가들도 결국 실시간 시장 흐름을 자기만의 논리로 풀어내는 능력을 갖추고 있었다는 것을 기억합시다.

마지막으로 초보 투자자분들께 드리고 싶은 조언은 너무 욕심부리지 말고 꾸준히 배우자는 것입니다. 다양한 자산과 방법론이 있다고 한꺼번에 다 뛰어들 필요는 없습니다. 프롤로그의 내용을 차근차근 실천하면서 직접 공부하고 판단하는 습관을 들이시면 결국 좋은 성과와 함께 살아남는 투자자가 되실 겁니다. 부디 이 책이 여러분의 투자 여정에 작은 나침반이 되길 바라면서 글을 맺겠습니다.

- 주식의 코드

| 1부 |

투자의 첫걸음:

왜 시작하고
무엇을 어떻게 살까?

현금은 시간이 지날수록 가치가 줄어듭니다. 은행 예금으로는 인플레이션을 따라잡기 어렵고 결국 화폐의 가치는 서서히 하락합니다. 그렇기 때문에 단순히 돈을 쥐고 있는 것보다 화폐가치 하락을 방어할 수 있는 자산을 갖는 것이 중요합니다. 이 개념을 제대로 이해한 순간부터 재테크의 필요성을 인지하고 주식 투자에 입문하게 됩니다. 하지만 문제는 초보자들이 투자를 하더라도 어떤 종목을 고를지 매우 어렵다는 데 있습니다. 개별 기업의 정보를 분석해도 실적과 전망은 불확실하고 초보 투자자일수록 선택에서 실수할 위험이 큽니다. 그래서 가장 단순하면서도 강력한 해법이 있습니다. 바로 시장 전체에 분산투자할 수 있는 지수 ETF입니다. 예를 들어 미국의 S&P 500 ETF나 전 세계 시장 ETF는 장기적으로 화폐가치 하락을 자산 가치 상승으로 전환시키는 가장 효율적인 도구가 됩니다.

하지만 "무엇을 살까?"만큼 중요한 것이 "언제 살까?"입니다. 같은 ETF라도 고평가 구간에서 사면 수익률이 낮아지고 저평가 구간에서 사면 훨씬 유리해집니다. 이 시점을 판단하는 핵심 원리가 바로 '주가=실적(EPS)×멀티플(PER)'입니다. 실적은 기업의 본질적 힘을, 멀티플은 시장의 기대와 심리를 보여줍니다. 따라서 멀티플이 어느 수준에 있는지 파악하는 것이 곧 타이밍의 핵심입니다.

1부에서는 과거 데이터를 바탕으로 멀티플의 평균과 표준편차를 계산해 현재 위치가 저평가 구간인지 고평가 구간인지 구분하는 방법을 다룹니다. 단순히 감에 의존하지 않고 평균±표준편차라는 명확한 기준을 통해 매수·매도 타이밍을 재현 가능한 규칙으로 만들 수 있도록 하는 것이 1부의 목적입니다.

CODE

· 1장 ·
투자를 안 하면
가난해지는 이유

여러분은 처음 투자를 결심하셨을 때 "도대체 뭘 사야 하지?"라고 고민해 보신 적이 있을 겁니다. 주식, 부동산, 비트코인부터 금까지 우리 주변에서는 너도나도 "이거 사라, 저거 해봐라"라고 온갖 조언을 합니다. 친척은 A라는 종목이 좋다고 하고 직장 동료는 요즘 B라는 ETF가 대세라고 말하죠. 투자에 처음 입문한다면 이런 말들이 도움이 되지만 다른 한편으로는 더 혼란스럽게 만들 수 있습니다.

그래서 이번 장에서는 "도대체 뭘 사야 하지?"라는 질문에 대한 제 생각을 말씀드리고자 합니다. 다만 이 질문의 답변이 결코 단순하지는 않습니다. 이 질문에 제대로 답하려면 깊이 있는 분석이 필요하기 때문입니다. 이번 장에서는 투자자분들이 꼭 알아야 할 돈의 흐름과 자산 가치의 기본 원리를 이야기해 보겠습니다. 또한 저는 초보 투자자들이 첫 투자로 '지수 ETF'를 선택하는 것이 가장 합리적이라고 생각합니다. 그렇게 생각하는 구체적인 이유와 똑같은 지수 ETF에 투자하더라도 다른 사람들보다 더 높은 수익을 올리는 방법에 대해 제가 직접 사용해온 투자 스킬을 하나씩 천천히 알기 쉽게 설명해 드리겠습니다.

돈의 가치는 왜 줄어드는가?

여러분도 뉴스를 통해 "물가가 올랐다.", "돈의 가치가 떨어졌다."라는 말을 들어보셨을 겁니다. 물가는 왜 계속 오르기만 할까요? 전에는 동네 중국집 짜장면 한 그릇이 3,000원이면 충분했는데 지금은 6,000원은 줘야 합니다. 같은 돈으로 살 수 있는 물건의 양이 줄어드는 현상! 바로 돈의 가치 하락, 즉 인플레이션입니다. 초보 투자자에게 '인플레이션'이라는 용어는 낯설 수 있지만 사실 우리 일상에서 계속 일어나는 현상이죠.

그럼 무엇 때문에 돈의 가치가 떨어질까요? 가장 큰 이유 중 하나는 통화량 증가입니다. 쉽게 말해 시중에 돈(화폐)이 너무 많이 풀리면 돈 한 장의 무게(가치)가 가벼워지기 때문입니다.

예를 들어봅시다. 동네 제과점에 빵 100개가 있고 사람들이 가진 돈이 100장이라면 이 동네의 빵 한 개 값은 돈 1장일 겁니다. 그런데 어느 날 갑자기 돈을 200장으로 두 배 풀면 어떻게 될까요? 빵은 여전히 100개인데 돈은 200장이 되었으니 사람들은 빵을 사기 위해 이전보다 두 배의 돈을 내려고 할 것입니다. 제과점 주인도 돈이 많이 풀렸다는 것을 아니까 가격을 올립니다.

결국 빵 한 개 가격은 돈 2장이 되어버립니다. 빵의 실제 가치가 갑자기 두 배로 뛴 것은 아니지만 돈이 넘쳐나다 보니 돈의 가치가 절반으로 떨어져 생긴 현상입니다. 이것이 바로 물가 상승, 화폐 가치 하락의 원리입니다.

현실 경제도 이와 별로 다르지 않습니다. 정부나 중앙은행이 경기 부양을 위해 시장에 돈을 많이 풀거나 시중 은행들이 적극적으로 대출을 늘리면 통화량이 급격히 증가합니다. 지폐를 막 찍어내는 모습이 우리 눈에 보이지는 않지만 전자계좌의 숫자 형태로 새로운 돈이 계속 만들어지는 것이죠. 요즘 우리는 지갑에 현금을 넣어 다니지 않고 카드나 스마트폰으로 결제하는데 보이지 않는 곳에서 이렇게 돈의 총량이 늘어나곤 합니다.

돈 가치의 하락은 곧 자산 가치의 상승

자, 이렇게 돈의 가치가 떨어지면 어떤 현상이 벌어질까요? 우리가 가진 현금 100만 원의 가치가 이전보다 떨어지면 현금을 그냥 손에 쥐고 있는 사람은 손해를 보게 됩니다. 반면 땅이나 집, 주식 같은 자산을 가진 사람은 상대적으로 이익을 봅니다. 왜냐하면 자산 가격은 화폐 가치 하락분만큼 올라가기 때문이거든요. 아직 이해하기 어렵다고요?

상상 속 동네 이야기로 다시 돌아가 봅시다. 빵 100개와 돈 100장이 있던 동네에서 돈이 200장으로 늘어나자 빵 한 개 값은 돈 2장이 되었습니다. 그 동네에서 빵을 사지 않고 돈 100장을 그냥 쥐고 있던 사람은 어떻게 되었을까요? 원래는 그 돈 100장으로 빵 100개를 살 수 있었는데 이제는 50개밖에 못 삽니다. 현금 구매력이 절반으로 줄어든 것이죠.

반면 빵이라는 '실물 자산'을 들고 있던 사람은 어떨까요? 그는 여전히 빵 100개를 가지고 있었고 빵 가격이 오른 만큼 더 많은 돈을 받을 수 있게 되었습니다. 정리하자면 만약 여러분이 '앞으로 화폐가 많이 풀릴 것'이라고 예상했다면 여러분은 '빵'에 투자했어야 합니다. 그랬다면 돈의 가치 하락을 피하고 두 배의 수익을 올릴 수 있었던 것이죠.

이 예에서 빵을 주식이나 부동산 같은 자산이라고 보면 됩니다. 그런데 아무 행동을 하지 않은 결과 오히려 '가난해지는 현상'이 발생합니다. 이것이 화폐가 증가하는 구간에서 투자가 필수인 이유입니다. 재테크를 하지 않으면 화폐 가치가 지속적으로 하락하는 오늘날 시대에는 점점 가난해질 수밖에 없습니다.

현실 세계에서도 마찬가지입니다. 돈이 많이 풀리면 토지, 건물, 원자재, 주식 등의 자산 가격이 전반적으로 오르는 경향이 있습니다. 물론 자산 가치 상승에는 경제 성장, 기업 실적 호전 등 다른 이유도 있습니다.

기업이 돈을 잘 벌면 그 회사 주식 가격이 오르는 건 당연한 이치죠. 하지만 통화량 증가로 인한 화폐 가치 하락도 자산 가치 상승의 중요한 동력입니다. 쉽게 말해 돈의 가치가 떨어지면 그 돈으로 살 수 있는 모든 것의 표면가격은 오르는 것입니다.

그래서 내 자산도 통화량 증가 속도만큼은 따라가야 한다는 겁니다. 돈이 풀리는 속도나 물가 상승 속도를 내 자산이 따라가지 못하면 실질적으로 내 자산 가치는 줄어들기 때문입니다. 예를 들어 통화량과 물가가 매년 5%씩 상승한다면 내 자산도 최소한 5%씩 늘어야 제자리를 유지하는 셈입니다.

이것이 우리가 투자해야 하는 가장 근본적인 이유입니다. 열심히 일해 번 돈의 가치를 지키려면 단순히 저축하는 것만으로는 역부족인 시대이기 때문입니다.

돈은 어떻게 만들어지고 풀리는가?

여기서 중요한 개념 한 가지를 짚고 넘어가겠습니다. "돈은 빚이다."라는 말을 들어보셨나요?

조금 충격적이지만 사실 현대 경제에서 돈의 상당 부분은 빚으로 만들어집니다. 예를 들어 여러분이 은행에 100만 원을 예금하면 은행은 그 돈을 금고에 넣어두기만 하는 게 아니라 그중 상당액을 다른 사람에게 빌려줍니다. 은행은 법적으로 예금의 일부(예를 들어 10~20%)만 남겨놓고 나머지는 대출해줄 수 있습니다.

누군가가 대출로 80만 원을 받고 싶어 한다면 은행은 여러분의 100만 원 중 80만 원을 다른 사람에게 줍니다. 그런데 겉보기에는 여러분 통장에 100만 원이 그대로 있습니다.

반면 대출받은 사람의 통장에는 80만 원이 새로 생깁니다. 이제 합쳐서 총 180만 원이 된 셈이죠. 원래 100만 원을 넣었는데 총 180만 원이 생겼습니다. 이렇게 은행 시스템을 통해 없던 돈이 새로 생겨나는 것을 '신용 창조'라고 부릅니다. 즉 누군가가 빚을 질 때 그만큼의 돈이 새로 찍혀 나오는 효과가 발생하는 것입니다.

은행만 그런 게 아닙니다. 한국은행 같은 중앙은행도 국채를 사들이

거나 금리를 낮추는 방식으로 시중에 돈을 더 풀곤 합니다. 특히 경제 위기 때는 정부와 중앙은행이 시장에 유동성을 공급하기 위해 대규모로 돈을 풀죠. 그만큼 통화량이 증가하면 결국 화폐 가치가 떨어지는 방향으로 힘이 작용합니다.

요컨대 통화량 증가와 신용 창조로 인해 시간이 지날수록 돈의 실제 가치는 천천히 녹아내린다고 할 수 있습니다. 겉으로 느끼기에는 돈의 숫자가 그대로여도 같은 돈으로 살 수 있는 것들이 줄어드는 마법이 일어나죠. 은행을 통해 풀린 이 신규 자금들은 가만히 있지 않습니다.

사람들은 그 돈으로 소비하고 투자도 합니다. 결과적으로 이 돈은 어디론가 흘러가 세상의 어떤 가치를 높이는 데 쓰입니다. 그것은 부동산, 주식, 사업일 수 있죠. 여기서 매우 중요한 핵심은 이 돈이 "어디로 흘러가느냐?"입니다.

돈의 흐름은 결국 생산성이 높은 곳으로

새로 생긴 돈은 결국 미래에 가치가 더 커질 곳으로 몰리는 경향이 있습니다. 누구나 가치가 더 커질 자산을 갖고 싶어 하니까요. 돈이 풀렸을 때 사람들은 생각합니다. "이 돈으로 뭘 하면 나중에 돈이 더 불어날까?" 그리고는 앞으로 성장할 것 같은 곳에 돈을 투자하거나 사용합니다.

애플(Apple) 이야기를 해볼게요. 2007년 아이폰이 처음 나왔을 때만 해도 휴대폰 시장의 왕은 노키아였지만 스마트폰이라는 새로운 혁신에 사람들이 열광하면서 돈의 흐름이 바뀌었습니다. 소비자들은 아이폰을 사려고 지갑을 열었고 투자자들은 "앞으로 애플이 대성할 거야!"라고 믿으며 애플 주식을 사들였죠. 그 결과 애플의 기업 가치는 엄청나게 뛰었습니다. 실제로 애플은 2010년경 약 2,970억 달러 규모에서 출발해 2023년 가치가 10배 이상 증가했는데 연평균 23% 넘게 기업 가치가 불어난 셈입니다. 이렇게 새로운 돈은 혁신을 일으키고 생산성이 높은 기업(미래에 더 많은 이익을 낼 기업)으로 몰려들어 그 가치를 더 키웁니다.

반대로 생산성이 낮은 곳에는 돈이 모이지 않고 빠져나가기 마련입니다. 옛날 잘 나가던 기업이나 산업도 미래 성장성이 낮다고 판단되면 투자자들은 등을 돌립니다. 또는 아무리 안전한 자산이라도 앞으로 가치가 정체되거나 떨어질 것 같으면 돈은 떠나갑니다. 돈은 정말 정직해 더 나은 보상을 주는 곳이라면 어디든 흘러가고 가망이 별로 없는 곳에는 머물지 않는 속성이 있습니다.

다시 말해 성장이 멈춘 자산에 내 돈을 묶어두면 물가 상승과 다른 자산의 가치 상승을 따라가지 못해 상대적으로 가난해질 위험이 크다는 뜻입니다.

우리 주변에서도 이런 일을 볼 수 있습니다. 한때 유행한 물건이나 서비스에 돈을 쏟아부었다가 시대 변화에 뒤처져 손해를 보는 경우가 있죠. 또는 현금만 꽉 쥐고 있었는데 몇 년 새 집값과 주식은 오르고 현금 구매력은 떨어져 후회하는 일도 생깁니다.

결국 돈은 가만히 두면 가치가 줄어드니까 가치를 높일 수 있는 곳을 찾아 움직이는 겁니다. 중요한 것은 "가치가 높아질 그곳이 어디냐?"인데 바로 여기서 고민이 시작됩니다!

개별 기업 투자가 어려운 이유

지금까지 말씀드린 내용을 간단히 정리해 보겠습니다. 화폐는 본질적으로 신용을 바탕으로 만들어집니다. 쉽게 말해 은행이 대출을 통해 돈을 풀면서 화폐가 늘어나는 소위 '신용 창조'죠. 이렇게 돈이 많이 풀릴수록 화폐 가치는 지속적으로 하락하게 됩니다. 그렇다면 투자자는 이 화폐 가치 하락에 어떻게 대응해야 할까요?

사실 화폐 가치 하락의 가장 이상적인 대응책은 성장성이 뛰어난 개별 기업을 잘 골라 투자하는 것입니다. 화폐 가치가 하락하면 투자 자금은 자연스럽게 성장성이 높은 소수 기업으로 집중적으로 몰려들기 때문입니다. 그러면 그 기업의 주가는 급격히 오르며 투자자들의 자산은 화폐 가치 하락 속도보다 더 빠르게 증가하게 되죠.

하지만 문제는 초보 투자자들이 이런 유망한 개별 종목을 미리 정확히 골라내기 너무 어렵다는 것입니다. 이 과정에서 잘못된 종목을 고르면 오히려 손실을 볼 가능성도 있죠.

심지어 전문가조차 좋은 투자처를 미리 골라내는 것은 결코 쉬운 일이 아닙니다. 세상이 어떻게 변할지 알기 어렵고 변수도 많기 때문입니다. 어떤 기술 혁신이 터질지, 어떤 트렌드가 생길지, 심지어 전쟁이나 팬데믹 같은 사건도 예측 불가죠. 설령 좋은 분야를 알아봤더라도 어떤 기업이 승자가 될지 맞히는 것은 별개의 문제입니다. 스마트폰이 뜬다는 것은 알았지만 애플이 이길지, 구글이 이길지, 삼성전자가 이길지 몰랐던 것처럼요.

결국 일반 개인투자자, 특히 투자 경험이 거의 없는 초보자가 미리 정보를 분석해 최고의 투자처를 골라내기는 정말 어렵습니다. 게다가 최악의 시나리오는 잘못된 종목을 선택해 자금이 비생산적인 곳에 묶여 손해를 보는 것입니다. 이럴 때는 어떡해야 할까요? 이럴 때 초보 투자자들에게 가장 적극 추천하는 방법이 바로 '모든 기업을 다 사버리는 것'입니다.

모든 기업을 사라: 지수 ETF의 힘

미래를 예측해 좋은 것만 딱 고르는 게 어렵다면 차라리 다 사버리는 방법이 있습니다. 농담 같다고요? 사실 투자 세계에서 '다 산다'라는 말은 시장 전체에 투자한다는 뜻이고 이를 쉽게 할 수 있게 만든 금융상품이 지수 ETF입니다. 한국 증시 전체를 대표하는 지수는 KOSPI200이며 이를 추종하는 대표 ETF로 KODEX200이 있습니다. 마찬가지로 미국 증시 전체를 대표하는 지수는 S&P 500이며 이를 추종하는 대표 ETF로 SPY 등이 있습니다.

지수 ETF(Index ETF)는 코스피나 S&P 500처럼 시장지수를 그대로 추종하는 상장지수펀드로 한 주식만 사는 게 아니라 그 지수를 구성하는 모든 기업의 주식을 한 바구니에 담아놓은 상품입니다. 다시 말해 시장 전체에 한꺼번에 분산투자하는 것이죠.

왕초보 투자자에게 지수 ETF 투자를 추천하는 가장 큰 이유는 최소한 화폐 가치 하락을 확실히 방어할 수 있기 때문입니다. 통화량 증가로 화폐 가치가 하락하면 돈의 가치가 떨어지고 그 돈은 결국 기업의 이익으로 흘러 들어갑니다. 그래서 개별 종목을 골라내지 않고 시장 전체, 즉 모든 기업에 한꺼번에 투자하면 전체 기업이 벌어들이는 돈의 증가만큼 내 자산 가치도 자연스럽게 올라가는 것입니다.

그리고 이렇게 시장 평균에 투자하는 방식이 결코 낮거나 나쁜 수익률이 아니라는 점도 중요합니다. 경제가 성장하고 통화량이 증가하는 환경에서는 전체 기업의 자산 가치도 꾸준히 우상향하기 때문이죠.

즉 지수 ETF 투자는 복잡하게 개별 기업을 고르는 고민 없이도 꾸준한 경제 성장과 통화량 증가로 인해 나타나는 화폐 가치 하락의 위험을 효과적으로 방어하면서 충분히 만족할 만한 성과를 낼 수 있는 전략입니다.

확실하고 안전하게 수익을 보자

이번 장의 핵심은 돈은 계속 풀리며 결국 더 나은 가치를 찾아 움직인다는 것이었습니다. 그렇다면 우리 돈도 가만히 두기보다 그 흐름 위에 태우는 게 현명하겠죠. 왕초보 투자자라면 처음부터 복잡한 주식 분석이나 어려운 예측에 뛰어들기보다 우리가 살아가는 경제 전체에 투자하는 방식으로 접근하는 것이 현명한 첫걸음입니다.

물론 개별 주식으로 한 방에 큰 수익을 노리는 투자법도 있지만 생각보다 쉽지 않고 자칫 잘못하면 돈이 늘어나는 환경에서도 오히려 손실을 볼 수도 있습니다. 따라서 지수형 ETF를 통한 분산투자는 조금 지루해 보일지 몰라도 통화량 증가로 인한 자산 가치 상승효과를 꾸준히 누리게 해주는 가장 착실하고 확실한 방법입니다. 한마디로 시장 전체가 만들어 내는 '평균의 힘'을 믿고 따라가는 것이죠. 그저 시장 평균만 따라가도 물가 상승을 방어하고 성장의 혜택을 받을 수 있다면 그것만으로도 충분하지 않을까요?

이런 이유로 저는 왕초보 투자자에게 KODEX200이나 KODEX S&P 500 같은 지수형 ETF 투자를 추천합니다. 실제로 저도 지수 추종 ETF를 이용한 매매전략을 자주 활용하는 편입니다.

하지만 여기서 반드시 주의해야 할 중요한 함정이 있습니다. 이 책을 읽는 순간 여러분은 아마도 주식 검색창에 'KODEX200', 'KODEX S&P 500'을 검색하고 곧바로 '매수' 버튼을 누르고 싶을 겁니다. 그리고 "장기적으로 버티기만 하면 성공한다."라고 생각할 수도 있겠죠.

그런데 놀랍게도 똑같은 종목을 사서 동일하게 장기 투자하더라도 어떤 사람은 크게 성공하고 어떤 사람은 실패합니다.

어? 똑같은 종목을 같은 기간 동안 보유했는데 왜 결과가 다를까요?

왜 이런 현상이 생기는지 그 차이의 원인을 정확히 알아야만 투자에서 성공할 수 있습니다. 이제부터는 같은 종목을 샀는데도 성공과 실패가 갈리는 핵심 이유를 본격적으로 살펴보겠습니다.

· 2장 ·
좋은 종목을 찾는 방법은 쉽다
하지만 타이밍이 중요하다

정말 좋은 종목 찾는 법

몇 년 전 투자에 관심이 많은 후배와 카페에서 이런 대화를 나눈 적이 있습니다. 후배는 신난 표정으로 스마트폰을 내밀며 말했습니다.

"선배, 이거 보셨어요? 전설적인 투자자 워런 버핏이 최근 이 회사 주식을 샀대요! 잘하는 투자자의 종목만 따라 사도 저도 부자가 될 수 있지 않을까요?"

만약 여러분도 이런 궁금증과 고민이 있다면 이를 해결할 좋은 방법이 있습니다. 바로 세계적으로 유명한 투자자들의 실제 포트폴리오를 직접 확인할 수 있는 웹사이트를 활용하는 것입니다. 그 대표적인 웹사이트로 Dataroma와 WhaleWisdom이 자주 언급됩니다.

이 사이트들을 이용하면 워런 버핏을 비롯한 유명 투자자들의 포트폴리오와 투자 내역을 쉽고 편리하게 확인할 수 있습니다.

Dataroma(dataroma.com)는 워런 버핏을 비롯한 전설적인 가치 투자자

데이터로마(Dataroma)에 등록된 유명 투자자들의 포트폴리오

History	Stock	% of Portfolio	Recent Activity	Shares	Reported Price*	Value	Current Price	+/- Reported Price	52 Week Low	52 Week High
≡	AAPL - Apple Inc.	22.31	Reduce 6.67%	280,000,000	$205.17	$57,447,600,000	$237.88	15.94%	$168.80	$259.18
≡	AXP - American Express	18.78		151,610,700	$318.98	$48,360,780,000	$341.67	7.11%	$219.87	$342.47
≡	BAC - Bank of America Corp.	11.12	Reduce 4.17%	605,267,375	$47.52	$28,641,251,000	$52.13	10.16%	$32.69	$52.19
≡	KO - Coca Cola Co.	10.99		400,000,000	$70.75	$28,300,000,000	$66.46	-6.06%	$59.29	$73.29
≡	CVX - Chevron Corp.	6.79	Add 2.91%	122,064,792	$143.19	$17,478,456,000	$158.84	10.93%	$129.01	$165.09
≡	MCO - Moody's Corp.	4.81		24,669,778	$501.59	$12,374,115,000	$482.32	-3.84%	$377.30	$528.95
≡	OXY - Occidental Petroleum	4.32		264,941,431	$42.01	$11,130,190,000	$47.36	12.74%	$34.41	$55.34
≡	KHC - Kraft Heinz Co.	3.26		325,634,818	$25.82	$8,407,891,000	$26.08	1.01%	$25.07	$34.37
≡	CB - Chubb Limited	3.04		27,033,784	$289.72	$7,832,228,000	$274.28	-5.33%	$249.66	$304.83
≡	DVA - DaVita HealthCare Partners	1.87	Reduce 3.83%	33,796,541	$142.45	$4,814,317,000	$130.23	-8.58%	$126.07	$179.60
≡	VRSN - Verisign Inc.	1.49		13,289,920	$288.80	$3,838,117,000	$285.58	-1.01%	$174.64	$309.71
≡	KR - Kroger Co.	1.39		50,000,000	$71.73	$3,586,500,000	$65.99	-8.00%	$53.47	$74.52
≡	V - Visa Inc.	1.14		8,297,460	$355.05	$2,946,013,000	$338.18	-4.75%	$266.36	$374.85
≡	SIRI - SiriusXM Holdings Inc.	1.07		119,776,692	$22.97	$2,751,270,000	$23.00	0.13%	$18.22	$28.16
≡	MA - Mastercard Inc.	0.87		3,986,648	$561.94	$2,240,257,000	$586.05	4.29%	$464.22	$601.77
≡	AMZN - Amazon.com Inc.	0.85		10,000,000	$219.39	$2,193,900,000	$231.23	5.40%	$161.38	$242.52
≡	STZ - Constellation Brands	0.85	Add 11.58%	13,400,000	$162.68	$2,179,912,000	$133.02	-18.23%	$131.90	$255.51
≡	UNH - United Health Group Inc.	0.61	Buy	5,039,564	$311.97	$1,572,193,000	$334.82	7.32%	$233.13	$617.34

출처: 데이터로마

웨일위즈덤(WhaleWisdom)에 등록된 유명 투자자들의 포트폴리오

Show Current Holdings	Investor Name	Most Recent 13F Quarter	Earliest 13F Quarter	City	State	Country	Zip Code	13F AUM
∨	BERKSHIRE HATHAWAY	2025-06-30	2001-03-31	OMAHA	NE	United States	68131	
∨	SCION ASSET MANAGEMENT	2025-06-30	2015-12-31	SARATOGA	CA	United States	95070	
∨	BLACKROCK	2025-06-30	2006-03-31	NEW YORK	NY	United States	10001	
∨	BRIDGEWATER ASSOCIATES	2025-06-30	2005-12-31	WESTPORT	CT	United States	06880	
∨	DUQUESNE FAMILY OFFICE	2025-06-30	2011-12-31	NEW YORK	NY	United States	10019	
∨	RENAISSANCE TECHNOLOGIES	2025-06-30	2001-03-31	NEW YORK	NY	United States	10022	
∨	PERSHING SQUARE CAPITAL MANAGEMENT	2025-06-30	2005-12-31	NEW YORK	NY	United States	10019	
∨	CITADEL ADVISORS	2025-06-30	2002-06-30	MIAMI	FL	United States	33131	
∨	BAILLIE GIFFORD & CO LIMITED	2025-06-30	2001-03-31	EDINBURGH		UNITED KINGDOM	EH1 3AN	

출처: 웨일위즈덤

70~80명의 미국 주식 보유 종목 정보를 모아 보여주는 무료 사이트입니다. 이 사이트는 공시 자료에서 데이터를 추출해 유명 투자자들의 포트폴리오를 쉽게 열람할 수 있게 해주고 분기별로 공개되는 최신 보유 주식과 비중을 편리하게 확인하게 해줍니다.

WhaleWisdom(whalewisdom.com)도 투자자들이 13F 공시 등을 통해 헤

지펀드 매니저들의 포트폴리오를 연구하고 모방할 수 있게 도와주는 플랫폼입니다. "세계 최고 투자자들의 포트폴리오를 연구하고 복제한다."라는 모토를 내세우고 있으며 원하는 펀드나 주식을 검색하면 그 거물 투자자들의 보유 종목, 비중 변화, 분기별 매매 내역 등을 확인할 수 있습니다.

다만 실시간 정보는 아니지만 분기마다 업데이트된다는 점을 감안해야 합니다. 하지만 거물급 투자자들은 막대한 자금을 운용하기 때문에 포트폴리오를 자주 바꾸기 어렵습니다. 따라서 한 번 담은 종목은 시간이 지나도 비중만 조정될 뿐 쉽게 사라지지 않습니다. 분기마다 공개되는 포트폴리오를 활용해 이들이 공통으로 보유한 종목을 관심 종목에 담아두면 일반 투자자도 세계적인 투자자들의 종목을 손쉽게 따라 할 수 있습니다.

좋은 종목도 타이밍이 전부다

후배는 신이 나 스마트폰을 보여주며 말했습니다.

"선배! 지금이라도 이 전설적인 투자자들을 똑같이 따라서 주식을 사면 저도 큰돈을 벌 수 있지 않을까요?"

후배의 기대 가득한 눈빛에 저는 잠시 망설였습니다. 그리고 조심스럽게 이렇게 대답했죠.

"그거… 생각보다 힘들걸?"

과거 뛰어난 성과를 올린 펀드라도 실제 펀드 투자자들의 평균 수익률은 공식 펀드 수익률에 미치지 못하거나 오히려 저조했던 사례가 있습니다.

대표적인 예로 피터 린치가 운용한 피델리티 마젤란 펀드를 들 수 있습니다. 이 펀드는 1977년부터 1990년까지 약 13년간 2,703%의 누적 수익을 올려 연평균 29.2%에 달하는 경이적인 성과를 냈습니다. 그러나 놀랍게도 이 기간 펀드에 투자했던 투자자들의 절반은 손실을 보고 떠난 것으로 알려져 있습니다.

이는 많은 개인투자자들이 중간의 변동성을 견디지 못하고 상승 국면에서 늦게 따라 들어갔다가 하락 때 패닉에 빠져 중도에 투자를 철회함으로써 펀드 자체의 훌륭한 장기 성과를 자신의 실현 수익으로 연결하지 못했기 때문입니다. 결국 펀드의 공식 수익률과 투자자 개개인의 실제 수익률 간에 큰 차이가 발생한 것입니다.

비슷한 사례로 켄 헤브너(Ken Heebner)가 운용한 CGM 포커스 펀드(CGM Focus Fund)가 있습니다. 이 펀드는 2000년대 최고 수익률을 올린 뮤추얼펀드 중 하나로 약 10년간 연평균 18% 안팎의 높은 수익률을 기록했지만 정작 평균 투자자는 연 -11% 손실을 본 것으로 보고되었습니다.

이는 투자자들이 앞선 고수익에 이끌려 뒤늦게 펀드에 대거 자금을 유입하고(예를 들어 2007년 10억 달러, 2008년 26억 달러 유입) 이후 시장 급락 시점에서 대거 이탈하는 바람에 초반 상승 구간의 이익은 놓치고 하락 구간의 손실만 겪었기 때문입니다.

이처럼 역사적으로 뛰어난 성과를 올린 펀드들도 투자자들의 실제 평균 수익률은 펀드 자체 성과보다 훨씬 낮거나 심지어 음(-)의 결과를 보인 사례가 존재하며 이는 투자 시점과 행동의 중요성을 잘 보여줍니다.

실제 사례를 들어보겠습니다.

초보 투자자 A 씨는 1987년 제 책을 본 후 코스피 지수 투자를 결심하고 코스피 지수에 투자했습니다. 1987년 1월 1일 코스피 지수는 310포인트였고 2025년 코스피 지수는 2,549포인트입니다. 총 722% 상승했습니다. 효율적인 비교를 위해 복리가 아닌 단리로 계산하면 약 38년 동안 연평균 약 19%(단리 수익률)의 수익을 낸 것이죠.

반면 초보 투자자 B 씨는 1990년 1월 1일 제 책을 본 후 코스피 지수에 투자했습니다. 당시 코스피 지수 주가는 896포인트였습니다. 2025년 오늘 기준 주가는 2,548포인트이므로 총 수익률은 184%입니다. 연간 수익률로 연평균 5.2% 수익(단리 수익률)이 나온 것입니다.

여기서 제가 강조하고 싶은 것은 간단합니다.

"아무리 좋은 종목도 언제 사느냐에 따라 수익률이 극명하게 달라진다."라는 것입니다. 다시 말해 같은 기업이나 같은 지수에 투자해도 단지 제 책을 언제 읽고 언제 투자했느냐가 수십 년 후 여러분의 미래 성과를 좌우한다는 것입니다.

투자자 A 씨는 상대적으로 코스피 지수가 낮았던 1987년(310포인트)에 진입해 매우 높은 수익률(연평균 19%의 단리 수익률)을 올렸지만 투자자 B 씨는 지수가 이미 크게 올라 있던 1990년(896포인트)에 매수했기 때문에 수익률(연평균 5.2%의 단리 수익률)이 크게 떨어졌습니다.

즉 제가 강조하는 핵심은 다음과 같습니다.

"좋은 기업(또는 지수)에 투자하는 것만으로는 충분하지 않다. 언제 사느냐, 즉 '매수 가격'과 '매수 시점'이 투자 성과를 좌우한다." 그렇다면 해결책은 간단합니다. '매수 가격과 매수 시점'을 맞히는 것입니다.

· 3장 ·
주가는 어떻게 계산할 수 있을까?

주식 투자를 할 때 가장 흔히 겪는 고민은 바로 "언제 사야 하는가?"입니다. 지금 당장 매수하는 것이 좋을지 아니면 더 좋은 가격을 기다려야 할지 늘 망설이게 됩니다. 이런 고민을 덜어주기 위해 전설적인 투자자들이 만든 명확한 투자 철학이 바로 '가치 투자'입니다.

실적이 안정적인 기업만 보자

가치 투자는 좋은 기업을 최대한 저렴한 가격에 매수하는 투자 방식입니다. 여기서 '좋은 기업'은 앞으로도 꾸준히 수익을 내고 성장할 수 있는 기업을 말합니다.

　인플레이션 때문에 화폐가치가 떨어지고 물가가 오르는 상황을 상상해봅시다. 이런 경우 사람들은 현금을 보유하지 않고 금이나 부동산, 신뢰할 수 있는 우량 기업의 주식 같은 자산으로 돈을 옮기려고 합니다. 우량 기업은 인플레이션 때도 제품 가격을 인상해 이익을 유지하거나 늘릴 수 있고 경제가 어려운 상황에서도 잘 버틸 수 있는 탄탄한 자금력과 사업 모델을 보유하고 있습니다. 여러분이 잘 아는 글로벌 대기업들이 대표적인 예입니다.

하지만 직장생활과 가정생활을 하느라 바쁜 여러분이 개별 기업을 하나하나 분석하기는 현실적으로 어렵습니다. 기업 가치 평가를 제대로 하려면 많은 시간이 필요하기 때문입니다. 그래서 저는 시간이 부족한 투자자들에게 더 효율적인 방법을 제안했습니다. 바로 '인덱스(Index) 투자'입니다.

인덱스 투자는 시장 전체를 대표하는 주가지수에 투자하는 방식입니다. 미국 시장 전체를 대표하는 S&P 500 지수 펀드나 한국 시장 전체를 대표하는 KOSPI200 지수 ETF 등이 있죠.

인덱스 투자는 개별 기업을 잘못 선택해 발생할 수 있는 위험을 줄이면서 시장 전체의 평균 수익률을 따라갈 수 있는 매우 효율적인 투자 방법입니다. 하지만 인덱스 투자라고 해서 아무 때나 무작정 투자해선 안 됩니다. 가장 중요한 것은 KOSPI200이나 S&P 500 같은 '지수 자체가 저렴할 때' 투자하는 것입니다. 그렇다면 지수가 저렴한지 아닌지 도대체 어떻게 판단할 수 있을까요? 이 지수가 싼지 비싼지 명확히 분석하는 방법론을 지금부터 알려드리겠습니다.

주가 공식은 간단하다: 실적 × 멀티플

오늘날 S&P 500 지수의 주가가 5,000포인트라고 가정해봅시다. 그렇다면 이 지수의 주가는 도대체 어떻게 결정되는 걸까요? 이를 명확히 이해하기 위해 '실적'과 '멀티플' 두 가지 핵심 개념으로 나누어 설명하겠습니다.

1. 실적이란 무엇인가?

실적(Earnings)은 기업들이 일정 기간 실제로 벌어들인 순이익을 말합니다. 구체적으로 S&P 500 지수는 미국의 대표 기업 500개의 주식을 모아놓은 지수로 이 기업들이 제품과 서비스를 판매해 얻은 매출에서 비용을 제외하고 남긴 이익의 총합이 바로 '실적'입니다. 예를 들어 작년에 S&P 500 기업들이 200달러의 순이익을 기록했다고 가정해봅시다. 하지만 주가는 단순히 '작년 성적표'를 반영하지 않습니다. 투자자들은 이미 "올해는 210달러, 내년에는 220달러 정도 벌 수 있겠다."라는 전망치를 머릿속에 두고 있을 수 있습니다.

따라서 주식시장에서 말하는 '실적'은 과거의 순이익이 아니라 앞으로 1~2년 안에 벌 것으로 예상되는 순이익을 의미합니다.

이 때문에 올해 실적이 나쁘게 나왔는데도 주가가 오르는 경우가 가끔 있습니다. 시장이 '앞으로 실적이 좋아질 것'이라고 예상하기 때문입니다. 이런 현상을 우리는 '선반영'이라고 부릅니다. 따라서 주식시장이 바라보는 실적은 과거가 아닌 미래의 예상 순이익입니다.

2. 멀티플이란 무엇인가?

멀티플(Multiple)은 기업의 실제 실적 대비 주가가 얼마나 높거나 낮게 형성되어 있는지를 나타내는 개념입니다. 즉 투자자들이 기업의 실적뿐만 아니라 기업의 미래 성장 가능성이나 시장의 기대감도 반영해 주가를 형성해 생겨나는 개념입니다.

예를 들어 투자자 A 씨가 S&P 500 지수를 5,000포인트에서 사겠다면 지수의 주가는 5,000포인트로 형성됩니다. 그런데 투자자 B 씨가 등장해 "저는 6,000포인트에도 사겠습니다!"라고 외친다면 주가는 단숨에 20% 상승해 6,000포인트가 됩니다.

이 상황을 실적으로만 본다면 하루 만에 기업들의 순이익이 20% 증가한 것처럼 보이지만 실제 기업들의 순이익이 변한 것은 없습니다. 따라서 이런 주가 급등은 기업의 실제 이익 증가 때문이 아니라 미래에 대한 투자자들의 기대감과 투자 심리의 변화 때문입니다. 주가와 실적 간 이 괴리를 '멀티플'이라고 부릅니다.

결국 주가는 기업의 실적과 시장의 기대감(멀티플)에 의해 결정된다고 할 수 있습니다.

멀티플, 적정가치 분석의 핵심

실적은 간단히 말해 기업이 일정 기간 실제로 벌어들인 순이익입니다. 작년 한 해 동안 S&P 500 기업들이 총 200만 원의 순이익을 올렸다고 가정해 보겠습니다. 그리고 앞으로도 이 실적이 일정하게 유지된다고 가정해 보겠습니다.

이렇게 실적이 일정하더라도 실제 주가는 얼마든지 변동될 수 있습니다. 투자자마다 주식에 대한 가치평가 기준이 제각각이기 때문입니다.

예를 들어 매년 200만 원의 이익을 꾸준히 내는 S&P 500 지수가 있다고 가정합시다. 투자자 A 씨는 이 지수를 5,000만 원에 사겠다고 합니다. 즉 실적 대비 25배의 가격을 지불하는 것이죠. 투자자 B 씨는 이 지수를 6,000만 원에 사겠다고 제안합니다. 실적 대비 30배를 부여한 것입니다.

이처럼 실적 대비 지불하는 가격의 배수를 '멀티플'이라고 합니다. 여기서 A 씨는 25배의 멀티플, B 씨는 30배의 멀티플을 부여했습니다.

합리적인 투자자라면 멀티플을 왜 이렇게 다르게 설정했는지 여기서 생각해볼 필요가 있습니다. 사실 멀티플을 역수로 계산하면 투자자들이 기대하는 수익률이 나오기 때문입니다. 예를 들어 다음 내용과 같습니다.

- A 씨는 25배의 멀티플을 적용했으니 연간 기대수익률은 4%(1÷25=4%)라는 의미가 됩니다.
- 반면 B 씨는 30배의 멀티플을 적용했으니 연간 기대수익률은 약 3.3%(1÷30=3.3%)입니다.

그렇다면 이 멀티플은 어떤 기준으로 결정될까요? 이론상으로는 채권 금리 같은 다른 자산의 수익률과 비교해 멀티플을 결정하는 것으로 알려져 있습니다.

예를 들어 10년물 미국 국채 금리가 연 5%라면 4%나 3.3%의 기대수익률을 가진 주식보다 채권에 투자하는 게 더 매력적으로 보일 겁니다. 따라서 금리가 상승하면 상대적으로 매력이 떨어진 주식을 매도하고 채권으로 자금이 이동해 주가가 하락할 가능성이 커집니다.

하지만 현실에서는 투자자들이 항상 이렇게 합리적으로 행동하는 것은 아닙니다. 실제 투자자들은 뉴스나 투자 심리, 순간적인 감정 등 다양한 비합리적 요인에 따라 행동합니다. 그래서 시장에서는 주가가 극단적으로 높게(고평가) 또는 낮게(저평가) 형성되는 경우가 자주 발생합니다.

바로 이 지점이 우리가 주목해야 할 투자 기회입니다. 저는 이런 비합리적인 판단에 의한 시장의 고점과 저점을 찾아 투자 기회로 활용합니다.

다음 장에서는 이 멀티플 개념을 충분히 이해한 독자들을 위해 정규분포라는 통계적 접근법을 통해 실제로 극단적인 시장 상황을 포착해 투자에 적용하는 방법을 설명하겠습니다.

정규분포로 저점과 고점 찾기

"매년 200만 원씩 꾸준히 돈을 벌어주는 상품이 있다고 가정해보겠습니다. 여러분이라면 이 상품을 얼마에 구매하시겠습니까?"

투자자 A 씨는 5,000만 원에 사겠다고 합니다. 그는 실적 대비 25배의 가치를 매긴 것입니다.

투자자 B 씨는 6,000만 원에 사겠다고 합니다. 그는 실적 대비 30배의 가치를 매긴 것입니다.

투자자 C 씨는 무려 8,000만 원에 사겠다고 합니다. 그는 실적 대비 40배의 가치를 부여했습니다.

이런 상황을 보면서 저는 이런 생각이 들었습니다.

"지금 투자자 A, B, C의 기준은 잘 알겠는데 과거의 투자자들은 이런 상황에서 도대체 얼마의 가치를 부여했을까? 과거 사람들의 판단 기준을 한번 찾아보자."

그래서 저는 시장에서 가장 널리 쓰이는 가치평가 이론들을 찾아봤습니다. 그중에서 '현재 상황을 가장 직관적으로 보여주는 지표'가 있었습니다. 바로 'PER(주가수익비율)'라는 가치평가 지표입니다.

PER는 간단히 말해 기업이 벌어들이는 실적 대비 현재의 주식 가격을 나타낸 지표입니다. 예를 들어 S&P 500이 200만 원을 벌어들이는데 주식 가격이 5,000만 원이라면 PER는 25배(5,000만 원÷200만 원)가 되는 것입니다. 앞에서 제가 설명한 멀티플 개념과 정확히 같은 의미입니다.

과거 PER 데이터와 정규분포의 관계

저는 실제로 S&P 500 지수의 과거 PER 데이터를 살펴보았습니다.

2010년 1월 1일 S&P 500 지수의 PER가 20배였다고 가정해 보겠습니다. 이것은 어떤 의미일까요? 이것은 2010년 당시 투자자들이 S&P 500 기업들의 실제 실적 대비 평균적으로 20배의 가치를 부여해 거래했다는 뜻입니다.

또 다른 예로 2025년 1월 1일 S&P 500 지수의 PER가 24배라면 이때 투자자들은 기업의 실적 대비 24배의 가치를 부여해 주식을 사고팔았다는 뜻입니다.

이처럼 과거의 PER 데이터를 살펴보면 우리는 특정 시점마다 투자자들이 기업의 실적에 얼마나 큰 가치를 매겼는지 알 수 있습니다.

그런데 여기서 흥미로운 점이 하나 있습니다. S&P 500이나 코스피 200처럼 널리 거래되는 대표적인 주가지수들은 이미 수십 년 동안 거래가 이루어졌습니다. 이렇게 긴 기간 동안 수많은 투자자가 다양한 가치평가 기준을 가지고 거래한 것입니다.

어떤 사람은 실적 대비 10배로 거래했고 어떤 사람은 20배, 또 다른 사람은 심지어 40배로 거래했죠. 이렇게 장기간 다양한 사람들의 거래가 계속 이루어지면 가치평가 기록들이 자연스럽게 일정한 패턴을 보이게 되는데 이 패턴이 바로 '정규분포'입니다.

정규분포로 매수와 매도 타이밍 찾기

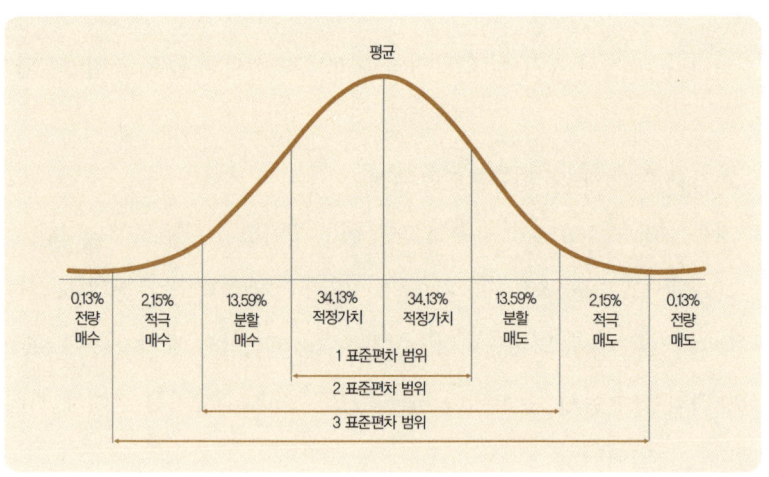

출처: 자체 제작

정규분포를 간단히 설명하면 다음과 같습니다.

"수많은 사람의 가치평가가 장기간 쌓이면 대부분의 거래는 일정한 평균값 근처에서 형성된다."

물론 매우 가끔 극단적으로 높은 가격이나 극단적으로 낮은 가격이 나타날 수 있습니다. 하지만 대부분의 거래는 결국 이 평균값 근처에 모이게 됩니다.

정규분포 이론을 실전 투자에 활용하기

이제 정규분포 개념을 실제 투자에서 어떻게 활용할 수 있는지 구체적으로 알아보겠습니다. 먼저 정규분포가 무엇인지 다시 간단히 정리해 볼까요?

정규분포는 수많은 사람의 가치평가 데이터가 장기간 축적될 때 대부분의 값이 일정한 평균값 주변에 모이는 현상을 말합니다. 가끔 극

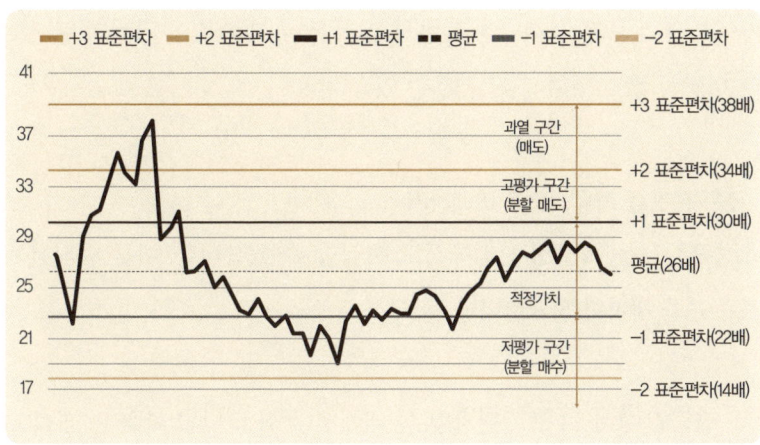

2020년~2025년 S&P 500 지수의 PER 데이터

출처: 매크로트렌드(macrotrends.net), 자체 제작

단적으로 높거나 낮은 값이 나타나기도 하지만 대부분의 거래는 결국 평균값 근처에서 이루어집니다.

수십 년 동안 축적된 S&P 500 지수의 PER 데이터를 분석해 보니 투자자들은 S&P 500 지수에 대해 평균적으로 '실적 대비 약 17배'의 가치를 부여하고 있었다고 가정해 보겠습니다. 그런데 어느 날 갑자기 S&P 500의 PER가 40배까지 치솟았습니다. 이는 역사적으로 볼 때 평균인 17배보다 훨씬 높은 극단적으로 비싼 가격입니다. 이때 우리는 다음과 같은 결론을 내릴 수 있습니다.

"과거 데이터를 볼 때 이렇게 높은 가격에 거래된 적이 거의 없었다. 지금은 매우 비싼 상태다. 즉 주식을 팔아야 할 시점이다!"

반대로 어느 날 S&P 500 지수의 PER가 평균보다 훨씬 낮은 7배 수준까지 떨어졌다면 어떨까요? 이 경우 우리는 이렇게 판단할 수 있습니다.

"역사적으로 이렇게 낮은 가격에 거래된 적이 거의 없었다. 현재는 매우 저렴한 상태다. 주식을 살 좋은 기회다!"

이처럼 정규분포 개념을 활용하면 현재 주식 가격이 과거의 평균보다 비싼지 싼지 명확히 판단할 수 있습니다.

정규분포를 확률적으로 이해하기

정규분포는 확률적 관점에서도 해석할 수 있습니다. 이를 위해서는 표준편차 개념이 필요합니다.

- 평균값에서 ±1 표준편차 범위 내에서 값이 나타날 확률은 약 68%

입니다. 즉 대부분의 거래는 이 평균 근처에서 이루어집니다.
- 평균값에서 ±2 표준편차 범위 내에서 값이 나타날 확률은 약 95%입니다.
- 평균값에서 ±3 표준편차 범위 내에서 값이 나타날 확률은 무려 99.7%에 달합니다.

그렇다면 만약 오늘 현재 S&P 500 지수 PER가 평균 대비 무려 3 표준편차 이상 벗어나 극단적으로 비싸거나 싸다면 어떨까요? 이는 확률적으로 단 0.3%밖에 나타나지 않는 매우 희귀한 사건이 발생한 것입니다.

이때 우리 자신에게 이런 질문을 던져볼 필요가 있습니다.

"현재 경제 상황은 0.3%의 확률로 나타날 만큼 정말 특별한 상황인가? 정말 기업들의 실적이 급격히 좋아지거나 나빠질 정도로 특별한 사건이 벌어진 것인가?"

경제 상황을 분석했을 때 특별한 변화가 없고 기업들의 실적이 기존 전망대로 유지될 가능성이 크다면 현재의 주가가 비합리적으로 비싸거나 지나치게 싸다는 결론을 내릴 수 있습니다.

결국 정규분포와 과거 PER 데이터를 잘 활용하면 투자자들이 '탐욕'에 빠져 주가가 지나치게 높아지거나 '공포'에 사로잡혀 주가가 지나치게 낮아졌을 때 우리는 이런 객관적인 데이터를 기반으로 정확한 의사결정을 내릴 수 있게 됩니다.

이제 앞에서 배운 이론을 실제 투자에 어떻게 적용하는지 살펴보겠습니다.

· 4장 ·
멀티플은 이렇게 분석한다

주식투자에서 가장 많이 사용되는 지표 중 하나는 PER(주가수익비율)입니다. PER는 기업의 실적 대비 현재 주가가 얼마나 비싸거나 싼지를 보여주는 대표적인 멀티플입니다.

주가는 다음과 같은 간단한 공식으로 이해할 수 있습니다.

> 주가 = 실적 × 멀티플

기업의 실적이 좋아지면 주가는 당연히 상승하게 됩니다. 하지만 기업의 실적에 큰 변화가 없더라도 기업에 대한 투자자들의 기대감이나 심리적 요인을 통해 멀티플을 높게 평가하면 주가는 더 상승할 수 있습니다. 즉 주가는 실제 실적뿐만 아니라 투자자들의 기대와 심리에 따라 더 민감하고 빠르게 변할 수 있다는 뜻입니다.

이런 멀티플 데이터를 실제로 확인하고 투자에 활용할 수 있는 웹사이트가 있습니다. 대표적인 예로 Macrotrends.net에 접속하면 과거

S&P 500 지수의 PER 데이터와 개별 종목 PER들도 손쉽게 확인할 수 있습니다.

매크로트렌드(macrotrends.net)의 홈페이지 사이트

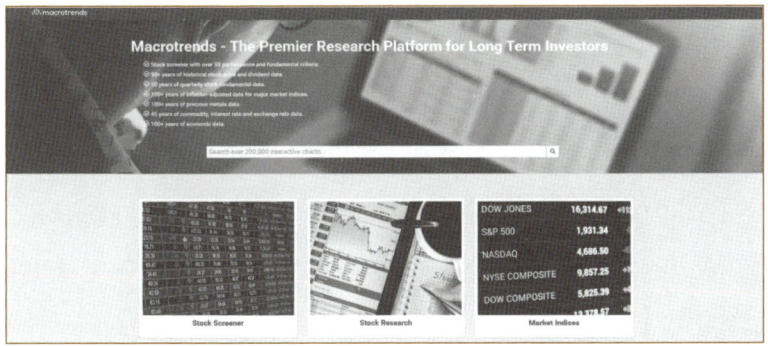

출처: 매크로트렌드(macrotrends.net)

위 웹사이트에서 최근 데이터를 살펴보면 현재 S&P 500의 PER는 약 20배가 조금 넘는 수준임을 알 수 있습니다. 과거 장기간 데이터를 살펴보면 보통 S&P 500 지수의 PER는 약 10~20배 범위에서 움직였고 장기적으로 볼 때 약 17배가 평균값이라는 결론을 내릴 수 있습니다.

이 데이터를 기반으로 우리는 다음과 같은 간단한 의사결정을 내릴 수 있습니다.

"현재 PER가 20배가 넘으니 역사적 평균인 17배보다 조금 높은 상태다. 그러므로 현재 S&P 500 지수는 고평가된 상태라고 할 수 있다. 그렇다면 지금은 매도할 타이밍이라고 생각할 수 있지 않을까?"

하지만 이런 단순한 접근은 몇 가지 중대한 오류를 만들 수 있습니다. 대표적으로 '시계열' 개념을 명확히 고려하지 않았다는 점입니다. 단순히 평균값과 현재값만 비교하면 데이터의 흐름을 잘못 판단할 가능성이 생깁니다.

첫걸음: 데이터를 직접 모아보자

'시계열'은 데이터를 분석할 때 "언제부터 언제까지의 기간을 놓고 분석할 것인가?"를 뜻합니다. 앞에서 저는 약 95년(1930~2025년)이라는 매우 긴 기간의 데이터로 평균값을 계산해 현재의 PER을 평가했습니다. 하지만 이렇게 너무 긴 기간의 시계열을 설정하면 한 가지 큰 문제점이 발생합니다.

 약 95년이라는 긴 기간을 설정하면 S&P 500 지수가 역사적으로 정말 저렴했던 시점은 1950년대와 1980년대 정도밖에 없었다는 결론이 나옵니다. 이렇게 되면 투자자가 매수하기 좋은 기회는 역사적으로 극히 드물게 나타나고 현실적으로 매수할 타이밍은 찾아오기 거의 어려워집니다.

 바로 이것이 시계열을 너무 길게 설정했을 때 나타나는 대표적인 문제점입니다. 따라서 실제 투자에서는 시계열의 길이를 투자자의 투자 전략과 목표에 맞추어 현실적으로 조정하는 것이 매우 중요합니다.

적절한 시계열 설정 3가지 방법

 시계열을 설정할 때는 분석 기간을 어떻게 정하느냐가 매우 중요합니다. 아래에서 세 가지 대표적인 시계열 설정 방법과 그 장단점을 간략히 소개하겠습니다.

첫 번째 방법(추천): 최근 10년 평균 데이터(가장 쉬운 방법)

가장 일반적이고 쉬운 방법은 '최근 10년 평균 데이터'를 사용하는 것입니다. 최근 10년 정도의 데이터는 현재의 경제 환경과 시장 변화를 충분히 반영하면서도 너무 긴 기간의 데이터를 사용할 때 발생하는 오류를 줄여줍니다.

예를 들어 최근 10년 동안 미국 경제가 저금리 환경이었다면 이 10년간의 평균 PER 데이터를 기준으로 현재 주가가 상대적으로 고평가되었는지 저평가되었는지 판단할 수 있습니다. 이 방법은 간편하면서도 현실적인 투자 판단에 매우 유용합니다. 하지만 최근 몇 년 동안 급격한 변화(금리 인상, 인플레이션 상승 등)가 있었다면 더 짧은 기간(예: 최근 5년)을 기준으로 하거나 최근의 중요한 경제적 사건 이후 데이터만 선택적으로 분석해 더 정확한 기준을 설정할 수 있습니다.

두 번째 방법: 사이클 기반 시계열 설정(어려운 방법)

두 번째 방법은 경제 사이클을 기준으로 시계열을 설정하는 것입니다. 경제와 시장 환경은 끊임없이 변합니다. 따라서 새로운 경제 환경이나 중요한 경제적 사건(예: 코로나 팬데믹, 금리 인상 등)이 발생하면 과거의 평균 데이터보다 현재 경제 사이클에 맞추어 평가 기준을 잡는 것이 더 합리적입니다.

구체적인 예를 들어볼까요?

과거 은행 금리가 10%였던 시기에는 미국 주식의 PER가 10배라고 해도 싸다고 할 수 없습니다. 은행에 맡기면 매년 10%의 이자를 받을 수 있었기 때문입니다. 하지만 현재 금리가 3%로 낮아졌다면 PER가

20배라고 해도(연간 기대수익률 5%) 상대적으로 매력적인 투자처가 될 수 있습니다.

즉 경제 환경이 변화하면 현재의 경제 사이클을 반영해 적정가치를 평가하는 것이 더 정확한 방법입니다. 다만 이 방법에도 명확한 한계점이 있습니다. 새로운 경제 사이클이 시작된 지 얼마 되지 않아 충분한 데이터가 없다면 제대로 분석하기 어렵습니다. 이런 경우에는 추가적인 데이터가 쌓일 때까지 기다리는 것이 바람직합니다.

세 번째 방법: 역사적 장기 평균 데이터 활용(한계점이 있는 방법)

마지막으로 매우 긴 기간의 역사적 평균 데이터(예: 1927년부터 현재까지)를 사용하는 방법도 있습니다. 이 방법의 장점은 긴 시간 동안의 전체 시장 흐름을 한눈에 파악할 수 있다는 것입니다.

하지만 장기적인 평균 데이터를 활용할 때 큰 단점이 발생합니다. 바로 경제 환경이 수십 년 동안 크게 변하면서 적정 PER 수준도 크게 달라질 수 있다는 것입니다. 이렇게 되면 현실적인 투자 의사결정을 내리기 어렵습니다.

예를 들어 1927년부터 현재까지의 데이터를 모두 활용하면 평균 PER는 약 17배가 됩니다. 하지만 그동안 변동성은 매우 커서 PER는 7배까지 내려가거나 27배까지 오르기도 했습니다.

이러한 넓은 범위의 데이터를 무작정 사용하면 투자자들은 이렇게 생각할 수밖에 없습니다.

"앞으로 주식이 지금보다 -50%부터 +100%까지 매우 큰 폭으로 움직일 수 있겠네!"

이렇게 광범위한 결론은 실제 투자에서 구체적인 의사결정을 내리는 데 전혀 도움이 되지 않습니다. 따라서 역사적 평균 데이터는 시장의 큰 그림을 이해하는 데는 유용하지만 구체적인 투자 판단을 내리는 데는 최근 경제 환경을 더 잘 반영하는 짧은 기간의 데이터가 훨씬 효과적입니다.

평균과 표준편차로 기준선 만들기

이제 실제 데이터를 이용해 투자 결정을 내려보겠습니다. 예를 들어 저는 최근 경제 환경이 코로나 팬데믹 이후 크게 바뀌었다고 판단해 2020년 1월부터 현재까지의 데이터를 기준으로 설정했습니다. 이 데이터를 엑셀에서 간단히 가공해 보겠습니다.

먼저 매크로트렌드 사이트에 접속해 필요한 자료를 다운로드합니다.

다음 사진처럼 데이터를 다운로드하면 엑셀 파일 형태로 받을 수 있습니다.

엑셀을 열어 데이터를 불러온 후 평균과 표준편차를 계산합니다. 엑셀에서 계산하는 방법은 간단합니다.

- 평균을 구할 때는 "=AVERAGE(데이터 범위 시작 셀: 끝 셀)"를 입력합니다.
- 표준편차를 구할 때는 "=STDEV.S(데이터 범위 시작 셀: 끝 셀)"를 입력합니다.

📊 매크로트렌드(macrotrends.net) PER 데이터 다운로드 방법

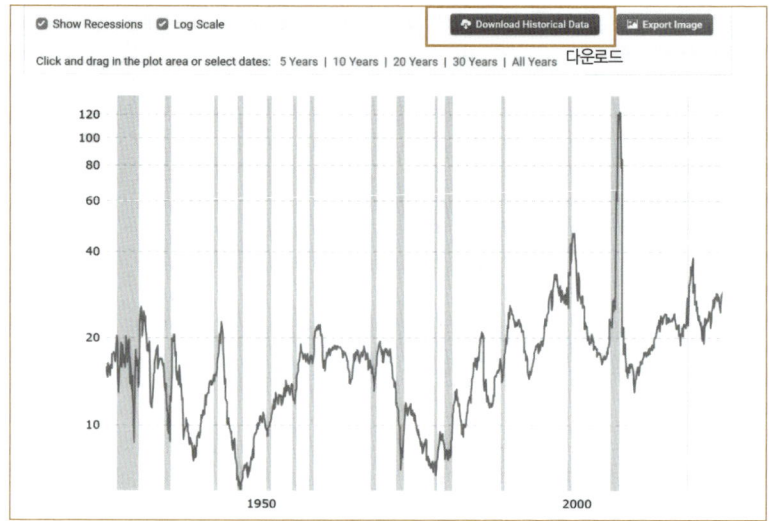

출처: 매크로트렌드(macrotrends.net)

📊 멀티플(PER) 데이터 가공 방법

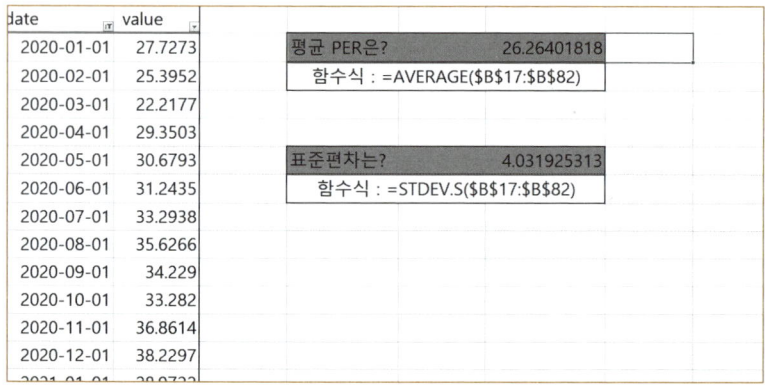

출처: 매크로트렌드(macrotrends.net), 자체 제작

이렇게 계산한 결과 평균은 26, 표준편차는 4입니다.

- 평균(26): 이는 2020년 1월 이후 투자자들이 S&P 500 기업의 실적 대비 평균 26배의 가치(PER)를 매겼다는 의미입니다.
- 표준편차(4): 이 숫자는 평균(26)에서 위아래로 어느 정도의 오차 범위가 있는지를 알려줍니다.

이제 이 결과를 바탕으로 현재 주식이 싼지 비싼지 적정한지 판단할 수 있습니다. 다음 단계에서는 이 데이터를 더 구체적으로 해석하고 투자 의사결정을 내려보겠습니다.

멀티플이 싼지 비싼지 해석하는 법

앞에서 계산한 평균과 표준편차를 활용하면 투자 시점을 명확히 판단할 수 있습니다.

2020년부터 2025년까지의 S&P 500 지수 PER 차트를 통해 실제 투자에 어떻게 활용할 수 있는지 구체적으로 살펴보겠습니다.

먼저 차트를 통해 계산한 평균과 표준편차를 이용해 투자 의사결정 구간을 설정할 수 있습니다. 차트에서 가로축은 시간, 세로축은 PER(주가수익비율)를 나타내고 있습니다. 여기서 우리는 몇 가지 중요한 구간을 설정할 수 있습니다.

2020년~2025년 S&P 500 지수의 PER 데이터

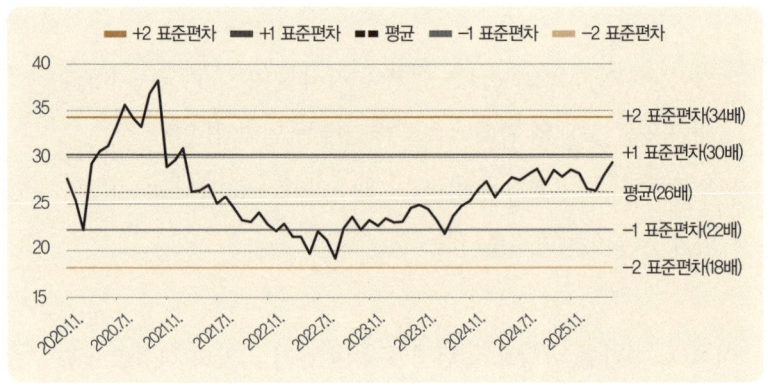

출처: 매크로트렌드(macrotrends.net), 자체 제작

첫째, 평균에서 ±1 표준편차 구간입니다.

이 구간은 최근 5년간 데이터 중 약 68%가 포함된 가장 일반적인 적정가치 범위입니다. 최근 5년간 평균 PER가 26배, 표준편차가 4라고 가정하면 적정가치는 22배부터 30배 사이(26±4)가 됩니다. 이 뜻은 사람들이 '실적 대비' 멀티플을 22~30배 부여할 확률이 약 68%라는 의미입니다.

예를 들어 S&P 500의 실적이 매년 200만 원이라면 사람들은 이 실적에 대해 22~30배의 가치를 부여하게 되어 S&P 500의 적정 가격은 4,400만~6,000만 원이 됩니다.

따라서 이 가격대에서는 주식이 특별히 싸거나 비싸다고 판단하지 않고 평균 수준에서 움직이고 있다고 보는 것입니다. 이 구간에서는 특별히 추가 매수나 매도를 하지 않고 주식을 이미 보유하고 있다면 그대로 유지하는 전략을 취하는 것이 가장 적절합니다.

둘째, 평균에서 ±1~2 표준편차 구간입니다.

이 구간은 데이터의 약 95%를 포함하는 범위입니다. 앞의 예대로 계산하면 18배(26-8)부터 34배(26+8) 사이가 됩니다.

S&P 500의 실적이 200만 원이라면 18~22배 사이의 PER 구간인 3,600만~4,400만 원 사이의 가격은 저평가된 구간으로 적극적으로 분할매수를 고려할 수 있습니다. 반대로 30~34배 사이의 PER 구간인 6,000만~6,800만 원 사이의 가격은 고평가된 구간으로 점진적으로 분할매도를 고려하는 것이 적절합니다.

셋째, 평균에서 ±3 표준편차 이상 구간입니다.

이 구간은 데이터의 약 99.7%를 포함하는 매우 극단적인 범위로 14배 이하 또는 38배 이상의 PER를 나타냅니다. S&P 500의 실적이 200만 원이라면 PER 14배 이하인 2,800만 원 이하 가격은 극도로 저평가된 구간으로 매우 적극적으로 매수해야 할 상황입니다. 반대로 PER 38배 이상인 7,600만 원 이상의 가격은 매우 극단적인 고평가 구간이므로 적극적으로 매도 전략을 취해야 합니다.

한눈에 정리하는 멀티플 분석의 핵심

평균과 표준편차를 활용해 PER 차트에서 명확한 투자 전략을 세울 수 있습니다.

적정가치 범위(평균 ±1 표준편차)에서는 자산을 유지하고 ±1~2 표준편차 범위에서는 분할매수 또는 분할매도를 진행하며 ±3 표준편차 이상의 극단적인 구간에서는 적극적인 매수나 매도를 통해 투자수익을 극대화할 수 있습니다.

이런 전략을 잘 활용하면 시장의 감정이나 분위기에 휘둘리지 않고 객관적이고 합리적인 투자 의사결정을 내릴 수 있게 됩니다.

이번 장에서는 주가가 움직이는 핵심 요소 중 하나인 '멀티플'을 깊이 다루었습니다. 그 이유는 실적과 멀티플 중 멀티플이 변동성이 훨씬 크기 때문에 이를 제대로 이해하면 투자 기회를 명확히 포착할 수 있기 때문이죠. 하지만 궁극적으로 완벽한 투자를 하기 위해서는 또 다른 요소인 '실적'에 대한 이해도 중요합니다.

다음 장에서는 멀티플과 함께 주가를 결정하는 또 하나의 중요한 축인 실적을 예측하는 방법을 알아보겠습니다. 놀랍게도 개별 종목이 아니라 미국 전체 기업들의 실적도 미리 확인할 수 있는 간단한 방법이 있습니다. 다음 장에서 이 방법을 통해 여러분의 투자 의사결정을 더 완벽히 만들어 보겠습니다.

PER 범위에 따른 투자 전략

평가 구간	PER 범위(예)	확률(발생빈도)	의사결정
극도의 저평가 구간	-2~3 표준편차 (14~18배)	약 2.15%	매우 강력한 매수(주식 비중 확대)
저평가 구간	-1~2 표준편차 (18~22배)	약 13.59%	분할매수 구간(주식 비중 확대)
적정가치 구간	평균~±1 표준편차 (22~30배)	약 68.26%	정상 범위 구간 (포트폴리오 유지)
고평가 구간	+1~2 표준편차 (30~34배)	약 13.59%	분할매도 구간(주식 비중 축소)
극도의 고평가 구간	+2~3 표준편차 (34~38배)	약 2.15%	매우 강력한 매도(주식 비중 축소)

출처: 자체 제작

· 5장 ·
실적은 이렇게 예측한다

지금까지 주가는 '실적×멀티플'로 구성된다는 중요한 사실을 배웠습니다. 앞 장에서는 특히 변동성이 큰 멀티플을 명확히 분석하고 투자에 활용하는 방법을 살펴보았습니다.

여기서 한 발 더 나아가 실적(EPS)까지 예측할 수 있다면 어떨까요? 특히 개별 기업이 아니라 미국이나 한국 등 전체 주가지수의 실적을 예측할 수 있다면 더할 나위 없이 좋겠죠.

이번 장에서는 실제로 전체 지수의 실적(EPS)을 구체적으로 분석하고 예측하는 방법을 소개하겠습니다. 그중에서도 특히 미국 연방준비제도(Fed)의 'FOMC 점도표(Dot Plot)'를 활용해 지수의 실적(EPS) 변화를 미리 파악하는, 한 단계 더 심화된 투자 전략을 배워 보겠습니다.

S&P 500 지수, 실적 추정 공식

기업의 실적은 '물가 상승과 실질 성장' 2가지 요인에 의해 상승합니다. 쉽게 풀어 설명하면 다음과 같습니다.

1. 화폐 가치 하락(물가 상승)으로 인한 실적 증가

어떤 제과업체가 빵을 개당 1,000원에 총 100개를 팔았습니다. 그럼 매출은 10만 원이 되겠죠?

다음 해에 전체 물가가 올라 똑같은 빵 하나가 1,100원이 되었다고 가정합시다. 이 회사가 똑같은 100개를 팔았다면 이번 매출은 11만 원이 됩니다. 회사 입장에서는 특별히 제품을 더 많이 팔거나 더 좋은 제품을 만든 건 아닙니다. 단지 전체적인 물가가 올라 명목상(겉으로 보이는) 매출과 이익이 늘어난 것입니다.

쉽게 말해 제품을 더 많이 팔지 않아도 물가가 오르면 매출과 이익이 저절로 늘어난다는 개념입니다. 이것은 기업이 잘해서라기보다 돈의 가치가 떨어졌기(인플레이션) 때문입니다.

2. 실제 제품이나 서비스 판매 증가로 인한 실적 증가(실질 성장)

이번에는 좀 다른 경우입니다. 앞의 예에서 빵을 100개 팔던 회사가 이번에는 빵의 품질을 높였거나 광고를 더 잘해 소비자들이 빵을 더 좋아하게 되었다고 가정해봅시다. 그럼 작년보다 많은 120개를 팔 수 있게 됩니다. 이 경우에는 제품 자체의 인기가 높아져 더 많이 팔았으니까 실질적으로 매출과 이익이 늘어난 것입니다. 이를 '실질 성장'이라고 합니다.

쉽게 말해 기업이 정말 잘해 제품이 더 많이 팔리거나 제품 자체의 경쟁력이 향상되어 이익이 증가한 것이죠. 정리하면 기업의 이익이 증가하는 이유는 2가지로 나누어 볼 수 있습니다.

1. 화폐 가치 하락(인플레이션)
제품 자체는 그대로인데 물가가 올라 저절로 매출과 이익이 커진 경우

2. 실질 성장
제품이 정말 좋아지거나 더 많이 팔려 실질적으로 이익이 늘어난 경우

결국 기업의 실적은 물가 상승(인플레이션) 효과와 실제 제품 경쟁력(실질 성장) 두 가지 요인으로 구성된다고 이해하시면 됩니다.

실제 예로 과거 1957년 이후 S&P 500 지수의 연평균 수익률은 약 10.13%입니다. 즉 매년 10%의 실적 성장이 발생했다는 것입니다. 그런데 이 실적 성장에는 '인플레이션'으로 인한 물가 상승이 존재합니다. 그래서 인플레이션을 제거한 실질 수익률은 약 6.37%로 줄어듭니다. 이것이 바로 실질 성장으로 인한 실적 증가라고 볼 수 있죠.

다시 말해 '기업의 명목 이익성장률 = 실질 성장률 + 물가 상승률'로 이해할 수 있습니다. 물론 해마다 이렇게 정확히 딱 맞아떨어지지는 않지만 장기적으로 물가가 오르면 기업들의 명목 실적(EPS)도 그에 비례해 증가해왔음을 알 수 있습니다. 요약하면 실질 성장률에 의한 실적 성장도 중요하지만 화폐 가치 하락(인플레이션)은 S&P 500 지수에 속한 기업들의 명목상 실적(EPS)을 끌어올리는 중요한 요인이 될 수 있다는 것입

니다.

실적을 예측하는 구체적 방법: FOMC 점도표

기업의 실적이 증가하는 이유는 크게 2가지로 나누어 볼 수 있습니다. 하나는 실제로 제품의 경쟁력이 좋아지거나 판매량이 늘어나는 '실질적인 성장'이고 다른 하나는 제품은 그대로인데 물가가 올라 저절로 매출과 이익이 증가하는 '명목상 성장(인플레이션 효과)'입니다. 그렇다면 앞으로 기업들의 명목상 이익이 얼마나 늘어날지 예측할 방법은 없을까요? 그 열쇠는 바로 미국 중앙은행인 연준(Fed)이 발표하는 'FOMC 점도표'에 있습니다.

점도표는 연준 위원들이 향후 몇 년간의 기준금리 전망을 점으로 찍어 표시한 자료인데요. 겉으로 보기에는 단순히 금리전망을 나타내는 것 같지만 사실 이 점도표 안에는 중앙은행이 바라보는 미래의 물가 상승률과 경제성장률에 대한 힌트가 숨어 있습니다.

FOMC는 보통 3월, 6월, 9월, 12월 이렇게 연 4회 경제 전망과 함께 점도표를 공개합니다. 올해 점도표를 통해 연준이 물가 상승률을 약 3%로 예상하고 경제성장률을 약 2%로 예상한다고 가정해봅시다. 그렇다면 올해 미국 기업들(S&P 500 기업 기준)의 평균적인 명목 이익(EPS)은 약 5%(물가 상승률 3%+경제성장률 2%) 증가할 가능성이 큽니다. 이처럼 점도표를 활용하면 향후 기업들의 전체적인 실적 흐름을 예측할 수 있습니다.

1단계: 자료 찾기

FOMC 홈페이지에 들어가면 점도표를 볼 수 있습니다.

⚡ FOMC 홈페이지 사이트: The Fed - Meeting calendars and information

2025 FOMC Meetings

January	28-29	**Statement:** PDF | HTML Implementation Note	Press Conference		**Minutes:** PDF | HTML (Released February 19, 2025)
March	18-19*	**Statement:** PDF | HTML Implementation Note	Press Conference **Projection Materials** PDF | HTML		**Minutes:** PDF | HTML (Released April 09, 2025)
May	6-7	**Statement:** PDF | HTML Implementation Note	Press Conference		**Minutes:** PDF | HTML (Released May 28, 2025)

출처: 연준 FOMC 「Meeting calendars and information」

위의 도표에서 빨간색 박스를 클릭하면 다음과 같은 도표를 볼 수 있습니다.

⚡ 2025년 3월 미국 경제 전망치

Variable	Median[1]				Central Tendency[2]				Range[3]		
	2025	2026	2027	Longer run	2025	2026	2027	Longer run	2025	2026	2027
Change in real GDP	1.7	1.8	1.8	1.8	1.5–1.9	1.6–1.9	1.6–2.0	1.7–2.0	1.0–2.4	0.6–2.5	0.6–2.5
December projection (실질 성장률 예상치)	2.1	2.0	1.9	1.8	1.8–2.2	1.9–2.1	1.8–2.0	1.7–2.0	1.6–2.5	1.4–2.5	1.5–2.5
Unemployment rate	4.4	4.3	4.3	4.2	4.3–4.4	4.2–4.5	4.1–4.4	3.9–4.3	4.1–4.6	4.1–4.7	3.9–4.7
December projection	4.3	4.3	4.3	4.2	4.2–4.5	4.1–4.4	4.0–4.4	3.9–4.3	4.2–4.5	3.9–4.6	3.8–4.5
PCE inflation	2.7	2.2	2.0	2.0	2.6–2.9	2.1–2.3	2.0–2.1	2.0	2.5–3.4	2.0–3.1	1.9–2.8
December projection (물가 상승률 예상치)	2.5	2.1	2.0	2.0	2.3–2.6	2.0–2.2	2.0	2.0	2.1–2.9	2.0–2.6	2.0–2.4
Core PCE inflation[4]	2.8	2.2	2.0		2.7–3.0	2.1–2.4	2.0–2.1		2.5–3.5	2.1–3.2	2.0–2.9
December projection	2.5	2.2	2.0		2.5–2.7	2.0–2.3	2.0		2.1–3.2	2.0–2.7	2.0–2.6
Memo: Projected appropriate policy path											
Federal funds rate	3.9	3.4	3.1	3.0	3.9–4.4	3.1–3.9	2.9–3.6	2.6–3.6	3.6–4.4	2.9–4.1	2.6–3.9

출처: 연준 FOMC 「점도표(SEP), 2025년 3월 회의」

앞에 제시된 도표는 미국 중앙은행인 연준(Fed)의 경제 전망 자료로 향후 경제를 어떻게 예상하는지 알려줍니다. 여기서 우리가 주목해야 할 변수는 2가지입니다.

1. Change in real GDP(실질 경제성장률)
2. PCE inflation(개인소비지출 물가 상승률, 즉 인플레이션)

> 기업의 명목상 이익(EPS) 증가율 = 실질 경제성장률 + 물가 상승률

기업의 명목상 이익(EPS) 증가율은 일반적으로 다음 공식과 같이 간단히 추정할 수 있기 때문입니다.

쉽게 말해 실제 경제가 성장하고 물가가 오른 만큼 기업의 실적도 명목상 증가할 가능성이 크기 때문입니다.

2단계: S&P 500 기업의 평균 EPS 성장률 추정하기

예로 자료에서 2025년 3월에 발표된 미국 경제 전망치를 보겠습니다. 연준은 2025년 미국의 실질 경제성장률을 중앙값(median) 기준 1.7%, 물가 상승률은 2.7%로 예상하고 있습니다. 이 두 수치를 단순히 더하면 명목상 실적(EPS) 증가율을 예상할 수 있습니다.

> 기업의 명목상 이익(EPS) 증가율 = 실질 경제성장률(1.7%) + 물가 상승률(2.7%)

즉 연준 자료를 기반으로 S&P 500 기업들의 평균 실적은 2025년에

전년 대비 약 4.4% 증가할 것으로 추정할 수 있습니다.

3단계: 범위(Central Tendency, Range) 활용해 민감도 분석하기

2025년 3월 미국 경제 전망 중앙값 범위

Variable	Median[1]				Central Tendency[2]				Range[3]		
	2025	2026	2027	Longer run	2025	2026	2027	Longer run	2025	2026	2027
Change in real GDP	1.7	1.8	1.8	1.8	1.5–1.9	1.6–1.9	1.6–2.0	1.7–2.0	1.0–2.4	0.6–2.5	0.6–2.5
December projection	2.1	2.0	1.9	1.8	1.8–2.2	1.9–2.1	1.8–2.0	1.7–2.0	1.6–2.5	1.4–2.5	1.5–2.5
Unemployment rate	4.4	4.3	4.3	4.2	4.3–4.4	4.2–4.5	4.1–4.4	3.9–4.3	4.1–4.6	4.1–4.7	3.9–4.7
December projection	4.3	4.3	4.3	4.2	4.2–4.5	4.1–4.4	4.0–4.4	3.9–4.3	4.2–4.5	3.9–4.6	3.8–4.5
PCE inflation	2.7	2.2	2.0	2.0	2.6–2.9	2.1–2.3	2.0–2.1	2.0	2.5–3.4	2.0–3.1	1.9–2.8
December projection	2.5	2.1	2.0	2.0	2.3–2.6	2.0–2.2	2.0	2.0	2.1–2.9	2.0–2.6	2.0–2.4
Core PCE inflation[4]	2.8	2.2	2.0		2.7–3.0	2.1–2.4	2.0–2.1		2.5–3.5	2.1–3.2	2.0–2.9
December projection	2.5	2.2	2.0		2.5–2.7	2.0–2.3	2.0		2.1–3.2	2.0–2.7	2.0–2.6
Memo: Projected appropriate policy path											
Federal funds rate	3.9	3.4	3.1	3.0	3.9–4.4	3.1–3.9	2.9–3.6	2.6–3.6	3.6–4.4	2.9–4.1	2.6–3.9
December projection	3.9	3.4	3.1	3.0	3.6–4.1	3.1–3.6	2.9–3.6	2.8–3.6	3.1–4.4	2.4–3.9	2.4–3.9

(실질 성장률 예상 범위 / 물가 상승률 예상 범위)

출처: 연준 FOMC 「점도표(SEP), 2025년 3월 회의」

중앙값뿐만 아니라 범위도 살펴보면 더 정확하고 다양한 시나리오를 만들 수 있습니다.

- 2025년 실질 GDP 성장률의 중앙 범위는 1.5%~1.9%
- 2025년 PCE 물가 상승률의 중앙 범위는 2.6%~2.9%

이 두 수치를 더하면 다음과 같은 시나리오를 구성할 수 있습니다.

시나리오별 S&P 500 실적(EPS) 성장률 추정치

시나리오	실질 GDP 성장	물가 상승률 중앙값	EPS 성장률 추정
성장 둔화	1.5%	2.7%	4.2%
기본 시나리오	1.7%	2.7%	4.4%
낙관적 시나리오	1.9%	2.7%	4.6%

출처: 연준 FOMC 「점도표(SEP), 2025년 3월 회의」, 자체 제작

이렇게 범위를 활용하면 시장 환경에 따라 유연하게 대응할 수 있는 다양한 시나리오를 세울 수 있습니다.

4단계: 실전에서 적용하기

오늘날 미국 S&P 500 실적은 매크로 트렌드 사이트에서 무료로 볼 수 있습니다.

예를 들어 2025년 4월 S&P 500의 실적(EPS)은 210포인트입니다. 앞으로 연말까지 미국 경제 성장률은 연준 점도표 기준으로 약 4.4%로 예상됩니다. 그렇다면 미국을 대표하는 500대 기업들의 이익도 최소한 4.4% 정도는 성장할 것으로 추정할 수 있습니다.

따라서 2025년 연말 기준 S&P 500의 예상 실적은 다음과 같이 계산됩니다.

$$2025년\ 12월\ 기준\ 예상\ 실적(EPS) = 210 \times (1+4.4\%) \approx 219.24$$

즉 2025년 12월 기준 S&P 500의 실적은 210포인트에서 219.24포인트로 성장할 가능성이 큽니다. 여기서 최근 5년간 평균 PER인 24.64배를 곱하면 S&P 500의 적정 주가는 5,402포인트라는 수치가 나옵니다.

S&P 500의 실적과 주가

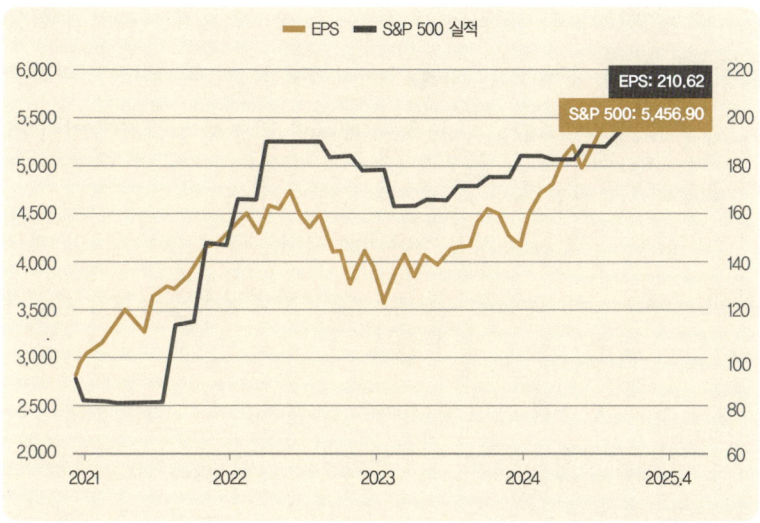

출처: 매크로트렌드(macrotrends.net)

이렇게 우리는 연준의 경제 전망을 활용해 2025년까지의 예상 실적을 계산했고 이 실적을 통해 적정 주가(5,402포인트)를 산출했습니다. 그런데 여기서 한 가지 고민이 생깁니다.

주식시장은 보통 단지 1~2년 후의 실적만 보는 것이 아니라 수년 후의 성장 가능성까지 미리 기대하고 반영하곤 합니다. 즉 미국 경제가 앞으로 꾸준히 성장할 것이라면 시간이 흐를수록 실적(EPS)은 계속 증가하고 주가도 추가 상승할 여지가 많다는 뜻입니다.

그렇다면 앞으로 10년, 20년 후의 실적까지 반영해 주가를 평가하면 되지 않을까요? 이론상으로는 가능하지만 그렇게 하면 너무 먼 미래까지 예측해야 하는 어려움이 발생합니다. 사실 먼 미래의 경제 상황은 예측하기 어려우므로 장기적인 실적까지 정확히 반영하는 것은 현실적으로 매우 까다롭습니다.

그래서 대부분의 현실적인 투자자들은 상대적으로 예측하기 쉬운 가까운 미래의 실적(EPS)만 가지고 적정 주가를 계산합니다. 일반적으로 향후 1~2년간의 예상 실적(EPS) 성장률만 반영해 현실적인 적정 주가 수준을 판단하는 것이죠.

정리하면 지금까지 우리가 해온 방식처럼 향후 1~2년 이내의 예상 실적(EPS)을 사용하는 것이 현실적으로 가장 타당하고 정확한 접근법이라는 의미입니다.

앞서 계산했던 2025년 12월 기준 예상 실적(Forward EPS)을 토대로 다시 한 번 예를 들어보겠습니다. 우리가 2025년의 S&P 500 실적(EPS)을 예상할 때는 일반적으로 올해(2025년)와 내년(2026년)까지의 전망치를 반영합니다.

앞서 연준의 전망에 따르면 2025~2026년 동안 미국 경제는 실질적으로 3.5% 성장하고 물가는 4.9% 상승할 것으로 예상됩니다. 기업 실적은 경제가 커지는 효과(3.5%)와 물가가 오르는 효과(4.9%)가 동시에 반영되기 때문에 이를 합치면 2026년까지 약 8.4% 성장할 것으로 추정할 수 있습니다.

> 2026년 12월 기준 예상 실적(EPS) = 210 × (1+8.4%) = ≈227.64

이렇게 계산된 예상 실적(227.64)은 '내년에 벌 것으로 예상되는 돈'을 의미합니다. 그런데 중요한 점은 주식시장은 항상 이런 미래의 실적을 선반영해 오늘의 주가를 형성한다는 사실입니다.

즉 우리가 투자할 때는 단순히 '지금까지의 실적'에 멀티플을 곱해 비싼지 저렴한지를 따져서는 안 됩니다. 시장은 언제나 미래의 실적을 기준으로 멀티플을 부여하기 때문에 우리도 그 기준에 맞춰 '미래 실적(Forward EPS) × 멀티플(PER)'로 적정 주가를 판단해야 합니다.

"나는 적어도 내년까지는 보유할 생각이다. 그렇다면 내년까지의 실적(EPS: 227.64)을 기준으로 볼 때 현재 주가가 적정한지 평균보다 싼지 비싼지 판단해 매수·매도 결정을 내리면 된다."

물론 시장이 강력한 상승 흐름을 보일 때는 사람들이 "단지 내년 실적뿐만 아니라 2~3년 후, 심지어 10년 후 실적까지도 미리 반영했다!"라고 주장하기도 합니다. 이런 상황이라면 여러분도 주식을 매수하고 나서 실제로 장기적으로(5년, 10년) 보유할 계획으로 투자에 임해야 합니다.

하지만 현실적으로 미국 기업들은 분기 실적을 발표할 때 대부분 포워드 가이던스(Forward Guidance)를 통해 앞으로 1~2년치의 실적 전망을 공식적으로 제시합니다. 이 덕분에 시장 참여자들은 미래의 실적을 비교적 정확히 추정할 수 있습니다.

그리고 바로 이 점이 핵심입니다. 기업들이 제시한 예상치의 오차가 크지 않기 때문에 시장은 그 1~2년 후의 실적을 '지금 당장' 주가에 선반영합니다.

물론 시장이 낙관적일 때는 5년, 10년 후의 실적까지 미리 반영하려는 움직임이 나타나기도 합니다. 그러나 이런 경우 주가는 기대에 크게 의존하기 때문에 실제 실적이 꾸준히 기대를 충족해줘야만 상승세가 유지됩니다. 실적이 잘 나와도 기대치에 못 미치면 주가는 언제든 크게 흔들릴 수 있습니다.

5단계: 멀티플까지 고려한 최종 실적 분석과 투자 의사결정

이제 마지막 단계에서는 지금까지 배운 모든 내용을 총정리하며 실제 투자에 바로 적용해 보겠습니다.

지금까지 우리는 미래 실적을 파악하기 위한 FOMC 점도표를 활용한 실적(EPS) 추정 방법과 시장의 평가 수준을 측정하기 위한 멀티플(PER)의 표준편차 개념을 배웠습니다. 그리고 실적(EPS)과 멀티플(PER)을 곱하면 '적정 주가'가 나온다는 것도 알 수 있었습니다.

우리는 기업이 앞으로 얼마의 이익(EPS)을 낼지 미리 예측했습니다. 경제성장률과 물가 상승률을 고려한 결과 내년까지의 S&P 500의 이익은 한 주당 227.64포인트가 될 것으로 보았습니다. 여기에 시장에서 S&P 500의 실적을 얼마 정도로 평가하는지를 나타내는 지표인 멀티플(PER)을 곱하면 '적정 주가' 수준을 구할 수 있습니다.

╷╷╷ 적정 주가 수준과 투자 판단 방법

S&P 500 평가 수준	적용 PER	예상 EPS	S&P 500 적정 주가
매우 저평가(강력 매수)	19.69(-2σ)	227.64	4,482.23
저평가(매수 타이밍)	22.17(-1σ)	227.64	5,046.77
적정가치(평균 수준)	24.64(0σ)	227.64	5,609.04
고평가(분할매도)	27.12(+1σ)	227.64	6,173.59
매우 고평가(강력 매도)	29.60(+2σ)	227.64	6,738.14

출처: 자체 제작

위 도표의 내용을 좀 더 쉽게 풀어보겠습니다.

- **매우 저평가**(적극 매수): 예상 EPS(227.64원)에 매우 낮은 PER(19.69)를 곱한 값이 4,482포인트입니다. 즉 현재 주가가 이 가격보다 낮다면 기

업의 실적에 비해 너무 싸다고 판단해 적극적으로 매수할 수 있습니다.

- **저평가**(분할 매수 타이밍): 예상 EPS에 조금 낮은 수준의 PER(22.17)를 곱한 값이 5,046포인트입니다. 주가가 이 정도면 실적에 비해 다소 싸므로 조금씩 나누어 매수하면 좋습니다.
- **적정가치**(중립 유지): 평균적인 수준의 PER(24.64)를 곱하면 5,609포인트가 나옵니다. 만약 현재 주가가 이 정도 수준이라면 적당한 가격이라고 판단하고 추가 매수나 매도를 하기보다 중립적인 태도로 기다리는 것이 좋습니다.
- **고평가**(분할 매도 타이밍): 높은 수준의 PER(27.12)를 곱한 값은 6,173포인트입니다. 이 정도 가격이면 기업 실적에 비해 주가가 다소 비싼 편이므로 보유한 주식을 조금씩 팔아 현금을 확보하는 것이 유리합니다.
- **매우 고평가**(적극 매도): 가장 높은 수준의 PER(29.60)를 곱하면 6,738포인트가 나옵니다. 현재 주가가 이 가격보다 높다면 시장이 너무 과열된 상태로 적극적으로 매도를 고려해야 합니다.

이제 우리는 FOMC가 발표한 경제 전망을 통해 EPS를 예측하고 과거 시장에서 사람들이 부여했던 PER 데이터를 활용해 적정 주가를 직접 산출할 수 있게 되었습니다. 적정가치를 평가하는 방법은 물론 다양하지만 저는 투자 경험이 많지 않은 초보 투자자들이 주로 지수 ETF에 투자한다고 가정하면 이 방법이 가장 효율적이고 쉽게 활용할 수 있는 전략이라고 생각합니다.

실전 투자에 적용할 때 주의할 점

투자는 본질적으로 불확실한 미래를 합리적으로 판단하는 의사결정 과정입니다. 그러므로 우리가 사용하는 전략이 정말 합리적인지에 대한 근거(핵심 가정)를 명확히 이해하는 것이 중요합니다.

첫 번째 핵심 가정은 "기업의 실적(EPS)은 장기적으로 명목 경제성장률과 유사한 방향으로 움직인다."라는 것입니다. 일반적으로 경제가 성장하면 기업의 이익도 늘어나고 경제가 침체하면 기업의 이익도 감소합니다. 하지만 경제성장률이 5%일 때 기업의 실제 이익성장률은 3%에 그치는 상황처럼 기업의 실적이 경제성장률과 반드시 완벽히 똑같은 비율로 움직이지 않을 수도 있습니다. 이런 차이가 발생하면 우리가 추정한 EPS는 실제 기업 실적과 차이가 생길 수 있으며 이는 이 전략이 가진 첫 번째 한계점입니다.

두 번째 가정은 "과거에 시장이 부여했던 PER의 평가 방식이 앞으로도 크게 변하지 않을 것이다."라는 것입니다. 하지만 시간이 지나면서 투자 환경이 변하면 투자자들이 요구하는 수익률과 시장 평가 기준이 달라질 수 있습니다.

예를 들어 역사적으로 S&P 500의 평균 PER가 약 17배였다고 하더라도 이는 단지 과거 평균일 뿐 '항상 적정'인 수준을 뜻하지는 않습니다. 금리·물가·유동성 여건에 따라 평균치가 달라질 수 있기 때문입니다. 따라서 이 전략의 유효성은 투자 기간과 환경에 따라 달라질 수 있습니다. 따라서 투자자는 단순히 과거 수치를 절대 기준으로 삼기보다 그 시기에 왜 특정 멀티플이 형성되었는지를 이해해야 합니다. 이 점을 간과하면 장기적으로는 평균을 맹신해 잘못된 판단을 내릴 수 있고 단기적으로는 현재 환경을 무시해 중요한 기회를 놓칠 수 있습니다.

세 번째 가정은 "이 전략이 정확한 매매 타이밍을 제시해 주지는 않는다."라는 것입니다. 즉 현재 가격이 저렴하다고 판단해 매수했더라도 가격은 추가 하락할 수 있고 비싸다고 판단했더라도 더 오를수 있습니다. 이 전략의 핵심은 당장 매수하자마자 수익이 나오는 타이밍을 잡는 것이 아니라 현재의 가격이 비싼지 적정한지 싼지를 객관적으로 판단하는 데 주로 사용하는 것입니다.

저는 단순히 '저렴한 가격에 사서 기다리는' 데 그치는 것이 아니라 더 정확한 '투자 타이밍'을 찾는 방법을 고민했습니다. 바로 이 고민을 해결하는 방법이 2부에서 설명할 '매크로 투자 전략'입니다.

지금까지 1부에서는 비교적 간단한 방법을 통해 '주식의 가치평가 방법론'을 익혔습니다. 이어질 2부에서는 매크로 투자를 통해 투자 타이밍을 더 정확히 잡는 시장 전반에 대한 감각을 익혀볼 것입니다. 1부에서 여러분이 "지금 가치평가를 해보니 매수할 만한 영역이네. 지금 바로 매수할까, 아니면 내일 살까?"라고 고민했다면 이 의사결정을 더 명확히 하는 데 도움이 되는 내용을 바로 2부에서 다룰 것입니다.

하지만 2부의 내용을 충분히 학습한 후에도 실제 투자 현장에서는 "정확한 타이밍을 잡는 것은 정말 어렵다."라는 생각이 여전히 들 수 있습니다. 그래서 마지막 3부에서는 정확한 타이밍을 잡기 어려운 상황에서도 각 매크로 사이클 별로 특별히 '유리한 자산'을 선택해 투자하는 전략과 팁을 배울 것입니다.

· 6장 ·
투자의 첫걸음 핵심 요약

지금까지 우리는 투자 초보자들이 흔히 겪는 "도대체 뭘 사야 하지?"라는 질문에 대한 명확한 해답을 찾기 위해 투자 원리부터 구체적인 투자 방법까지 체계적으로 배웠습니다.

먼저 투자를 해야 하는 근본적인 이유는 화폐 가치 하락 때문입니다. 돈은 지속적으로 시장에 풀리며 그 과정에서 가치는 점점 하락합니다. 이렇게 화폐 가치가 하락하면 가만히 현금을 쥐고 있는 사람은 상대적으로 손해를 보게 되고 반대로 실물 자산을 보유한 사람은 상대적으로 이익을 보게 됩니다.

이런 이유로 우리는 투자를 해야 하며 특히 초보 투자자에게 가장 적합한 방법으로 시장 전체를 사는 '지수 ETF' 투자를 추천했습니다. 개별 종목을 선택하는 위험을 피하면서 전체 시장의 평균 성과를 따라가는 방식으로 안정적이고 효과적인 투자가 가능합니다.

다만 단순히 시장 평균에 투자하는 것에도 중요한 함정이 있습니다. 바로 "언제 사느냐?", 즉 매수 타이밍 문제였습니다. 같은 지수 ETF라도 언제 매수하느냐에 따라 투자 성과가 크게 달라질 수 있기 때문입니다.

이를 해결하기 위해 우리는 주가를 구성하는 두 가지 핵심 요소인 '실적(EPS)'과 '멀티플(PER)' 개념을 배웠습니다.

- **실적**(EPS): 기업이 실제로 벌어들인 순이익
- **멀티플**(PER): 시장에서 투자자들이 기업 실적에 부여하는 가치로 실적에 비해 주가가 얼마나 비싸거나 싼지를 나타내는 수치

특히 PER를 과거 데이터를 통해 정규분포 개념으로 분석해 현재 주가가 역사적으로 비싼지 싼지 객관적으로 평가하는 방법을 익혔습니다. 이 방법을 활용하면 시장의 탐욕과 공포로 인한 비합리적인 가격 움직임 속에서도 합리적인 투자 판단을 내릴 수 있게 됩니다.

또한 연준(Fed)의 FOMC 점도표를 통해 미래의 경제성장률과 물가상승률을 예측함으로써 전체 지수의 실적(EPS)을 미리 분석하는 방법을 배웠습니다. 이를 통해 우리는 향후 시장 실적을 예측하고 이 예상 실적과 멀티플(PER)을 결합해 명확한 적정 주가를 산출할 수 있게 되었습니다.

결론적으로 우리는 다음과 같은 확실한 투자 방법론을 습득했습니다.

1. 초보자는 화폐 가치 하락에 대응하기 위해 지수 ETF에 투자하자.
2. PER의 평균과 표준편차를 이용해 멀티플의 고점과 저점을 판단

해 적절한 매수·매도 타이밍을 잡자.

3. FOMC 점도표를 활용해 향후 EPS 성장률을 추론하고 이를 바탕으로 적정 주가를 계산하자.

이런 방법을 꾸준히 활용하면 시장의 변동성에 흔들리지 않고 차분히 합리적으로 투자 성과를 높일 수 있습니다. 이제 여러분은 투자의 기본 원리부터 실전 전략까지 확실히 익혔습니다. 다음 장부터는 한층 더 깊이 있는 투자 전략과 실제 시장에 바로 적용할 수 있는 방법들을 계속 배워 나가겠습니다.

| 2부 |

경제 사이클로 잡는 타이밍

1부에서 우리는 주식의 적정 가격, 즉 언제 사야 저렴하게 살 수 있고 언제 팔아야 비싸게 팔 수 있는지 판단하는 방법을 배웠습니다. 하지만 실제 투자 과정에서 마주하는 고민은 이보다 좀 더 복잡합니다. 예를 들어 "지금 가격이 저렴하지만 더 떨어질 수도 있지 않을까?" 또는 "이미 충분히 비싸지만 더 오를 수도 있지 않을까?"와 같은 현실적인 질문들이 늘 따라다닙니다. 결국 투자 성과를 극대화하기 위해서는 단순히 저평가와 고평가 여부만 판단하는 것이 아니라 더 정교하고 구체적으로 투자 타이밍을 잡는 방법을 배워야 합니다.

2부에서는 투자자의 바로 이런 실제적인 고민을 해결하기 위해 경제 사이클과 자산별 특성에 대한 이해를 깊이 있게 다룹니다. 경제는 일반적으로 '침체기 → 회복기 → 확장기 → 둔화기' 네 가지 국면을 반복하며 움직입니다. 중요한 점은 이런 경제 사이클이 전환되는 시점에서 시장의 가장 큰 움직임과 투자 기회가 생긴다는 사실입니다.

또한 채권시장의 움직임은 이런 경제 사이클의 변화를 미리 알려주는 신호 역할을 합니다. 특히 미국 국채 금리는 경제 상황 변화에 매우 민감하게 반응하기 때문에 단기금리와 장기금리의 관계를 분석하면 현재 경제 상태와 미래의 방향성을 효과적으로 읽어낼 수 있습니다.

나아가 주식, 채권, 금(원자재), 환율 등 각 자산이 경제 사이클의 특정 국면에서 어떤 특징을 보이는지 살펴보고 이를 통해 구체적이고 실질적인 투자 타이밍을 잡는 방법을 배우게 됩니다. 2부의 내용을 마치고 나면 여러분은 경제 사이클의 흐름과 자산별 특성을 명확히 이해하고 언제 무엇을 어떻게 투자해야 하는지 더 정확한 판단을 내리는 능력을 갖추게 될 것입니다.

· 1장 ·
경제 사이클은 무엇인가?

계절이 바뀌듯이 경제는 호황과 불황을 끊임없이 반복하는 사이클을 그립니다. 경기가 서서히 회복되다가 활발히 확장되고 결국 과열되어 다시 둔화되고 침체에 빠지는 과정이 계속 반복되는 것이죠. 이것을 경제 사이클이라고 합니다.

경제 사이클은 다음과 같이 '회복(Revival) → 확장(Expansion) → 둔화(Slowdown) → 침체(Recession)' 네 가지 단계로 이루어집니다.

경제 사이클의 흐름

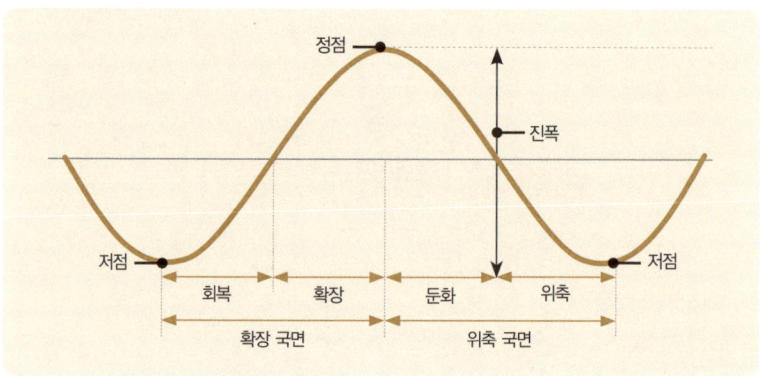

출처: 자체 제작

이처럼 경제 사이클은 크게 침체기, 회복기, 확장기, 둔화기 네 가지 국면으로 나뉘며 각 국면에서는 단기금리와 장기금리, 환율뿐만 아니라 주식, 채권, 원자재, 금, 가상화폐(코인)와 같은 다양한 자산들의 가격 움직임도 서로 다른 특성을 보입니다.

경제 사이클의 변화

항목 (예)	회복기 전반	회복기 후반	확장기 전반	확장기 후반	둔화기 전반	둔화기 후반	침체기 전반	침체기 후반
단기금리	바닥	바닥	큰 상승	횡보	하락	하락	하락	바닥
장기금리	상승	상승	상승	횡보	하락	하락	하락	바닥
주가	상승	상승	변동성↑	변동성↑	변동성↑	하락	하락	반등 시작
금	하락	횡보	횡보	횡보	상승	상승	변동성↑	상승
환율	상황에 따라 다름							
물가	낮은 물가	정상 물가	높은 물가	높은 물가	물가 안정화 진행			낮은 물가
재정 정책	전반적 확장	소폭 축소	축소	축소	차별적 지원			전반적 확대
통화 정책	완화적인 금리		중립 금리	제약적인 금리			중립 금리	매우 완화적인 금리

출처: 자체 제작(필자 추정, 2020~2025년)

또한 경제 사이클이 변화할 때마다 정부와 중앙은행은 재정 정책과 통화 정책을 통해 경제를 관리하는 방식을 바꿉니다. 통화 정책은 중앙은행이 금리를 조정해 시중에 돈이 공급되는 양을 늘리거나 줄이는 것을 말합니다. 즉 경기가 침체되면 중앙은행은 금리를 낮춰 돈을 풀고 경기가 과열되면 금리를 올려 돈을 다시 거둬들이는 방식입니다.

반면 재정 정책은 정부가 세금과 지출을 통해 경제를 관리하는 정책입니다. 경기가 어려울 때는 정부 지출을 늘리고 세금을 낮춰 소비와 투자를 활성화하고 경기가 과열될 때는 반대로 지출을 줄이고 세금을 올려 경기를 안정시키게 됩니다.

여기에 더해 중요한 경제지표로 물가가 있습니다. 물가지표는 인플레이션(물가 상승)과 디플레이션(물가 하락)의 방향을 나타내며 정부와 중

ⅲ 코로나 팬데믹 이후 경제 사이클 흐름의 예

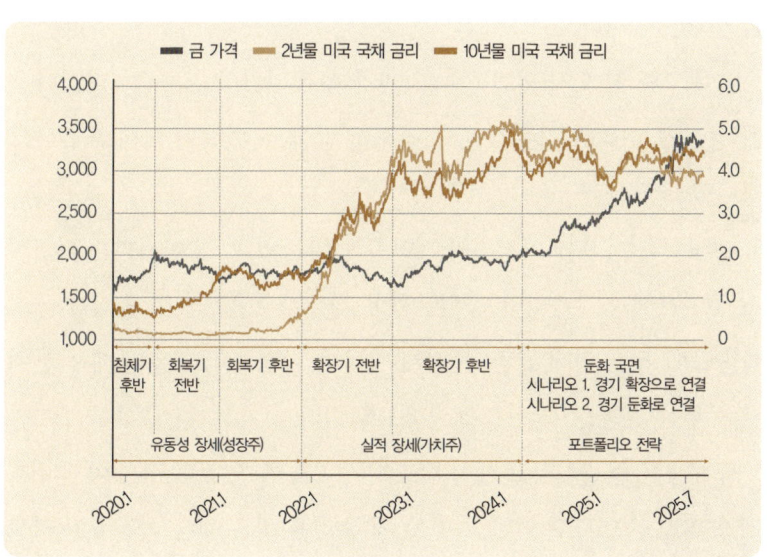

출처: Investing.com, FRED 자료

앙은행의 정책 결정에 핵심적인 영향을 미칩니다.

사이클을 움직이는 세 가지 힘: 통화 정책, 재정 정책, 물가

어린 시절 마을 축제에서 가장 인기 있는 게임은 호숫가에서 열리는 '동전 던지기 게임'이었습니다. 이 게임의 규칙은 매우 간단했습니다. 호수 위에 작은 판자가 떠 있고 그 위에는 빨간색 원이 그려져 있었죠. 사람들이 동전을 던져 빨간색 원 안에 넣으면 던진 돈의 세 배를 돌려주는 게임이었습니다.

처음에는 빨간색 원이 너무 작아 저는 동전을 던질 때마다 계속 실패했습니다. 동전이 호수에 빠질 때마다 속상했지만 포기할 수는 없었습니다. 어느새 주머니 속 동전은 모두 사라졌고 더 이상 게임에 참여할 수 없었습니다.

바로 그때 옆에 서 있던 한 아저씨가 제게 다가와 말했습니다. "다음 달 용돈을 미리 빌려주겠다. 저렴하게 빌릴 수 있으니 다시 도전해보겠니?"

저는 기쁜 마음에 아저씨의 제안을 받아들였죠. 이 아저씨는 현실에서 중앙은행과 같습니다. 중앙은행은 경제가 어려워지면 금리를 내려 사람들이 돈을 쉽게 빌릴 수 있게 합니다. 이렇게 금리를 통해 시장에 돈을 푸는 정책을 '통화 정책'이라고 합니다.

하지만 돈을 빌렸다고 해서 반드시 성공할 수 있었던 것은 아닙니다. 제가 빌린 돈으로도 빨간색 원 안에 동전을 넣는 것은 여전히 어려웠습니다. 그때 게임 주최자가 사람들의 불만에 못 이겨 게임 규칙을 바꾸기로 했습니다.

"빨간색 원을 더 크게 만들고 던지기 쉬운 위치로 옮기겠습니다. 또한 동전을 던지는 분들께는 상품도 추가로 드리겠습니다!" 빨간색 원이 커지고 가까워지자 저는 마침내 성공했습니다.

이 게임 주최자는 현실에서의 정부와 같습니다. 정부는 세금과 보조금을 통해 사람들이 소비와 투자 같은 경제 활동을 쉽게 하도록 도와줍니다. 이것을 '재정 정책'이라고 합니다.

이처럼 실제 경제에서도 중앙은행(통화 정책)과 정부(재정 정책)는 협력해 경제 흐름을 조절합니다. 경기가 나빠지면 중앙은행은 금리를 내리고 정부는 지출을 늘려 경기를 부양합니다. 반대로 경기가 과열되면 금리를 올리고 정부 지출을 줄여 균형을 맞춥니다.

이 개념이 왜 중요할까요?

마을 축제의 동전 던지기 게임을 다시 떠올려봅시다. 처음에는 빨간색 원이 작아 성공하기 어려웠습니다. 하지만 돈이 부족할 때마다 돈을 빌려주는 아저씨(통화 정책)와 게임 규칙을 바꿔주는 주최자(정부, 재정 정책)의 도움으로 사람들은 동전을 다시 던질 수 있었고 활력을 되찾았습니다. 이런 과정이 반복되면 사람들은 기대감이 생깁니다.

"원이 커졌고 동전도 빌릴 수 있으니 이제 성공할 수 있을 거야!"

이 기대감은 더 많은 사람을 게임에 참여시키고 결과적으로 마을 전체를 활기차게 만듭니다. 현실 경제도 이와 비슷한 원리로 움직입니다.

예를 들어 현재 경제 상황이 좋지 않더라도 정부와 중앙은행의 적극적인 정책 지원이 예상되면 투자자들은 미래의 경제 회복을 기대하며 금융시장에 자금을 미리 투입합니다. 반대로 현재 경제가 매우 좋은 상태라도 향후 금리 인상과 긴축 재정이 예상된다면 투자자들은 오히려 미래의 경기 둔화를 우려해 금융시장에서 자금을 빼게 됩니다.

이처럼 똑같은 경제지표라도 경제 사이클의 위치에 따라 시장의 반응은 전혀 달라질 수 있습니다. 금융시장 참여자들은 단순히 현재 경제지표만 보는 것이 아니라 그 지표가 정부와 중앙은행의 정책 결정에 미칠 영향까지 종합적으로 고려해 투자 결정 여부를 판단합니다.

특히 중요한 경제지표가 발표될 때 그 지표가 정책 방향성을 바꿀 가능성이 크면 시장에 미치는 영향은 더 크게 나타납니다. 예를 들어 경제가 매우 좋다는 지표가 발표되었음에도 불구하고 투자자들이 이를 '금리 인상과 재정 긴축'의 신호로 받아들여 오히려 시장이 하락하는 경우가 종종 발생합니다.

따라서 우리가 가장 중요하게 파악해야 할 것은 현재 투자자들이 무엇을 호재로 받아들이고 무엇을 악재로 생각하느냐입니다. 실제로 2020년 투자자들은 완화적인 통화 정책과 적극적인 재정 정책을 호재로 평가했습니다. 그래서 경기 침체를 나타내는 지표가 나왔을 때 정책의 지속성을 기대하며 오히려 시장은 상승했고 반대로 좋은 경제지표가 발표되었을 때는 정책 지원이 줄어들 수 있다는 우려로 시장은 하락했습니다.

반드시 살펴봐야 할 또 다른 중요한 변수는 물가입니다. 물가는 중앙은행의 정책 결정에 가장 직접적인 영향을 미치는 지표입니다. 금리 인상·인하 같은 주요 정책 변화가 물가 움직임에 따라 결정되기 때문입니다. 특히 같은 경제 사이클 안에서도 초반과 후반의 시장 반응이 다를 수 있다는 점을 명심해야 합니다.

　이 두 가지 핵심 요소인 재정 정책과 통화 정책의 움직임을 명확히 이해하고 시장을 꾸준히 관찰하면 경기 사이클의 전환점을 미리 파악해 더 성공적인 투자를 할 수 있습니다. 다음 장에서는 각 경기 사이클 단계(침체기→회복기→확장기→둔화기)의 구체적인 특징과 이 시기에 펼쳐지는 정책들 그리고 금융시장의 반응을 실제 예를 통해 자세히 살펴보겠습니다.

· 2장 ·
침체기에서 회복기로
| 대세 상승장의 시작 |

2020년 초 코로나19 팬데믹이 전 세계를 강타하면서 세계 경제는 순식간에 침체의 나락으로 떨어졌습니다. 국제통화기금(IMF)은 실제로 2020년 세계 경제성장률을 -3%로 전망했는데 이는 대공황 이후 최악으로 2008년 금융위기 때보다 훨씬 심각한 수준이었습니다. 요컨대 2020년 초 글로벌 경제는 전형적인 침체 국면에 돌입했던 것입니다.

불과 몇 주 만에 국경이 봉쇄되고 도시가 셧다운되면서 실물 경제 활동이 급정지되었고 2020년 3~4월에는 공장 가동, 여행 수요, 외식 등 수많은 경제 활동이 올스톱되었습니다. 그 결과 2020년 2분기 세계 GDP는 전 분기 대비 -6% 아래로 추락하며 전후 최대 경제 충격이 나타났습니다. 주식시장은 공포에 질려 폭락했죠. S&P 500 지수는 2020년 2월 중순 사상 최고치에서 불과 한 달여 만에 -34% 폭락해 역사상 가장 빠른 속도로 약세 전환을 기록했습니다(단 22거래일 만에 30% 이상 폭락). 이 시기에 안전자산인 미국 국채와 달러화는 초강세를 보였고 석유 등 원자재 가격은 수요 증발로 붕괴했습니다.

하지만 이번 침체에는 특이한 점이 있었으니 바로 경기 침체의 원인과 대응이 비경제적 요인에서 비롯되었다는 것입니다. 바이러스 확산을 막기 위한 인위적 활동 중단이 경제침체를 불러왔고 그 억제책이 효과를 발휘하면 비교적 빨리 반등할 수 있는 일종의 인공적 불황이었죠. 이를 염두에 둔 각국 정책당국은 초반부터 전례 없는 속도와 규모로 대응에 나섰습니다. 중앙은행들은 긴급 금리 인하로 거의 제로금리에 도달했고 미 연준(Fed)은 단숨에 제로금리(0~0.25%)로 낮춘 동시에 수조 달러 규모의 무제한 양적 완화를 단행했습니다.

코로나 이후 기준금리 추이

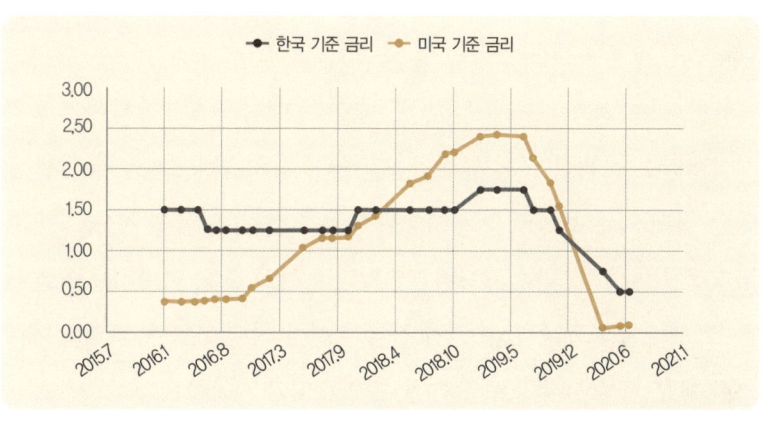

출처: FRED

다른 나라들도 앞다퉈 금리를 내리고 유동성 공급 프로그램을 내놓았죠. 정부 차원에서는 대공황 시절보다 더 큰 규모의 재정 부양책이 쏟아졌습니다. 미국은 2조 달러가 넘는 경기 부양 법안을 통과시켜 현금 지급, 실업수당 강화, 기업대출 지원 등에 나섰고 독일, 일본 등 선진국들도 GDP의 10%에 육박하는 재정지원을 발표했습니다. 한국도

2020년 네 번의 추경으로 66조 원 규모의 재정을 풀어 경제를 지탱했습니다. 이런 신속하고 과감한 정책 대응과 더불어 3월 중순에는 '코로나 진단키트의 등장이 경기 회복을 앞당길 것'이라는 신뢰가 확산되었습니다. 이어서 치료제와 백신 개발 소식까지 더해지면서 시장은 경기 반등에 대한 기대감을 더 키워갔습니다.

그 결과 2020년 하반기부터 경기 회복의 불씨가 살아났습니다. 각국이 봉쇄를 조금씩 풀고 무엇보다 막대한 정책 자금이 돌기 시작하면서 5~6월부터 경제지표들이 예상보다 빨리 개선되었습니다. 2020년 3월 저점이던 주식시장은 4월부터 반등하기 시작해 미 증시는 8월에는 이미 코로나 전 고점을 회복하고 연말에는 사상 최고치를 경신할 정도로 V자 반등에 성공했습니다.

한마디로 2020년은 1분기 침체→2분기 대침체(바닥)→하반기 회복 시작이라는 급격한 사이클 전환이 일어난 해였습니다. 이례적으로 짧았던 침체 덕분에 NBER(전미경제연구소)은 2020년 미국 경기 침체가 불과 2개월(3~4월)로 사상 최단기간이었다고 발표했죠. 한마디로 2020년은 '코로나 쇼크로 인한 초단기 침체와 사상 최대 부양책, 그리고 예상보다 빠른 회복 시작'으로 요약할 수 있습니다.

침체기는 왜 기회인가?

2020년 코로나19 팬데믹은 전 세계에 사상 유례없는 경제 충격을 주었습니다. 순식간에 시장이 붕괴되고 경제 활동이 사실상 멈추는 재앙적 상황이었죠. 주식시장도 공포에 휩싸여 급격히 폭락했습니다. 당시 저도 매우 혼란스러웠습니다. 눈앞에서 벌어지는 경제지표들이 너무나 끔찍했기 때문입니다. GDP는 폭락하고 실업률은 치솟았습니다. 경제 뉴스마다 '최악', '대공황 이후 최대'라는 표현이 반복되었죠. 많은 사람이 당연히 이렇게 생각했습니다.

"지금은 최악의 경기 침체야. 주식을 매수하기에는 너무 위험해. 경제지표가 나빠질 대로 나빠졌으니 주식시장은 더 하락할 거야."

하지만 앞에서 배운 경제 사이클 원리를 떠올려보면 시장은 항상 현재보다 미래를 중요하게 생각합니다. 다시 말해 이미 경제가 나빠질 만큼 나빠진 상태라면 시장은 다음 단계를 바라보는 것입니다. 경기 침체가 더 깊어지는 것이 아니라 오히려 침체가 끝나고 회복이 시작될 때가 가까워지고 있다는 기대감을 형성하게 되는 것이죠. 실제로 당시 저는 이런 질문을 스스로 던졌습니다.

"이제 중요한 것은 경기 침체가 얼마나 나쁘냐가 아니라 침체가 더 이상 악화되지 않을 만큼 정책이 강력하느냐야!"

이 질문의 답을 찾기 위해 저는 2가지를 체크했습니다.

첫째, 중앙은행이 금리를 낮추고 적극적으로 돈을 푸는가?(통화 정책) 2020년 3월 미 연준(Fed)은 빠르게 제로금리를 선언하고 무제한 양적완화(QE)를 단행했습니다. 한국은행도 금리를 낮추며 돈풀기 정책을 폈죠. 돈을 빌리기 쉬워졌다는 것은 경제가 침체에서 벗어날 가능성이 커졌다는 신호였습니다.

둘째, 정부가 돈을 풀어 직접 경제를 살리려는 움직임을 보이는가?(재정 정책) 미국 정부는 약 2조 달러의 대규모 경기부양책을 발표했고 한국을 포함한 주요 국가들도 막대한 재정을 쏟아부으며 기업과 개인들에게 돈을 지원했습니다. 이러한 과감한 정부 지출은 사람들의 소비와 투자가 다시 살아나게 할 수 있습니다.

이 두 가지를 확인한 순간 저는 이렇게 생각할 수 있었습니다. '지금은 경제지표가 매우 나쁘지만 통화 정책과 재정 정책이 강력하니 앞으로 경기가 다시 살아날 가능성이 크다.' 즉 경기 침체의 끝과 회복의 초입이 가까워졌다고 판단할 수 있었습니다. 정리하면 경기 침체가 깊어질 때 두 가지 조건을 체크했습니다.

- 첫째, 중앙은행의 통화 정책이 적극적이고 금리를 낮추고 있는가?
- 둘째, 정부가 재정을 통해 경제를 살리기 위해 적극적으로 나서고 있는가?

이 두 가지 조건이 충족된다면 현재 국면은 '침체 초입'보다 '침체 후반'에 가깝습니다. 그렇다면 시장이 바라보는 것은 결국 '현재의 경제'가 아니라 '미래 경제'를 바라보기 때문에 현재의 국면이 '침체 후반'이라는 생각이 든다면 주식시장은 반등하기 시작합니다.

회복기의 특징: 유동성 장세, 실적보다 돈의 힘이 앞선다

앞의 2020년 팬데믹 사례에서 경기 사이클을 바라볼 때 가장 중요하게 체크해야 할 요소로 '통화 정책'과 '재정 정책'을 꼽았습니다. 사실 이 두 가지를 제대로 이해한 덕분에 당시 저는 투자에 성공할 수 있었죠.

하지만 그때는 정말 독특한 현상이 있었습니다. 바로 경제지표가 나쁠수록 주식시장은 오히려 상승하는 매우 이상한 상황이 벌어진 것이죠. 당시 저는 경제 뉴스를 보면서 무척 혼란스러웠습니다. 매일 끔찍한 경제 뉴스가 쏟아졌는데 뉴스가 나쁠 때마다 다음 날 주가는 더 올랐습니다.

당시 저는 이렇게 생각했습니다.

"잠깐만. 경제는 분명히 사상 최악이라는데 주식시장은 왜 매일 오르는 거지? 경제가 나쁘다는 뉴스가 나오면 오히려 더 오르네?"

상식적으로 이해가 잘 안 되지만 곰곰이 생각해보면 간단한 이유 때문이었습니다. 바로 중앙은행과 정부가 경제를 살리기 위해 강력한 정책을 내놓을 것이고 경제가 나쁘다는 뉴스가 나오면 나올수록 이 강력한 정책이 더 길어질 거라는 기대감이 시장에 작동했기 때문입니다. 이런 현상을 시장에서는 "Bad is Good(나쁜 것이 오히려 좋다)" 현상이라고 불렀습니다.

실제 예: 2020년 4월의 이상한 경험

2020년 4월의 어느 날 저는 미국 실업률 발표를 기다리고 있었습니다. 당시 경제 상황은 이미 심각했기 때문에 이번에도 높은 실업률이 예상되었습니다. 아니나 다를까. 발표된 뉴스는 충격적이었습니다.

"미국의 실업률이 사상 최고치를 기록하며 지난 한 달 동안 수백만 명이 실직했습니다!"

이 뉴스를 보고 주식시장은 당연히 폭락할 것으로 예상했습니다. 하지만 놀랍게도 다음 날 미국 주식시장은 크게 상승했습니다. 이 예상 밖 움직임에 당황한 저는 전문가들의 의견을 다시 살펴봤습니다.

전문가들은 이렇게 분석했습니다.

"경제 상황이 너무 나빠 연준이 돈을 더 많이 풀 수밖에 없다는 기대감에 투자자들이 주식을 더 사들였다."

그때 저는 비로소 깨달았습니다.

'경제가 나쁘면 오히려 정책 기대감 때문에 시장이 긍정적으로 반응할 수도 있구나! 이제는 경제지표가 나쁠 때 오히려 기회라고 생각해도 되는구나!'

이후부터 나쁜 뉴스가 나올수록 마음은 오히려 편안해졌습니다. 중앙은행이 돈을 더 풀 것이 확실했기 때문입니다. 하지만 이런 의문이 들었습니다. '만약 경제지표가 좋게 나오면 어떻게 될까?'

"경제지표가 좋다고? 그러면 좋은 경제 상황이 주가 상승의 이유가 되겠네! 결국 지금은 주가가 떨어질 이유가 전혀 없어 보인다. 매수 기회다!(Good is Good)"

즉 경기 침체 후 회복으로 가는 국면에서는 "Bad is Good"뿐만 아니라 "Good is Good"까지 나타날 수 있는 매우 특수한 상황이 만들어집니다. 좋은 소식과 나쁜 소식 모두 주가 상승을 이끄는 특이한 현상이 경기 침체기 후반에서 회복기 전반에 나타나는 것입니다.

이 시기를 잘 포착하면 비교적 낮은 리스크로 높은 수익을 기대할 수 있습니다. 금융시장에서는 이러한 흐름을 '유동성 장세'라고 부릅

📊 **유동성 장세 흐름: 침체기 후반~회복기 전반**

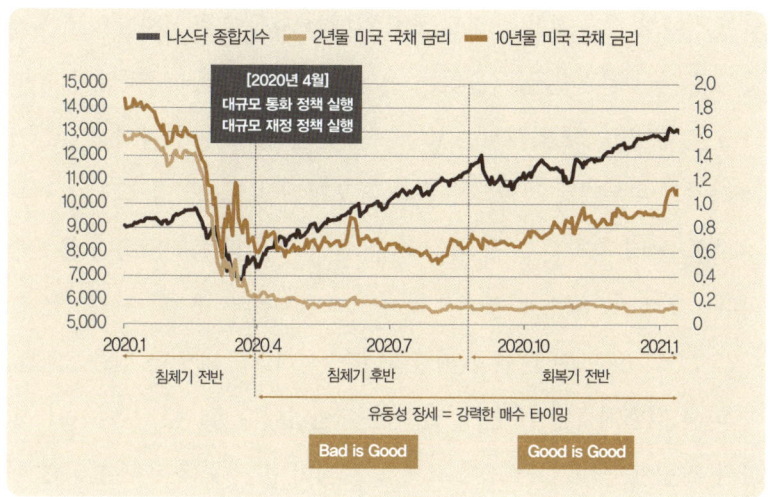

출처: Investing.com, FRED

니다. 유동성 장세란 기업 실적이 본격적으로 개선되기 전에도 시중에 풀린 막대한 자금이 주식시장으로 흘러들어와 자산 가격을 끌어올리는 구간을 말합니다.

특히 경기 침체기에서 회복기로 전환되는 시점이 바로 이런 유동성 장세가 펼쳐지는 구간이며 이때가 큰 수익을 낼 수 있는 기회이기 때문에 투자자에게는 매우 중요한 구간이 됩니다.

실전 전략: 하이일드 채권, 금, 장기금리 활용법

침체기 후반에서 회복기로 전환되는 국면에서는 강력한 통화 정책과 재정 정책이 동시에 시행됩니다. 그 결과 기업 실적이 본격적으로 개선되기 전에도 경기 회복을 위해 풀린 막대한 자금이 주식시장으로 흘러 들어와 자산 가격을 끌어올리는 '유동성 장세' 구간이 나타납니다. 따라서 큰 돈을 벌기 위해서는 남들보다 한발 앞서 경기 침체가 끝나가는 시점과 회복기로 전환되는 순간을 포착해야 했습니다. 그래서 저는 이 흐름을 더 정확히 포착하기 위해 '채권 시장'의 움직임을 활용했습니다.

먼저 '하이일드 채권'을 살펴봤습니다. 하이일드 채권은 신용도가 낮아 파산 위험이 큰 기업들이 발행한 채권입니다. 경제가 매우 나쁘면 파산 위험이 높아 이자율이 크게 오르지만 경기 회복이 예상되면 이자율이 낮아집니다. 저는 하이일드 금리가 하락하는 순간을 포착해 시장이 경기 회복을 기대하고 있다고 판단했고 이를 주식시장 상승의 신호로 활용했습니다.

또한 '10년물 미국 국채 금리'도 체크했습니다. 미국의 1~2년물 금리는 당장의 정책금리를 반영하지만 10년물 금리는 더 장기적인 경제 전망을 나타냅니다. 10년물 금리는 경기·물가·프리미엄(정책 불확실성)을 함께 반영하지만 침체기 후반처럼 물가 압력과 정책 불확실성이 낮은 구간에서의 금리 상승은 대체로 '경기 회복 기대'로 읽히는 신호가 됩니다.

예를 들어 지금은 경기가 나빠 기준금리가 낮게 유지되고 있다고 가정해봅시다. 그런데 시장에서는 "앞으로 경기가 좋아질 것 같아. 그래서 미래에는 금리도 다시 오를 거야."라고 생각하기 시작합니다.

이렇게 미래의 경기 회복을 예상하게 되면 당장은 금리가 낮더라도 멀리 내다보는 10년물 장기금리는 조금씩 오르기 시작합니다. 그래서 장기금리가 슬슬 오르기 시작한다는 것은 시장이 "이제 경기가 살아날 것 같아."라고 기대하고 있다는 신호로 해석할 수 있습니다. 이런 신호가 나타나면 투자자들은 더 이상 안전자산만 고집하지 않고 앞으로 실적이 좋아질 만한 성장주나 경기민감주로 다시 눈을 돌리기 시작합니다.

침체기에서 회복기로 넘어갈 때 유동성 장세를 더 명확히 포착하는 방법은 다음과 같습니다.

- **하이일드 채권 금리 하락 여부 확인**: 경기 침체기 전반→경기 침체기 후반 전환
- **10년물 미국 국채 금리와 금 가격의 움직임**: 경기 침체기 후반→경기 회복기 전반

이 지표를 통해 경기 사이클 전환점을 포착해 '유동성 장세'에 누구보다 빨리 진입해 보겠습니다.

침체기 전반 → 후반 전환 신호: 하이일드 채권 금리 하락

여러분이 주식을 살 타이밍을 결정할 때 가장 중요한 것은 '미래'를 바라보는 시장의 특징을 이해하는 것입니다. 주식시장은 현재의 경제 상태가 아니라 "앞으로 경제가 좋아질 것인가?"를 미리 반영합니다.

경제가 너무 나빠지면 정부와 중앙은행은 적극적으로 돈을 풉니다. 금리를 내리고 재정 정책을 확대하면서 경제를 살리기 위해 노력하죠. 현재는 분명히 경제가 침체된 상태입니다. 하지만 시장은 이렇게 생각합니다.

'지금 당장은 경제가 어렵지만 이렇게 강력한 정책들이 계속되면 결국 미래에는 경제가 좋아질 거야!'

이 기대감이 시장을 움직이는 원동력입니다. 실제로 2020년 코로나 팬데믹 당시를 회상해 봅시다. 경제가 최악일 때 중앙은행은 금리를 거의 0%까지 내리고 정부는 엄청난 재정지원을 시작했습니다. 그러자 사람들은 이렇게 생각했습니다.

'지금 당장은 힘들지만 정부와 중앙은행의 강력한 정책 덕분에 결국 경제는 회복될 수 있겠구나'

한마디로 지금은 경제가 나쁘지만 정부와 중앙은행이 돈을 적극적으로 풀면서 강력한 정책을 시작할 때 금융시장은 현재가 아닌 미래의 경제 회복을 미리 반영합니다. 그리고 이러한 흐름은 '하이일드 채권 금리'에 곧바로 나타날 수 있습니다.

하이일드 채권은 쉽게 말해 '신용이 낮은 기업(부실기업)이 발행한 채권'입니다. 여러분이 친구에게 돈을 빌려준다고 생각해볼까요? 신뢰할 수 있는 친구가 돈을 빌려달라고 하면 낮은 이자만 받아도 괜찮습니다. 돈을 못 갚을 확률이 낮으니까요. 반대로 신뢰하기 어려운 친구가 돈을 빌려달라고 하면 여러분은 돈을 못 돌려받을 위험이 크기 때문에 높은 이자를 요구할 겁니다.

경제가 매우 나쁠 때는 많은 기업이 부실해지고 망할 위험이 커집니다. 그러면 당연히 높은 금리를 요구하게 되겠죠(즉 하이일드 채권 금리가 상승합니다). 반대로 경제가 점점 좋아지고 기업들이 회복되면 기업이 망할 위험이 줄어드니까 낮은 금리로 돈을 빌려줘도 됩니다(하이일드 채권 금리가 하락합니다).

경기 침체기의 전반은 경제 상황이 매우 나쁜 시기로 이 침체가 언제까지 계속될지 예측하기 어렵습니다. 불확실성이 크다 보니 투자자들은 기업이나 자산의 부실화 가능성을 우려하며 더 높은 금리를 요구하게 됩니다. 그 결과 하이일드 채권 금리는 크게 상승하게 되죠.

하지만 어느 순간 통화 정책이나 재정 정책 같은 정책적 시그널이 나타나면서 시장은 '이제 침체가 곧 끝날 수도 있겠다'라는 기대를 품게 됩니다. 이렇게 분위기가 바뀌면 불안 심리가 누그러지고 자연스럽게 하이일드 채권 금리는 빠르게 하락하게 됩니다.

▎경기 침체기 전반 → 후반: 하이일드 채권 금리 하락

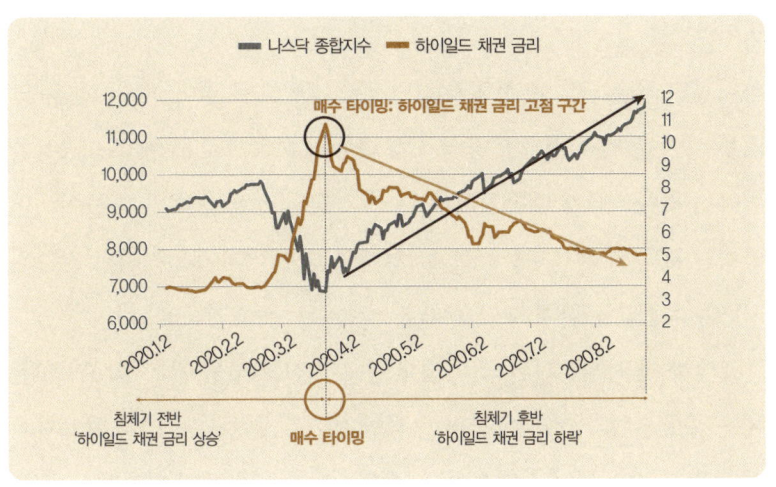

출처: FRED

그렇다면 주식시장은 이렇게 생각합니다.

'부실한 기업들이 점점 살아나고 있어. 경제가 좋아지고 있나 봐'

이 변화는 시장 심리가 최악은 지났다고 느끼기 시작한 시점으로 경기 침체기 전반이 끝나고 침체기 후반으로 넘어가는 중요한 전환점이 됩니다. 따라서 경기 침체기 전반에서 후반으로 넘어가는 시점을 포착하기 위해서는 하이일드 채권 금리가 고점을 찍고 하락하기 시작하는 구간을 살펴보면 됩니다.

하이일드 금리가 급격히 하락하기 시작한다는 것은 시장이 더 이상 최악의 상황을 예상하지 않고 회복에 대한 기대를 갖기 시작했다는 신호입니다. 남들보다 한 발 앞서 이러한 변화를 감지할 수 있다면 주식시장 반등의 초기 타이밍을 선점할 수 있게 됩니다.

침체기 후반 → 진입 확인 신호: 금 가격 상승

하이일드 채권 금리는 침체기 전반에서 후반으로 넘어가는 시점을 알려주는 좋은 지표입니다. 금리가 상승에서 하락으로 돌아서는 명확한 변곡점이 나타나기 때문입니다. 그러나 일단 침체기 후반에 들어서면 금리는 계속 내려가기만 하므로 '얼마나 더 떨어져야 회복기로 전환될지' 알 수 없다는 한계가 있습니다.

그래서 이 시점부터는 금 가격이 중요한 신호가 됩니다. 침체기 후반에는 중앙은행과 정부의 강력한 부양책으로 유동성이 넘쳐 화폐가치가 하락합니다. 기업 실적은 아직 불확실하기 때문에 투자자들은 주식

📊 경기 침체기 후반: 낮은 미국 국채 금리와 금 가격 상승

출처: FRED

보다 가치 저장 수단인 금을 선호합니다. 금은 희소성이 있고 채굴량이 제한되어 시간이 지나도 가치가 크게 훼손되지 않기 때문입니다. 반면 화폐는 인플레이션이 발생하면 가치가 줄어듭니다.

따라서 유동성이 넘치고 화폐가치가 하락하는 시기에는 시간이 지나도 가치를 보존할 수 있는 희소한 실물 자산인 금이 주목받는 것입니다.

금은 실물경제가 회복되지 않은 상태에서도 가격이 상승할 수 있는 몇 안 되는 자산 중 하나입니다. 주식처럼 실적을 기대하지 않아도 되고 부동산처럼 임대수익이나 경기에 크게 의존하지 않아도 되기 때문에 불확실성이 클수록 사람들은 금을 선택합니다.

따라서 경기 침체기 후반에는 곧 경기가 회복될 것이라는 기대감과 함께 하이일드 채권 금리가 하락하고 주식시장도 미래 실적 개선을 선반영하며 큰 폭으로 반등하기 시작합니다. 하지만 이 과정에서 주식 가격이 단기간에 빠르게 오르면 밸류에이션 부담이 생기고 "정말 회복이 가능한가?"라는 의문이 다시 커지게 됩니다. 바로 이때 시장에 남아 있는 불확실성을 반영하듯 '금' 수요가 다시 강하게 증가합니다.

만약 하이일드 금리가 하락하면서 '금' 가격이 상승하는 흐름이 보인다면 이것은 아직 투자자들의 심리가 완전한 회복보다 리스크 관리에 여전히 무게를 두고 있다는 신호이기도 합니다. 이 국면에서 추가 상승 랠리가 펼쳐지기 위해서는 '추가 재정 정책, 통화 정책'과 같은 선물이 필요하고 그래서 2020년 상반기에 'Bad is Good'이라는 독특한 사건이 나타났던 것입니다.

하지만 시간이 지나면서 경제는 결국 경기 침체기 후반을 지나 경기 회복기로 접어들게 됩니다. 이때 정부와 중앙은행은 회복 속도를 높이기 위해 여전히 낮은 금리와 적극적인 정책 지원을 유지하고 이에 따라 경제는 빠르게 반등하기 시작합니다.

침체기 후반 → 회복기 전환 신호: 금 가격 하락, 국채 금리 상승

경기 회복기에 본격적으로 진입하는 순간 시장 분위기는 다시 한번 크게 달라집니다. 이 시점에서는 소비와 투자 활동이 실제로 살아나고 기업들의 실적도 점점 개선되기 시작합니다. 즉 기대감만으로 움직이던 시장에서 실제 수치와 데이터가 뒷받침되기 시작하는 구간입니다.

이제 시장은 더 이상 '안전자산'에 머물 필요가 없다고 느끼게 되고 금에 몰렸던 수요는 서서히 줄어듭니다. 그 결과 금 가격이 하락하는 현상이 나타납니다. 그리고 이 돈들은 주식시장에서 실적이 실제로 좋아지는 기업들처럼 성장 가능성이 확인된 자산들에 몰리기 시작합니다. 금 가격은 점점 조정을 받고 자산시장의 주도권은 '경기 회복 수혜 자산'으로 넘어가게 되죠. 이를 '위험자산 선호 심리'라고 부릅니다.

이런 변화는 미국 채권 금리에서도 볼 수 있습니다. 특히 10년물 미국 국채 금리가 상승하기 시작합니다. 미국 장기금리(10년물 국채 금리)는 지금 당장이 아니라 미래(약 10년 후)의 경제 상황을 미리 반영하는 금리입니다. 쉽게 말해 장기금리는 앞으로 경제가 좋아질 거라고 예상될 때 지금보다 더 높은 수준으로 올라갑니다. 따라서 침체기 후반에 접어들었을 때 만약 '장기금리(예: 10년물 미국 국채 금리)'가 상승하고 '금' 가격이 하락하는 모습이 동시에 나타난다면 이는 중요한 전환 신호로 볼 수 있습니다.

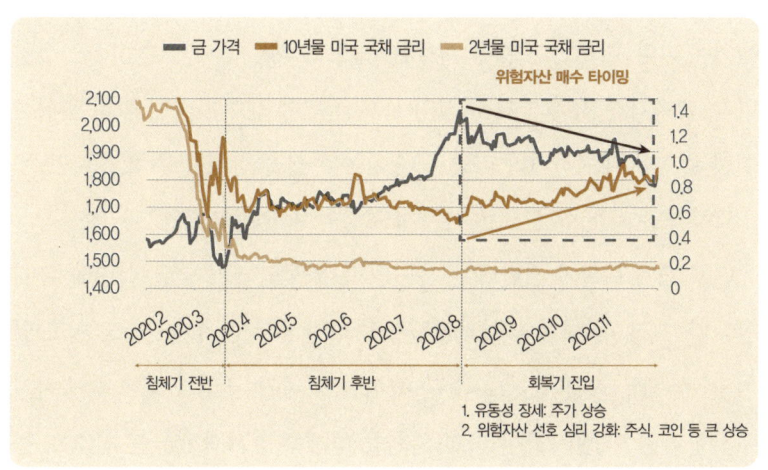

경기 침체기 후반 → 회복기: 금 가격 하락과 10년물 미국 국채 금리 상승

1. 유동성 장세: 주가 상승
2. 위험자산 선호 심리 강화: 주식, 코인 등 큰 상승

출처: FRED

왜냐하면 이 두 가지 흐름은 시장이 이제 경기가 회복될 것이라고 믿기 시작했다는 심리 그리고 안전자산보다 위험자산(주식 등)을 선호하기 시작했다는 태도를 동시에 보여주기 때문입니다.

즉 시장은 "이제 정말 경기가 살아날 것 같아."라고 느끼고 안전하게 금을 들고 있던 투자자들도 점점 위험을 감수하고 수익을 노리는 쪽으로 움직이고 있다는 뜻입니다.

이 구간은 본격적인 경기 회복기에 진입하는 구간으로 볼 수 있으므로 이때는 금 같은 안전자산은 정리하고 주식 같은 위험자산을 과감히 매수하는 전략이 효과적일 수 있습니다.

회복기 이후 확장으로 갈까, 둔화로 갈까?

지금까지 배운 내용을 잘 이해했다면 경기 침체기 후반에서 회복기 전반으로 진입할 때 주식 매수 타이밍을 잡을 수 있다는 점이 분명해졌을 것입니다. 하지만 문제는 시장은 계속 회복만 하지는 않는다는 점입니다. 회복기가 지나고 다시 경기 둔화 국면에 접어든다면 적절한 시점에서 주식을 매도하거나 비중을 줄여야 손실을 방지할 수 있습니다.

그렇다면 이 둔화 신호는 어떻게 포착할 수 있을까요?

먼저 경기 회복기 전반에는 하이일드 채권 금리가 낮은 수준을 유지합니다. 시장이 "이제 부실기업들도 망하지 않을 것 같다."라고 믿고 있기 때문이죠. 그런데 어느 순간 하이일드 채권 금리가 다시 상승하기 시작한다면 이는 시장이 다시 위험을 경계하기 시작했다는 신호로 볼 수 있습니다. 하지만 하이일드 채권 금리가 다시 오르더라도 이것만으로는 지금이 침체 국면인지, 아니면 회복 과정에서 나타나는 조정인지 명확히 구분하기 어렵습니다.

바로 이 때문에 경기 회복기를 판단할 때는 하이일드 금리만 보지 말고 금 가격과 10년물 미국 국채 금리 같은 다른 지표를 함께 살펴봐야 합니다.

금은 화폐 가치 하락이 예상되는 환경에서 불확실성과 경기 둔화 위험을 느낄 때 수요가 몰리는 대표적인 안전자산입니다. 따라서 금 가격이 다시 상승하기 시작했다면 시장은 다시 뭔가 불안해하는 신호를 보내는 것입니다.

또한 10년물 국채 금리는 장기적인 경기 전망을 반영합니다. 회복기에는 이 금리가 상승하며 미래에 대한 기대를 보여주지만 만약 이 금리가 하락세로 전환된다면 이는 시장이 "앞으로 경기가 다시 둔화될 수 있다."라고 보기 시작했다는 의미입니다. 즉 성장에 대한 기대가 꺾이기 시작한 것이죠.

만약 금 가격 상승과 10년물 국채 금리 하락 시그널이 동시에 나타난다면 시장은 다시 위험을 회피하는 쪽으로 움직이고 있다고 판단할 수 있습니다. 바로 이런 시그널을 포착해 제 포트폴리오를 상황에 맞게 조절하는 것입니다.

예) 2021년 4월~11월: 회복기 후반, 경기 회복 수준 체크 방법

2021년 봄부터 가을까지 세계 경제는 다시 살아나는 듯 보였습니다. 백신 보급이 본격화되었고 미국과 유럽은 락다운을 풀고 식당, 쇼핑몰,

항공기 운항을 재개했습니다. 경기 회복의 기대는 높았고 많은 언론이 "팬데믹의 끝이 보인다."라고 말했습니다. 하지만 이 시기는 겉보기보다 훨씬 복잡하고 불안한 구간이었습니다.

첫 번째, 인플레이션 공포

미국 소비자물가지수(CPI)는 4월 4.2%, 5월 5.0%, 6월에는 5.4%까지 치솟았습니다. 이는 단순히 회복 때문이 아니었습니다. 글로벌 공급망이 꼬였고 반도체 부족으로 자동차와 전자제품 가격이 올랐으며 에너지와 원자재 가격도 폭등했습니다. 투자자들은 고민하기 시작했습니다.

'이거 일시적인 거야? 아니면 진짜 인플레이션이 오는 건가?'

두 번째, 델타 변이의 확산

7월 들어 델타 변이 바이러스가 본격적으로 확산되기 시작했습니다. 인도, 동남아에서 하루 수십만 명의 확진자가 다시 발생했고 영국과 미국에서도 재확산이 일어나며 '전면 재개방(reopening)' 기조가 흔들렸습니다. 이는 실물경제에 불확실성을 안겼고 특히 여행·소비·서비스 중심의 경기 회복 속도에 의문을 던졌습니다.

세 번째, 미국 연준의 입장

이 무렵 인플레이션 상승과 경기 정점이라는 우려 속에 연준(Fed)의 통화 정책에 대한 의문이 들었습니다. 이때 연준(Fed)은 '인플레이션은 일시적'이라는 메시지를 반복했고 제로금리 유지, 매월 1,200억 달러어치 자산매입(QE), 테이퍼링(유동성 축소)은 "논의만 할 뿐 아직 아니다."라고 발언하면서 "지금은 긴축보다 회복이 먼저다."라는 분명한 시그널을 주었습니다.

네 번째, 대규모 경기 부양

미국은 대규모 부양법안(1조 9천억 달러)을 집행했고 유럽도 7,500억 유로 규모의 '차세대 EU 기금'을 투입했으며 한국, 일본, 중국도 확장적 재정·통화 정책을 유지하고 있었습니다. 이 모든 정책이 시장에 던진 메시지는 간단명료했습니다.

"경기가 안 좋아지면 더 풀겠다."

결국 시장은 경기에 대한 우려가 생기더라도 정책이 자산 가격을 받쳐줄 것이라는 확신을 갖고 있었습니다.

위 정보들은 뉴스만 충분히 접하면 누구나 알 수 있는 정보입니다. 다만 이러한 경제 배경에 호재와 악재 요소가 공존하는 상황입니다. 여기서 악재에 집중하면 주식시장이 하락할 수 있고 호재에 집중하면 주식시장은 상승할 수 있습니다. 그렇다면 저는 어느 쪽에 집중해야 할까요?

시장에서 정답은 생각보다 단순합니다. 시장이 호재라고 받아들이는 지점에서 매수하고 시장이 악재라고 받아들이는 지점에서 매도하면 됩니다. 하지만 문제는 "호재냐 악재냐?"를 누가 정하느냐입니다.

바로 시장 참여자들, 즉 투자자들이죠. 그래서 중요한 것은 경제지표 자체가 아니라 투자자들이 그 지표를 어떻게 해석하고 반응하느냐입니다. 저는 바로 그 '생각의 흐름'을 읽기 위해 금 가격과 10년물 미국

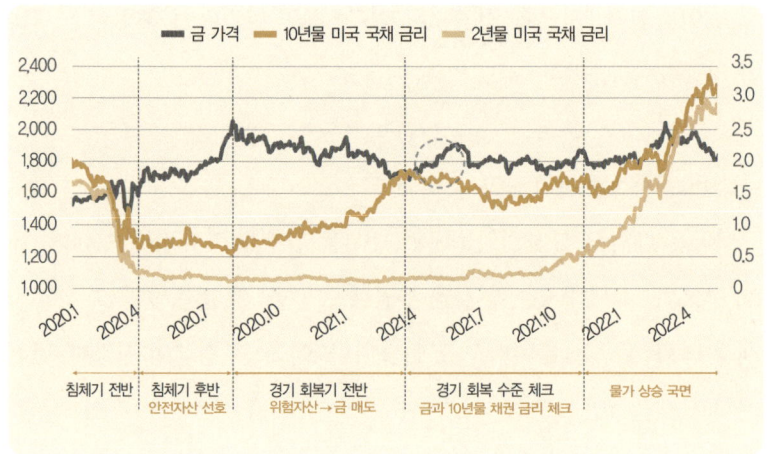

출처: FRED

국채 금리의 움직임을 주의 깊게 지켜봤습니다.

2021년 2분기(4~6월) 시장에서는 두 가지 흥미로운 현상이 동시에 벌어지고 있었습니다.

1. 금 가격 상승
2. 10년물 미국 국채 금리 하락

금 가격은 왜 올랐는가?

금은 전통적으로 '화폐 가치 하락에 대한 방어 수단'입니다. 즉 인플레이션이 심해질 것 같을 때 금의 매력이 커집니다. 당시 미국의 물가 상승률은 이미 5%를 넘어 2008년 금융위기 이후 가장 높은 수준을 기록하고 있었습니다. 하지만 미국 연준(Fed)은 여전히 제로금리 유지, 매달 1,200억 달러 규모의 자산매입(QE)을 계속하고 있었죠.

그때 시장은 이렇게 반응했습니다.

"앞으로 돈의 가치가 더 떨어질 수도 있겠네?"

"달러로 들고 있으면 손해고 금 같은 실물자산을 사는 게 맞겠어."

"경기 둔화 위험도 존재하니 주식보다 금이 더 안전할지 몰라."

즉 인플레이션 우려와 경기 둔화 우려가 동시에 존재했던 그 불안한 회복기의 한가운데서 금은 심리적 피난처 역할을 다시 수행하고 있었던 것입니다.

장기금리는 왜 떨어졌는가?

한편 10년물 미국 국채 금리는 미래 경기 전망을 반영합니다. 경기가 강하게 회복될 것으로 예상되면 금리는 오르고 경기 둔화 우려가 커지면 금리는 하락합니다. 2021년 초까지만 해도 10년물 미국 국채 금리는 1.7% 이상까지 치솟았고 시장에서는 이제 인플레이션 때문에 금리가 계속 오를 것이라는 기대가 강했습니다.

하지만 7월부터 분위기가 완전히 바뀌었습니다. 델타 변이 확산, 소비와 서비스업 업황 회복 지연, 공급망 병목 그리고 "지금이 경기 회복 정점이고 곧 둔화될 수도 있다."라는 피크아웃(peak-out) 우려가 시장을 덮쳤습니다.

그때 투자자들은 이렇게 생각했습니다.

'앞으로 경기가 둔화된다면 장기적으로 금리는 다시 떨어질 수 있겠네'

이처럼 금 가격 상승과 10년물 채권 금리 하락이 동시에 나타난 구간은 겉으로는 '회복기', 속으로는 '불안한 전환기'였던 시기를 상징적으로 보여주었습니다. 그 두 가지 움직임은 결국 '회복 속의 경기 둔화에 대한 불안', '화폐 가치 하락에 대한 경계심', 그리고 그에 대한 시장 참여자들의 심리를 반영한 결과였죠.

따라서 이 시기에 매우 공격적인 투자를 이어가고 있었다면 일정 부분 리스크를 헤지하는 전략도 병행해야 하는 시점이었습니다.

하지만 여기서 간과해서는 안 되는 중요한 전제가 하나 있습니다. 바로 이 시점의 경기 사이클은 '침체기에서 회복기로 막 전환된 국면'이며 유동성은 여전히 풍부하게 공급되고 있었다는 점입니다.

침체기를 막 겪고 일어선 경제 주체들은 '경기가 다시 꺾일 수 있다'라는 신호에 굉장히 민감하게 반응합니다. 조금이라도 위험이 보이면 투자와 소비를 급격히 줄여버리기 때문이죠. 이런 상황에서는 회복되던 경제마저 빠르게 식어버릴 수 있습니다. 그래서 정책당국도 이런 흐름을 사전에 차단하기 위해 재정 정책과 통화 정책을 더 적극적으로 펼 수밖에 없습니다. 그 결과 경기 둔화가 우려되는 순간에도 시장에는 오히려 더 많은 유동성이 공급되는 것입니다.

이런 국면에서 투자자들은 단순히 경기가 둔화된다는 이유만으로 소비와 투자를 멈출 수 없습니다. 왜냐하면 화폐 가치 하락에 대한 방어 심리가 작동하기 때문입니다.

"현금을 들고 있으면 손해다."

"돈의 가치가 떨어지는데 들고 있으니 차라리 실물자산이나 성장자산에 넣자."

결과적으로 이런 심리가 소비를 계속 유지하게 만들고 투자가 이어지며 결국 둔화하던 경기는 다시 확장 국면으로 진입할 기반이 마련됩니다. 즉 금과 장기금리는 분명히 '경기 회복 속 불안'이라는 신호를 보냈지만 그 불안은 오히려 유동성 공급을 더 자극하는 기제로 작용했습니다. 그래서 회복기 후반에는 단순히 위험을 회피하는 것이 아니라 유동성 방향과 정책 당국의 반응을 함께 고려해 포트폴리오를 구성하는 것이 핵심입니다.

이 시기에는 통화 정책이 여전히 완화적인 구간에 있기 때문에 현금, 예금, 적금, 채권에만 머물면 인플레이션을 따라가기조차 어렵습니다. 결국 투자자들은 선택하게 됩니다. 성장 둔화가 걱정되는 이들은 돈의 가치를 지키기 위해 금, 부동산 같은 실물자산에 자금을 넣기 시작하고 반대로 경기가 다시 살아날 것이라고 기대하는 이들은 성장성이 높은 주식 섹터에 적극적으로 투자하게 되죠.

요약하자면 2021년 4월부터 11월까지의 금 가격 상승과 장기금리 하락은 시장이 경기 둔화에 대한 우려를 느끼고 있음을 보여주는 시그널이었습니다. 하지만 이 시기의 핵심은 단순한 경기 둔화가 아니라 그 둔화를 '유동성'으로 덮어버리는 회복기 특유의 메커니즘에 있다는 사실을 잊어서는 안된다는 것입니다. 침체기에서 막 벗어난 회복기 구간에서는 물가 압력이 아직 낮으므로 정책당국은 '물가'보다 '성장'에 초점을 맞추게 됩니다. 성장을 살리기 위해 돈을 더 많이 풀 수 있는 여지가 존재하는 것이죠. 바로 이 점이 시장에 강한 확신을 줍니다.

'경기가 둔화되더라도 돈은 더 풀릴 것이다'

'그렇다면 위험자산에 투자해도 된다'

결국 이런 기대감이 주식시장, 부동산, 실물자산, 암호화폐 등 자산

시장 전반에 대세 상승장의 에너지를 제공하게 됩니다. 그래서 회복기의 본질은 "경기 둔화에 대한 공포보다 유동성에 대한 확신이 더 크다."라는 점입니다.

이런 국면에서 통찰력 있는 투자자들은 단순히 경기 전망이 나쁘냐 좋으냐가 아니라 다음과 같은 사항을 먼저 살펴 봅니다.

"지금 정책 여력이 있는가?"

"물가가 유동성의 제약이 되고 있는가?"

물가 수준이 낮고 정책 여력이 충분하다면 경기가 다소 둔화되더라도 시장은 유동성을 바탕으로 다시 반등할 수 있습니다. 이럴 때는 오히려 위험자산에 과감히 베팅할 기회입니다.

Q 경기 회복기에 유동성 호재가 사라지면 자산 가격은 어떻게 될까?

여기서 반드시 짚고 넘어가야 할 질문이 있습니다. 만약 현재의 유동성 호재가 사라진다면 시장은 어떻게 반응할까요? 답은 "자산 시장은 단기적으로 하락할 가능성이 커진다."입니다. 경기 회복기에 자산시장을 지탱해온 가장 강력한 동력은 실적이 아니라 바로 '돈', 즉 유동성이었기 때문입니다. 따라서 시장은 경기 흐름 자체보다 '유동성의 지속 여부'에 훨씬 더 민감하게 반응합니다. 그리고 이 유동성이 사라질 가능성을 미리 감지하는 핵심 지표가 바로 '물가'입니다.

물가가 오르면 연준은 금리를 인상하거나 유동성을 축소할 수밖에 없고 시장도 그 전조를 매우 빠르게 포착하려고 합니다. 그래서 이 국면에서는 CPI와 PCE 물가지수 등 '물가 관련 지표'를 바라보고 중앙은행의 코멘트에 귀 기울이는 것입니다.

이때 실전 투자로 자주 참고하는 것이 '미국 2년물 국채 금리'입니다. 이 지표는 연준의 정책금리에 민감하게 반응하기 때문에 '시장 참여자들이 앞으로 금리가 오를 것이라고 판단하고 있는지', '유동성 호재가 조만간 사라질 것인지'를 간접적으로 확인할 수 있는 수단이 됩니다. 그래서 회복기 후반을 결정하는 지표는 2년물 채권 금리가 상승하는 흐름을 보고 '유동성 장세'가 끝나는 시기를 남들보다 빨리 체크하고 포트폴리오 조절을 하는 것입니다.

결국 시장 사이클을 정확히 이해하는 사람은 단순히 시장을 읽는 데 그치지 않고 '어떤 정보를 공부해야 하는지'도 올바로 선택할 수 있게 됩니다. 시장은 늘 복잡해 보이지만 그 이면에는 사이클과 유동성이라는 흐름이 일관되게 작동하고 있습니다. 이 흐름을 읽을 수 있다면 투자는 더 이상 단순한 예측 게임이 아니라 구조를 이해한 바탕 위에서의 전략적 선택이 될 수 있습니다.

핵심 정리

침체기에서 회복기로
넘어갈 때의 투자 원칙

첫째, 주식시장은 현재의 경제 상태가 아니라 "앞으로 경제가 좋아질 것인가?"를 미리 반영합니다. 경기가 최악일 때 정부와 중앙은행이 강력한 돈풀기 정책과 낮은 금리로 대응하기 시작하면 투자자들의 기대심리가 크게 달라집니다. 이 시기에 투자자들은 현재의 끔찍한 경제 상황을 보는 것이 아니라 앞으로 경제가 좋아질 수 있다는 희망을 보게 됩니다. 시장은 언제나 현재가 아닌 미래를 미리 반영하기 때문에 강력한 정책이 시행되는 순간부터 주식시장은 빠르게 상승하기 시작합니다. 따라서 경기 침체기에서 회복기로 전환될 때는 '재정 정책과 통화 정책이 얼마나 적극적으로 나타나는지 체크하는 것'이 중요합니다.

하지만 이런 이론적인 이야기는 실제로 적용하기에는 다소 막연하다는 단점이 있습니다. 그래서 두 번째 핵심 인사이트로 실제 시장에서 경기 회복을 나타내는 구체적이고 실전적인 신호를 찾아야 한다는 점을 강조했습니다. 저는 실제 투자에서 시장의 기대심리가 개선되는 시점을 하이일드 채권 금리, 금, 장기금리(10년물 금리)를 통해 포착했습니다. 하이일드 채권 금리가 하락하는 이유는 시장에서 기업들의 파산 가능성이 줄었다는 의미로 경제가 호전되고 있다는 실제적 신호로 볼 수 있습니다. 또한 장기금리(10년물 금리)가 점진적으로 상승하는 것은 현재의 금리가 아니라 앞으로 경제가 좋아질 거라고 시장이 예상해 장기적으로 금리가 오를 거라는 기대심리를 반영한 것입니다.

즉 이 세 가지 실시간 시장 지표를 활용하면 투자자는 침체기에서 회복기 국면으로 넘어가는 실제 투자 타이밍을 비교적 더 정확히 포착할 수 있습니다. 물론 이 세 가지 지표로 완벽한 것은 아니며 3부에서 '금, 달러, 단기금리, 장기금리'의 특징까지 추가로 학습해 승률을 좀 더 높여볼 예정입니다.

세 번째이자 마지막 핵심 인사이트는 유동성 장세가 언제까지 계속될 수 있는가를 판단하려면 반드시 인플레이션(물가 상승)을 경계해야 한다는 점입니다.

경기가 회복되고 정책 효과가 본격적으로 작동하기 시작하면 언젠가는 물가가 반드시 오르기 시작합니다. 그리고 물가 상승률이 일정 수준을 초과하면 중앙은행은 더 이상 가만히 있을 수 없습니다.

결국 금리를 인상해 과열된 경제를 눌러야 하고 그 순간부터는 시장도 달라지게 됩니다. 특히 중립금리(경제가 버틸 수 있는 적정 수준의 금리)를 넘어서면 시장은 더 이상 유동성 장세를 유지하지 못하고 경기 둔화 또는 침체로 갈 가능성이 커집니다.

이때 가장 중요한 것은 시장 분위기, 즉 투자자들의 심리 변화를 실시간으로 감지하는 것입니다. 예를 들어 금 가격이 다시 상승하고 10년물 미국 국채 금리가 하락세로 전환된다면 시장이 다시 안전자산을 선호하기 시작했고 미래 경기 전망이 어두워진다는 우려가 퍼지고 있다는 신호입니다. 이처럼 유동성 장세 후반(경기 회복기 후반)에 접어들면 투자자들은 자신에게 이런 질문을 던지게 됩니다.

"지금 유동성에 올라타고 있는 이 시장이 과연 언제까지 지속될 수 있을까?"

"혹시 이 흐름이 꺾일 조짐은 없는가?"

바로 이 시점이 '성장 둔화'라는 악재와 '유동성 확대'라는 호재가 충돌하는 지점입니다. 따라서 우리는 단순한 낙관이나 공포가 아니라 상승과 하락이 동시에 존재하는 이 미묘한 구간에서 시장이 보내는 신호를 입체적으로 해석할 수 있어야 합니다.

저는 이때 네 가지 지표를 바라봅니다.

1. 금 가격 → 위험 회피 심리
2. 장기금리 → 성장 기대 심리
3. 단기금리 → 정책 변화에 대한 시장의 선제 반응
4. 달러 인덱스 → 위험자산 회피 심리, 유동성 환경

이 네 가지를 함께 읽어내야만 시장의 심리를 파악하고 포트폴리오를 조절하고 현금화할 시점을 포착할 수 있는 나침반을 가질 수 있습니다. 다음 장에서는 이러한 금·달러·장단기 금리의 실제 흐름을 통해 시장이 어떻게 반응하고 자산 흐름이 어떻게 변해가는지를 좀 더 구체적인 사례를 통해 살펴보겠습니다.

· 3장 ·
회복기에서 확장기로
| 실적 장세와 조정 |

2020년 말부터 백신 개발 소식이 들리고 2021년에는 전 세계적으로 경기 회복과 확장 국면이 펼쳐졌습니다. 막대한 유동성과 함께 경제활동 재개(리오프닝)가 맞물리면서 2021년 글로벌 GDP 성장률은 +6.0%에 달해 수십 년 만의 높은 성장률을 기록했습니다. 이는 앞에서 -3% 역성장을 보인 2020년의 기저효과이기도 하지만 정책 덕분에 총수요가 빠르게 회복된 덕도 있었죠. 미국은 2021년 GDP 성장률이 약 +5.7%로 1984년 이후 최고치를 찍으며 코로나 충격을 빠르게 만회했습니다. 회복기를 넘어 확장기의 전형적인 특징들이 나타났습니다.

낮은 금리, 넘쳐나는 유동성, 강한 소비와 투자 증가가 그것입니다. 미국 가계의 초과저축과 정부 지원금이 풀리면서 보복 소비 현상이 나타났고 기업들도 앞다퉈 생산을 늘리고 신규 투자에 나서면서 경제 엔진을 총가동했습니다.

이 무렵 금융시장은 그야말로 유동성 파티를 즐겼습니다. 현금 유동성이 역사적 정점이고 금리는 제로에 가깝다 보니 투자자들은 위험자산에 열광했습니다. 글로벌 주식시장은 2020년 3월 저점 대비 2021년 말까지 두 배 이상 폭등하며 각국 증시는 연일 사상 최고치를 경신했죠.

미국 S&P 500 지수는 2021년 연간 +26.9%, 나스닥 지수는 +21.4% 상승해 2년 연속 두 자릿수 수익을 냈습니다. 특히 테크기업들과 친환경, 전기차 등 미래산업 관련 종목들이 큰 폭으로 올랐고 밈 주식(예: 게임스톱) 현상이나 IPO 열풍처럼 개인 투자자들의 투기적 매수도 붐을 이루었습니다. 암호화폐(가상자산) 시장도 사상 최고의 활황이었는데 2021년 11월 암호화폐 전체 시가총액이 3조 달러에 육박하며 비트코인은 앞에서 언급한 대로 6만8천 달러를 넘겨 최고가를 경신했습니다. 이 시기에 심지어 디지털 아트 NFT 열풍까지 더해져 시장 전반에 유동성 잔치가 벌어졌던 것입니다.

이런 자산시장 호황 뒤에는 각국 중앙은행의 초완화 정책과 정부의 추가 부양책이 자리하고 있었습니다. 2021년 내내 미 연준(Fed)을 비롯한 주요 중앙은행은 제로금리를 유지했으며 미 연준(Fed)은 월 1,200억 달러 규모의 채권을 사들이는 양적 완화(QE)를 지속했습니다. 유럽중앙은행(ECB)이나 일본은행(BOJ)도 돈줄을 완전히 풀어놓은 상황이었죠. 정부 측면에서도 미국은 2021년 3월 바이든 행정부가 1조9천억 달러 규모의 법안을 추가 시행해 국민 1인당 1,400달러씩 지급하는 등 추가 부양을 했습니다. 유럽도 여러 가지 경기 부양 예산을 집행했고 각국 정부는 백신 보급과 고용 회복을 지원하는 데 재정을 투입했습니다. 한마디로 2021년은 정책의 풀 액셀러레이터를 계속 밟고 있었기 때문에 경제가 회복기에서 확장기로 빨리 나아갈 수 있었죠.

다만 2021년 하반기로 갈수록 이 급격한 확장 국면에도 그늘이 드리우기 시작했습니다. 바로 인플레이션이라는 폭탄이었습니다. 수요는 폭발적으로 늘었는데 공급이 따라오지 못하면서 (공급망 교란, 생산 차질 등) 물가가 꿈틀대기 시작한 것이죠.

▮▮ 2019~2023년 당시 OECD 물가 전망 자료

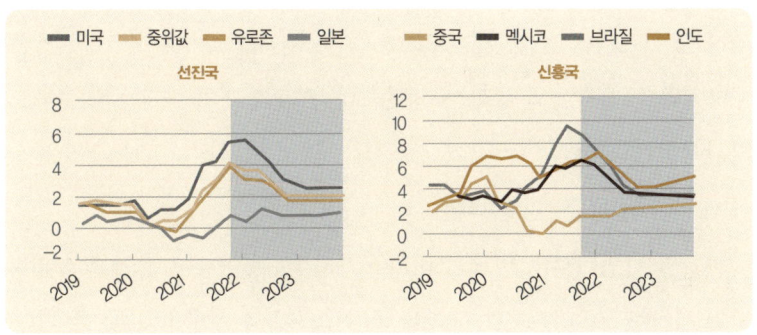

출처: OECD 세계 경제 전망, 한국은행

2021년 중반 미국 소비자물가지수(CPI) 상승률이 5%를 넘기더니 연말에는 7%를 넘어 40년 만의 최고 인플레이션 상황이 전개되었습니다. 유럽과 한국 등도 물가 상승이 감지되었지만 당시 대부분의 전문가와 연준 등 정책당국은 이것을 '일시적 현상'으로 보았습니다. 경제 재개 초기의 일시적 병목현상이지 지속적인 인플레이션은 아닐 것으로 본 것이죠. 그래서 2021년 한 해 동안에는 금리 인상 같은 움직임 없이 "일단 지켜보자."라는 기조가 유지되었습니다. 하지만 뒤돌아보면 이 판단은 다소 늦은 셈이었는데 이로 인해 확장 국면은 좀 더 길어졌지만 다음 국면에서 큰 대가를 치르게 됩니다.

인플레이션이 왜 핵심 변수일까?

2021년 하반기 경기는 회복기를 지나 본격적인 '확장기'로 접어들고 있었습니다. 고용지표는 개선되고 기업들의 실적도 뚜렷한 회복세를 보이기 시작했으며 소비도 강하게 살아나는 모습이었습니다. 경제만 놓고 보면 분명히 긍정적인 국면이었고 거시경제 지표상으로도 '건강한 성장'이 이어지는 듯 보였습니다.

하지만 투자자들의 심리는 달랐습니다. 경제가 좋아지는 와중에도 자산시장은 점점 불안해지기 시작했죠. 바로 인플레이션과 금리 인상에 대한 우려 때문이었습니다.

2021년 하반기부터 미국 소비자물가지수(CPI)는 본격적인 상승세를 타기 시작했습니다. 5%를 돌파한 후 연말에는 7%까지 치솟으며 40년 만의 최고치를 기록했습니다. 이처럼 물가가 급등하면 시장은 다음과 같은 시나리오를 우려하게 됩니다.

"중앙은행이 가만히 있지 않을 거야. 곧 유동성을 회수하겠지."

이는 자산시장에 매우 민감하게 작용하는 신호입니다. 그동안 자산 가격을 밀어 올린 가장 큰 힘은 '돈이 많이 풀린 환경'이었기 때문이죠. 그런데 인플레이션이 계속되면 중앙은행은 어쩔 수 없이 금리를 인상하고 유동성을 줄일 수밖에 없습니다. 바로 이 지점에서 투자자들은 불안을 느낍니다.

즉 확장기 전반은 경제가 실제로 좋아지는 시점이지만 자산시장 입장에서는 '유동성이라는 연료'가 줄어들기 시작하는 시기입니다. 경제는 더 강해지지만 시장은 더 불안해지는 아이러니한 구간이죠. 투자자들이 가장 두려워했던 것은 바로 이것입니다.

"경기는 좋아지는데 자산시장은 꺾일 수 있다."

왜냐하면 그동안의 상승이 실적보다 유동성에 크게 의존했던 장세였고 그 유동성이 회수될 가능성이 커졌기 때문입니다.

이처럼 회복기에서 확장기로 넘어가는 시점은 실물경제와 자산시장 간 괴리가 발생할 수 있는 민감한 구간입니다. 경제가 좋아진다는 뉴스가 쏟아지는 와중에도 시장이 조정을 받을 수 있는 이유가 바로 여기에 있는 것입니다. 확장기 전반에서 시장이 가장 두려워하는 것은 '지나치게 좋은 경제'가 아니라 그 경제를 진정시키기 위해 개입하는 '정책 변화(금리 인상)'입니다.

확장기의 특징: 실적 장세, 기업 성장이 시장을 이끈다

경기 회복기에서 확장기로 넘어가는 구간의 가장 큰 특징은 시장이 더 이상 '유동성'에만 기대지 않는다는 것입니다. 초기 경기 침체기에서 회복기로 넘어올 때는 중앙은행의 금리 인하와 정부의 재정 확대 덕분에 시중에 돈이 넘쳐났고 이 유동성이 자산시장 전체를 밀어 올리는 데 핵심 역할을 했습니다. 이를 흔히 '유동성 장세'라고 부르죠.

하지만 확장기에 접어들면 분위기가 달라집니다. 경기가 살아나면서 인플레이션 압력도 덩달아 커짐에 따라 중앙은행은 다시 금리 인상을 검토하게 됩니다. 이제 시장은 이렇게 생각하게 됩니다.

'유동성은 줄어들 텐데 그래도 이 주식이 오를 수 있을까?'

이때부터는 단순히 '돈이 많아서' 오르는 장세는 끝나고 실제로 돈을 잘 버는 기업, 실적이 받쳐주는 기업만 살아남는 장세로 전환되기 시작합니다. 즉 금리 인상이라는 부담에도 불구하고 '실적'이라는 뚜렷한 성장 동력이 있는 종목은 계속 주가가 오를 수 있게 됩니다.

바로 이 시기를 우리는 '실적 장세'라고 부릅니다. 유동성만으로는 더 이상 시장 전체를 끌어올릴 수 없는 환경 속에서 투자자들은 점점 더 개별 기업의 실적에 주목하게 됩니다. "이 기업은 실제로 돈을 얼마나 잘 버는가?", "실적이 시장의 기대치를 뛰어넘는가?"가 투자 판단의 핵심 기준이 되는 것이죠.

이처럼 유동성 장세에서 실적 장세로의 전환은 단순한 스타일 변화가 아닙니다. 시장이 기업을 바라보는 평가 기준 자체가 바뀌는 구조적 전환입니다. 이 흐름을 정확히 이해한다면 우리는 금리 인상기라는 부담스러운 환경 속에서도 어떤 종목이 살아남을지, 어떤 종목이 먼저 밀려날지 판단할 수 있는 통찰을 얻게 됩니다.

따라서 저는 유동성 장세가 끝나는 타이밍을 포착한 이후에는 실적이 뒷받침되는 우량주 중심의 투자 전략으로 전환합니다. 만약 시장 전반의 실적이 부진하거나 주요 종목들의 실적이 꺾일 것으로 예상된다면 과감히 주식을 매도하고 리스크를 줄이는 전략을 취하는 것이죠.

결국 이 사이클에 대한 이해는 단순히 시장 분위기를 읽는 것이 아니라 종목 선택, 투자 비중 조절, 매수·매도 타이밍 결정에 매우 실질적 기준이 됩니다. 그리고 이 전략을 가능하게 만드는 출발점이 바로 유동성 장세가 끝나는 시점을 얼마나 정확히 포착하느냐에 달려 있습니다. 이를 위해 저는 '금', '2년물 미국 국채 금리', '10년물 미국 국채 금리' 세 가지 자산의 움직임을 집중적으로 관찰해왔습니다.

실전 전략: 금리와 금 가격으로 확장기를 읽는 법

유동성 장세는 강력하지만 절대로 영원하지 않습니다. 문제는 이 장세가 끝나는 순간부터 판세가 바뀐다는 것입니다. 투자자들이 무작정 위험을 감수하던 시기에서 갑자기 리스크를 회피하려는 국면으로 전환되는 것이죠.

이 시점을 놓치면 이전까지 잘 버텼던 포트폴리오가 한순간에 하락장에 노출되는 위험에 빠질 수 있습니다. 따라서 저는 유동성 장세가 끝나는 시점을 최대한 빨리 정확히 포착하기 위해 세 가지 자산의 움직임에 주목했습니다.

바로 '금', '2년물 미국 국채 금리', 그리고 '10년물 미국 국채 금리'입니다.

1. 2년물 금리: "중앙은행은 금리를 어떻게 움직일까?"

2년물 금리는 앞으로 약 2년 동안 중앙은행이 금리를 올릴지 내릴지를 시장이 예상하는 지표입니다. 그런데 왜 하필 2년일까요? 중앙은행은 보통 금리를 한 번 올리기 시작하면 약 2년 동안 계속 올리고 반대로 한 번 내리기 시작하면 또 약 2년 동안 계속 내리는 패턴을 보입니다. 그래서 시장 참여자들은 2년물 금리를 보며 앞으로 중앙은행이 금리를 어떻게 움직일지 미리 판단하는 것이죠.

예를 들어 2년물 금리가 급격히 오르고 있다면 앞으로 중앙은행이 금리를 빠르게 올릴 것으로 시장이 예상한다는 뜻입니다. 즉 곧 긴축이 시작될 것임을 의미하죠.

당시 저는 인플레이션이 높아지면서 2년물 금리가 빠르게 상승하는 것을 보고 중앙은행이 곧 본격적으로 금리를 인상할 가능성이 크다고 판단했습니다.

2. 10년물 금리: '앞으로의 성장과 인플레이션 전망'

반면 10년물 금리는 더 먼 미래의 경제 상황을 반영합니다. 앞으로 10년 동안의 경제성장과 물가 상승(인플레이션) 전망이 담긴 지표라고 볼 수 있죠. 시장 참여자들의 생각은 이렇습니다.

- '앞으로 10년 동안 경제가 좋아지고 물가도 오를 것 같아!' → 10년물 금리 상승
- '앞으로 성장도 둔화되고 인플레이션도 하락할 것 같아!' → 10년물 금리 하락

즉 10년물 금리는 경제에 대한 장기적 믿음과 기대를 나타냅니다. 당시 10년물 금리가 빠르게 상승했다는 것은 성장에 대한 기대감도 있지만 장기적으로 시장이 인플레이션 압력을 더 심각하게 본다는 의미도 있습니다. 그래서 저는 10년물 금리가 성장과 인플레이션 중 어느 지표를 더 중요하게 보는지 체크할 필요가 있었죠. 그래서 제가 바라봤던 지표가 바로 '금'입니다.

3. 금: '인플레이션 압력이 클 때 오르는 자산'

금은 투자자들이 가장 불확실한 시기에 찾는 대표적인 자산입니다. 그런데 금 가격이 상승하는 이유는 단 하나가 아니라 시기와 상황에 따라 다르게 작동하는 복합적인 요인들입니다.

예를 들어 경기 침체기 후반에는 아직 기업의 실적이 본격적으로 살아나지 않았고 경기는 여전히 위축된 상태입니다. 이때 중앙은행은 금리를 낮추고 정부는 재정 지출을 확대하면서 시중에 돈을 쏟아붓습니다. 하지만 이런 부양책이 당장 기업 실적 개선으로 이어지진 않기 때문에 투자자 입장에서는 주식이나 부동산에 과감히 투자하기에는 부담이 큽니다.

이때 사람들은 '일단 자산 가치를 지켜야겠다'라는 심리로 안전자산인 금에 눈을 돌리게 됩니다. 실적이나 성장성에 의존하지 않으면서도 가치가 안정적인 자산이기 때문입니다. 이처럼 침체기 후반에서 회복기 전반으로 넘어갈 때는 금이 불확실성 회피 수단으로 강하게 부각됩니다.

그런데 또 다른 시기, 즉 경기가 본격적으로 살아나고 소비와 투자가 활발해지면서 물가가 급격히 오르기 시작하는 시점에서는 금이 또 다른 역할로 주목받습니다. 바로 인플레이션 방어 수단의 역할입니다.

보통 금리는 인플레이션을 잡기 위해 올라가지만 금리 상승 속도가 물가 상승 속도를 따라가지 못하는 구간이 가끔 나타납니다. 예를 들어 물가가 연 10%씩 오르는데 은행 이자는 고작 2%라면 현금을 그대로 들고 있는 사람은 매년 실질적으로 8%의 손해를 보는 셈입니다. 이럴 때 사람들은 화폐 가치 하락을 피하기 위해 현금 대신 금을 사 보유하려는 심리가 강해집니다.

이때 금은 더 이상 단순한 안전자산이 아니라 현금 대체 수단으로 기능합니다. 장기금리가 상승하더라도 시장이 이를 '성장 기대' 때문이 아니라 '물가 우려' 때문으로 해석하고 있다면 금 가격은 오히려 더 오를 수 있습니다. 이처럼 금 가격이 장기금리 상승과 함께 오르는 특이한 상황은 투자자들이 현재 시장의 가장 큰 리스크를 '성장 둔화'가 아니라 '물가 불안'으로 보고 있다는 의미가 됩니다.

결국 금은 시기마다 역할이 다르지만 공통적으로 불안한 환경에서 자산을 지키려는 사람들의 선택지가 된다는 점에서 그 가치가 생깁니다. 경기 침체든 인플레이션이든 투자자들이 위협을 느끼는 순간 금은 다시 주목받는 자산으로 떠오르게 됩니다.

이제 본격적으로 제가 어떤 식으로 해석하는지 예를 들어 보여드리겠습니다.

1단계: 2년물 미국 국채 금리 상승을 체크하자.

2년물 미국 국채 금리 상승

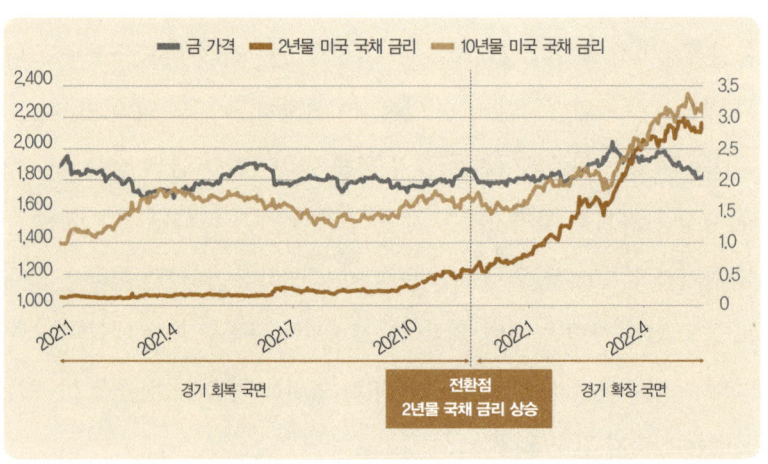

출처: FRED

중앙은행은 인플레이션이 과도해질 경우 과열된 경기를 진정시키기 위해 금리를 인상합니다. 그런데 실제 금리가 인상되기 전에 가장 먼저 반응하는 것은 정책이 아니라 시장입니다.

"물가가 너무 오른다. 이제 연준이 금리를 올릴 것 같아. 그러면 유동성 시대도 끝나겠는데?"

이런 생각이 시장에 퍼지기 시작하면 투자자들은 아직 아무 일도 일어나지 않았는데도 행동을 시작합니다. 그리고 이때 가장 먼저 움직이는 지표가 바로 2년물 미국 국채 금리입니다. 2년물 금리는 연준의 단기 정책금리에 대한 시장의 예상을 그대로 반영합니다. 그래서 금리 인상 가능성이 높아질수록 시장은 이를 선반영해 2년물 금리를 끌어올리기 시작합니다.

이 금리 상승 신호는 곧 유동성 축소 시작으로 해석되며 투자자들은 '유동성 시대의 끝'을 직감하고 서서히 주식을 덜어내기 시작합니다. 하지만 여기서 반드시 짚고 넘어가야 할 오해가 있습니다.

"2년물 금리가 오르면 시장은 무조건 하락하는가?"

금리가 오른다고 해서 그것이 곧바로 시장 하락으로 이어지는 것은 아닙니다. 금리 수준이 여전히 낮고 경기 회복에 대한 기대가 탄탄하게 유지되고 있다면 시장은 오히려 이를 긍정적인 신호로 받아들일 수도 있습니다.

"경기가 좋아지고 있으니까 금리를 조금 올리는 건 당연하지. 이건 자연스러운 조정일 뿐이야. 오히려 괜찮은 흐름이야."

이처럼 '건강한 금리 인상'으로 받아들이는 경우에는 시장이 공포에 빠지기보다 상승 흐름을 그대로 이어가는 모습이 자주 나타납니다. 그래서 중요한 것은 단순히 "금리가 오르고 있다."라는 사실이 아니라 오르고 있는 배경입니다.

즉 왜 금리가 오르는지 해석하는 것입니다. 하지만 반대로 시장이 "이번 금리 인상은 경기 자체를 위협할 수 있어."라고 인식하게 된다면 그 순간부터는 상황이 달라집니다. 금리 인상은 시장에 부담을 주는 신호로 바뀌고 2년물 국채 금리가 상승할 때 자산 가격은 조정을 받을 수 있습니다.

나아가 시장의 해석이 "지금은 경기가 좋아서가 아니라 물가가 너무 올라 연준이 어쩔 수 없이 급하게 금리를 인상하고 있어."라는 쪽으로 기울게 되면 이제는 단순한 긴축 우려를 넘어 정책 실패에 대한 공포로 확산됩니다. 이때는 성장은 꺾이고 물가는 계속 오르는 '스태그플레이션' 같은 최악의 시나리오까지 시장이 상상하게 되는 국면이 됩니다.

이처럼 2년물 금리가 오르는 하나의 현상은 어떤 때는 호재가 되고 어떤 때는 악재가 됩니다. 그래서 이 금리 상승이 의미하는 바가 현재 시장에 어떤 시그널로 읽히고 있는지를 파악하는 것이 핵심입니다. 그리고 그 전환점을 정확히 감지하려면 2년물 금리 하나만으로는 부족합니다. 그래서 저는 2년물 국채 금리를 볼 때 다음과 같은 세 가지 지표를 항상 함께 봅니다.

- 10년물 국채 금리
- 금 가격
- 달러 인덱스(DXY)

2년물 금리와 함께 10년물 금리, 금, 달러를 종합적으로 살펴보면 시장이 지금 어디로 향하는지 그리고 투자자들이 무엇을 걱정하고 있는지를 읽을 수 있습니다.

우리가 이 흐름을 놓치지 않고 꾸준히 관찰할 수 있다면 지금이 여전히 위험자산을 들고 있을 시점인지, 아니면 현금화하거나 방어 전략으로 전환해야 할 타이밍인지 판단할 수 있게 됩니다.

2단계: 10년물 국채 금리와 금 가격으로 성장 기대를 해석하라.

2년물 국채 금리가 상승했다고 해서 시장이 항상 조정을 받는 것은 아닙니다. 중요한 것은 시장이 그 금리 상승을 어떤 맥락에서 받아들이느냐입니다. 일반적으로 네 가지 조합이 존재합니다.

경기 확장기 관측 패턴: 2년물 채권, 10년물 채권, 금, 달러

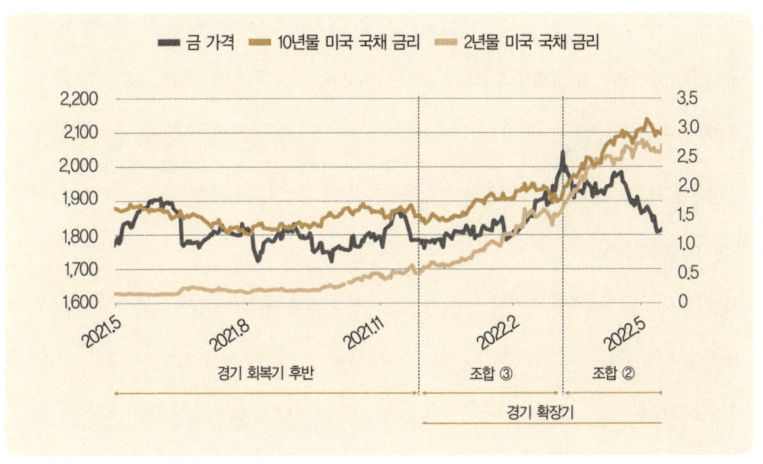

출처: FRED

조합 1: 2년물 금리↑ + 10년물 금리↑ + 금↓ + 달러↓ = 주가 상승

예를 들어 시장이 이렇게 해석할 수도 있습니다.

"경기가 좋아지고 있으니 연준이 금리를 조금 올리는 건 당연한 거야. 오히려 앞으로 경제는 더 성장할 수 있을 거야!"

이런 식의 해석이 퍼지면 단기금리 상승은 오히려 건강한 경기 회복의 상징처럼 받아들여질 수 있습니다. 그렇다면 이때 투자자들은 어떤 시그널을 함께 확인해야 할까요? 바로 10년물 국채 금리의 움직임과 금 가격의 흐름입니다.

만약 시장이 '앞으로 성장세가 계속 이어질 것'이라고 판단한다면 장기적인 경기 전망을 반영하는 10년물 금리도 동반 상승하게 됩니다. 즉 단기금리와 장기금리가 함께 오르는 조합은 시장이 금리 인상을 '정상화' 또는 '성장에 따른 자연스러운 조정'으로 보고 있다는 의미가 됩니다(2년물 금리 상승 + 10년물 금리 상승).

또한 이렇게 해석을 해석했다면 위험자산 투자심리가 더 강해지면서 '금' 가격이 하락하고 주식 가격은 상승하게 될 것입니다. 그리고 이 국면에서는 위험자산 선호 심리가 강하다면 상대적으로 안전자산의 성향을 띠는 달러는 약세가 될 가능성이 커집니다(위험자산 선호 강화: 금 가격 하락 + 달러 약세).

따라서 '2년물 금리 상승(물가 상승+성장 강세) + 10년물 금리 상승(물가 상승+성장 강세) + 금 가격 하락(위험자산 선호) + 달러 약세(위험자산 선호)' 현상은 시장이 "금리는 오르지만 그만큼 미래 성장도 강할 것이다."라고 믿고 있다는 시그널입니다. 이 지표들은 오히려 금리 상승에도 불구하고 주식시장에 긍정적인 조합으로 작용할 수 있습니다.

조합 2: 2년물 금리↑ + 10년물 금리↑ + 금↓ + 달러↑ = 주가 조정

2년물 금리가 상승한다는 것은 시장이 '이제 연준이 본격적으로 금리를 인상할 것'이라고 판단하고 있다는 뜻입니다. 단순한 금리 인상이 아니라 물가 상승에 대한 연준의 대응이 불가피하다는 위기의식이 시장에 퍼지고 있다는 의미죠. 그런데 만약 이와 동시에 10년물 금리도 함께 상승하고 있다면 "연준이 금리를 올려도 미국 경제는 충분히 감당할 수 있는 체력을 갖추고 있다."라고 보고 있는 것입니다. 왜냐하면 만약 연준의 금리 인상으로 미래 경기가 꺾일 것이라고 시장이 판단한다면 10년물 금리는 오히려 하락해야 정상입니다. 하지만 2년물과 10년물이 동시에 오르고 있다면 시장은 오히려 "금리 인상 우려에 2년물 금리가 상승하고 동시에 장기 성장도 여전히 유효하다."라고 믿고 있는 흐름이라고 볼 수 있습니다.

여기에 달러 강세까지 동반된다면 글로벌 자금이 미국으로 몰려들고 있다는 뜻입니다. 미국 금리가 오르면서 채권 수익률이 높아지고 성장도 좋아질 것이라는 기대감이 생긴다면 전 세계 투자자들이 상대적으로 안전하면서도 수익이 보장되는 미국 자산에 몰리게 됩니다. 이 자금 유입은 달러 가치를 밀어 올리며 달러 강세를 유도하게 됩니다.

그럼 이때 금 가격은 어떻게 움직일까요? 지금 국면은 '회복기 후반에서 확장기 전반'으로 진입한 상황입니다. 지금까지 유동성 장세 동안 금이 화폐 가치 하락을 방어하는 수단, 즉 인플레이션 헤지 수단으로 꾸준히 매수되었습니다. 하지만 이제 금리가 오르고 시장이 '연준이 물가를 잡을 수 있을 것'이라는 신뢰를 가지기 시작하면 상황은 바뀝니다. 화폐 가치 하락에 대한 우려가 줄어들고 현금 구매력이 회복될 것이라는 기대가 생기고 '굳이 금을 들고 있을 이유가 없다'라는 인식이 확산됩니다. 그러면 투자자들은 이렇게 말합니다.

"지금은 금보다 채권이나 달러를 들고 있는 게 낫겠어."

결과적으로 금 가격은 하락 압력을 받게 됩니다. 그래서 '2년물 금리 상승+10년물 금리 상승+금 가격 하락' 조합은 시장 전반에 "화폐 가치가 다시 회복되고 있다."라는 확신이 퍼지고 있다는 뜻이 됩니다. 이 흐름이 왜 중요하냐면 이는 곧 유동성 파티의 끝을 의미하기 때문입니다.

그동안 저금리와 풍부한 유동성에 기대어 급등했던 자산들은 '화폐 가치 하락'을 우려하면서 높은 가격에도 불구하고 매수를 외칠 수 있었던 것입니다. 하지만 이제는 더 이상 같은 환경에 안주할 수 없게 됩니다.

위 시그널이 나타나는 구간부터는 시장은 '성장성'이 아닌 '실적과 구조'를 보기 시작하고 유동성만으로 떠받쳐졌던 자산들은 체력 검증(실적 검증)에 들어가게 됩니다. 특히 확장기 전반에서 나타나는 '단기금리 상승+장기금리 상승+금 가격 하락+달러 강세' 조합은 유동성 장세의 종료를 알리는 시그널입니다. 그래서 이런 신호는 주식시장에도 직접적인 영향을 미칩니다.

단기금리, 장기금리가 상승하는 국면에서 금 가격이 하락하고 달러가 상승하게 된다면 시장은 유동성에 의존하던 자산부터 하나둘 조정을 받습니다. 실적이 기대에 미치지 못하는 기업은 주가가 빠르게 빠지고 '금리 인상'이 발표될 때마다 시장은 불안에 떨며 조정을 반복합니다. 결국 이런 조합은 우리에게 명확한 메시지를 줍니다.

"이제는 실적 중심의 '선별의 시간'이 시작되었다."

더 이상 모든 자산이 같이 오르는 장은 아닙니다. 기초체력 없는 종목은 도태되고 실적이 탄탄한 기업만 살아남는 구간이 펼쳐지는 것입니다. 실제로 2022년 시장은 바로 이런 흐름을 경험했습니다. 연준은 인플레이션을 잡기 위해 금리를 꾸준히 인상했고 그때마다 주식시장은 조정을 받았습니다. 여기서 흥미로운 것은 경제지표가 좋아질수록 오히려 시장은 불안해졌다는 점입니다.

10년물 미국 국채 금리가 주가에 미치는 영향

출처: FRED

"경제가 너무 좋아 연준이 금리를 더 빨리 올릴 것 같다."

이런 생각이 시장을 지배하면서 "Good is Bad(좋은 지표가 오히려 시장에 악재가 되는)"라는 아이러니한 흐름이 실제로 나타나기도 했습니다. 이 흐름은 경기 회복기에서 경기 확장기로 전환되는 국면에서 주의해야 할 전형적인 전환 시나리오 중 하나입니다.

조합 3: 2년물 금리↑ + 10년물 금리↑ + 금↑ = 리스크 관리

먼저 2년물 금리 상승은 시장이 "연준이 금리를 빠르게 올릴 것이다."라는 기대를 반영하는 것이고 10년물 금리 상승은 "장기적으로도 미국 경제가 크게 나쁘지는 않을 것이다."라는 낙관적 시각이 시장에 여전히 존재함을 의미합니다. 그런데 이런 상황에서 금 가격까지 함께 오르고 있다면 이야기가 조금 달라집니다. 왜냐하면 금은 보통 돈 가치가 떨어질 때, 즉 물가가 많이 오를 때 사람들이 찾는 자산이기 때문입니다.

생각해보면 금은 이자를 주지 않죠. 반면 지금처럼 금리가 오르면 달러를 들고만 있어도 예금이나 채권을 통해 수익을 받을 수 있습니다. 그래서 일반적으로 금리가 오르면 사람들이 달러나 채권 쪽으로 이동하고 금은 인기가 줄어드는 것이 정상입니다. 그런데 지금처럼 금리도 오르고 금 가격도 함께 오르는 상황은 시장이 이런 생각을 하고 있다는 뜻입니다.

"물가는 앞으로 더 많이 오를 것 같아."

"연준이 금리를 올려도 물가가 쉽게 잡힐 것 같지 않아."

"이자를 안 주더라도 차라리 금을 들고 있는 게 낫겠다."

예를 들어 금리가 3%인데 물가가 8~10%씩 오르고 있다고 생각해보세요. 달러를 예금해도 실제로는 손해를 보는 셈입니다. 즉 금리가 오른다고 해서 곧바로 인플레이션이 잡힐 것이라는 믿음이 시장에 없다면 투자자들은 시간이 지나도 가치가 훼손되지 않는 희소한 실물 자산인 금을 오히려 더 강하게 사들이게 됩니다. 그래서 '금 가격 상승+금리 상승'이 동시에 나타나는 국면이라면 시장 참여자들이 이렇게 말하고 있는 것입니다.

"연준이 금리를 올리긴 하겠지만 이걸로 물가가 잡힐 것 같진 않아."

이 조합은 단순히 회복기의 정상화 흐름이 아니라 정책에 대한 신뢰 약화와 인플레이션이 생각보다 오래간다는 인식이 퍼지고 있다는 뜻이기도 합니다. 바로 이 점이 금리 상승에도 불구하고 금 가격이 함께 오를 수 있는 이유이고 시장이 구조적으로 불안을 느끼고 있다는 단서입니다.

1. 2년물 금리 상승 → 연준이 금리를 빠르게 올릴 것이라는 예상
2. 10년물 금리 상승 → 경기 회복 기대와 인플레이션 상승 우려도 존재
3. 금 가격 상승 → 금리보다 물가가 더 많이 오를 거라고 생각하면 상승

즉 이 조합은 "경기는 아직 괜찮지만… 물가가 문제야. 금리를 올려도 물가가 잡힐지 몰라서 불안하네…. 일단 금도 사두자."와 같은 생각이 저변에 깔려 있습니다.

이는 인플레이션 우려가 본격화되고 있는 과도기적 국면을 의미하고 주식시장 입장에서는 매우 복합적인 반응이 나타날 수 있는 시점입니다. 성장주는 금리 부담에 약세를 보일 수 있고 경기민감주는 실적 기대로 버티다가 전체 시장은 불확실성(인플레이션 우려)에 대한 경계심으

로 점점 변동성이 커질 수 있는 시기입니다.

이처럼 확장기로 진입하는 사이클에서 "2년물 금리 상승+10년물 금리 상승+금 가격 상승"의 모습에 투자자는 단순히 "경기가 좋다."라는 식의 낙관론보다 정책 실기 가능성, 물가 통제 실패 가능성까지 고려한 방어적 포트폴리오 조정을 염두에 둘 필요가 있습니다.

조합 4: 2년물 금리↑ + 10년물 금리↓ = 하방 위험 증가

경기 사이클이 회복기를 지나 확장기로 접어들면 시장은 점점 인플레이션에 대한 걱정을 하기 시작합니다. 경제가 살아나고 소비와 투자가 늘어나면서 물가도 함께 오르기 시작하는데 이때 시장은 "이제 연준이 물가를 잡기 위해 금리를 인상할 수도 있겠다."라는 생각을 하게 됩니다. 그래서 먼저 반응하는 것이 2년물 금리 상승입니다. 이는 단기적으로 연준의 금리 인상이 임박했다는 신호로 해석되죠.

그런데 이와 동시에 10년물 금리가 오히려 하락하고 있다면 시장은 단순히 금리 인상 자체가 문제가 아니라 금리를 올리는 그 선택이 오히려 경기를 꺾을 수도 있다는 우려를 갖고 있다는 뜻입니다. 시장 심리는 이렇게 말하고 있는 셈입니다.

"물가는 걱정되지만 금리를 너무 빨리 올렸다가 경기 자체가 꺼질 수도 있어."

이처럼 2년물 금리는 오르고 10년물 금리는 하락하는 조합은 시장이 단기적으로는 인플레이션 대응이 불가피하다고 판단하면서도 장기적으로는 경기 둔화 가능성을 걱정하고 있는 것을 보여주는 대표적인 시그널입니다. 이것은 단순히 금리가 엇갈려 움직이는 기술적 문제가 아니라 시장 참여자들의 심리가 양극단으로 갈라져 있는 매우 불안한 상황을 뜻합니다.

단기적 과열과 장기적 침체 우려가 공존하는 구조에서는 시장도 당연히 예민하게 반응할 수밖에 없습니다. 특히 주식시장에서는 금리에 민감한 성장주, 경기민감주, 고위험 자산부터 빠르게 조정이 시작되고 자금은 점점 더 현금, 채권, 금 같은 방어적 자산으로 이동하게 됩니다.

이러한 흐름을 보고 투자자들은 "지금이 경기 사이클의 고점일 수 있다."라는 생각을 하게 되고 포트폴리오를 점검하거나 리스크를 줄이는 전략으로 전환하게 되죠. 그래서 단기금리 상승, 장기금리 하락이 보인다면 '매도 시그널'로 주로 사용하기도 합니다.

다만 여기서 한 가지 중요한 흐름이 이어집니다. 경기 둔화가 현실화되면 자연스럽게 물가도 내려가기 시작합니다. 사람들이 지갑을 덜 열고 기업도 투자를 줄이고 소비와 수요가 줄어들면 당연히 가격 상승 압력도 낮아지고 인플레이션도 식게 됩니다. 물가가 꺾이기 시작하면 이제 시장은 다음과 같이 움직입니다.

"이제 물가가 진정되었고 경기도 식고 있으니 연준이 다시 금리를 낮추겠구나."

결국 그 시점에서 단기금리와 장기금리 모두 하락하기 시작합니다. 처음에는 인플레이션 때문에 금리를 올리지만 결국 경기 둔화가 심화되면서 통화 완화의 필요성이 다시 부각되는 것이죠. 이렇게 시장은 다시 한번 전환점을 맞이합니다. 바로 이렇게 사이클이 흘러가게 됩니다.

> 물가 하락 → 금리 인하 기대 → 경기 회복의 실마리 → 위험자산 재진입

핵심 정리

좋은 실적에도 조정이
오는 이유 이해하기

앞서 살펴본 것처럼 '2년물 금리', '10년물 금리', '금 가격', '달러 가격'이라는 네 가지 지표의 조합은 매우 강력한 시장 시그널입니다. 하지만 실전 투자에서 더 중요한 것은 이 조합이 '언제' 나타났느냐입니다.

같은 조합이라도 침체기 후반에 나타났을 때와 확장기 전반에 나타났을 때 시장의 해석은 전혀 다를 수 있습니다. 왜냐하면 시장이 민감하게 반응하는 핵심 관심사가 시점마다 달라지기 때문입니다.

현재 우리가 공부하는 부분은 유동성 장세에서 경기 확장기 전반으로 넘어가는 전환 구간에 있습니다. 이 시기의 핵심적인 특징은 경제 펀더멘털은 실제로 좋아지고 있지만 동시에 유동성이라는 연료는 점점 줄어들고 있다는 점입니다.

그동안 자산 가격을 끌어올린 가장 강력한 힘은 '돈이 많이 풀린 환경', 즉 초저금리와 풍부한 유동성이었습니다. 그런데 인플레이션이 지속되자 중앙은행은 금리를 인상하고 유동성을 줄일 수밖에 없는 상황에 직면하게 됩니다. 바로 이 지점에서 시장은 다음과 같은 의문을 품기 시작합니다.

"경제는 좋아지고 있는데… 자산시장에 필요한 돈줄은 끊기고 있어.

이거 계속 가도 되는 걸까?"

이처럼 펀더멘털이 좋아지는데도 시장이 불안해지는 전환 국면이 바로 확장기 전반입니다. 금리, 금, 달러의 움직임을 해석할 때도 이 시기의 '심리 전환점'을 반드시 함께 고려해야 합니다.

그래서 중요한 것은 단순히 조합들을 암기하는 것이 아니라 "시장이 지금 무엇을 가장 두려워하고 있는가?", "현재 사이클이 자산시장에 어떤 의미를 주고 있는가?"를 먼저 파악한 후 거기에 조합을 '대입'해 해석해야 한다는 점입니다.

경제 사이클에 대한 이해가 깊어질수록 상황에 맞는 '포트폴리오 전략'이 가능해지고 이것이 바로 매크로 투자자의 강점이 됩니다.

특히 회복기에서 확장기로 넘어가는 구간은 실제 경제는 좋아지지만 유동성으로 인해 고평가되었던 자산들이 실적 기준으로 재평가되는 시기이기도 합니다. 즉 유동성 시대의 끝자락에서는 차트 중심의 투자보다 실적이 뒷받침되는 종목 중심의 '가치 투자 전략'이 효과를 발휘하게 됩니다.

확장기 이후의 투자는 훨씬 더 정교해질 수밖에 없습니다. 왜냐하면 이 시점부터는 경제가 정상화 국면으로 안정되며 성장세를 이어갈지, 아니면 높아진 금리 부담 때문에 성장 동력이 꺾이고 침체기로 진입할지가 불투명해지기 때문입니다.

이전 회복기나 확장기 전반은 방향성이 비교적 분명합니다. 경제가 나아지고 있다는 낙관이 시장을 지배하죠. 하지만 확장기가 본격화되면 시장은 점점 더 복합적인 시그널에 민감하게 반응하기 시작합니다. 이 시기(확장기)의 핵심적인 특징은 바로 불확실성의 확대입니다.

- Q1. 물가는 잡힐 것인가?
- Q2. 연준은 금리를 얼마나 더 올릴 것인가?
- Q3. 높은 금리가 기업 실적과 소비를 얼마나 압박할 것인가?
- Q4. 연착륙인가, 경착륙인가?

이런 질문들이 동시에 시장을 압박하게 되죠. 그래서 단순히 "지표가 좋아졌으니 주식은 오른다."라는 식의 1차원적 접근은 통하지 않습니다.

확장기 이후 구간에서는 2년물·10년물 금리, 달러, 금 가격, 물가 지표, 실적 전망, 소비 지표 등 다양한 매크로 데이터를 유기적으로 종합해 해석해야만 시장의 흐름을 제대로 읽을 수 있습니다.

· 4장 ·
확장기 이후
| 불확실성이 커지는 시기 |

2022년 들어서자 전년도에 예상되었던 인플레이션 문제가 현실이 되었습니다. 새해 벽두부터 각종 원자재와 소비재 가격이 뛰어오르면서 전 세계의 화두는 물가가 되었죠. 설상가상으로 2월에는 러시아의 우크라이나 침공이라는 지정학적 충격까지 발생했습니다. 이로 인해 에너지·식량 가격이 폭등하며 이미 높았던 인플레이션에 기름을 부었습니다. 2022년 전 세계 물가 상승률은 40년 만에 최고 수준(글로벌 소비자물가 +8.8%)까지 치솟았고 특히 미국은 6월 CPI 상승률이 +9.1%에 달해 반세기만의 기록을 세웠습니다. 경제가 너무 달아올랐던 것입니다.

 이렇게 되자 세계 각국 중앙은행은 일제히 급브레이크를 밟았습니다. 미국 연준은 3월부터 금리 인상을 시작해 한 번에 0.75%p 인상하는 이례적 조치를 여러 번 단행하는 등 총 4.25%p의 사상 유례없는 속도로 금리를 끌어올렸습니다. 유럽중앙은행도 7월부터 금리를 올렸고 한국은행은 4월에 기준금리를 팬데믹 이전 수준으로 복귀시킨 후 가을까지 연달아 인상했습니다. 캐나다, 영국, 호주 등 거의 모든 국가가 동시다발적인 금리 인상 사이클에 돌입했습니다. '물가와의 전쟁'이 선포된 것이죠.

급격한 금리 인상의 여파는 곧바로 금융시장과 실물경제의 급속한 둔화로 이어졌습니다. 우선 금융시장에서는 앞에서 언급했듯이 주식과 채권이 동반 폭락하는 초유의 사태가 벌어졌습니다. 2022년 한 해 동안 전 세계 주식 시가총액에서 25조 달러(약 3경 원)가 증발했다고 할 정도로 주식시장은 큰 타격을 입었습니다. 기술주 거품이 꺼지면서 나스닥 지수 -33% 폭락, S&P 500 -19% 하락, 유럽 스톡스 지수 -12%, 한국 코스피 -25% 등 대부분 시장이 두 자릿수 낙폭을 기록했습니다.

채권시장도 동시에 붕괴해 미국 채권지수는 위에서 말한 -13%, 글로벌 채권지수도 -16% 손실로 사상 최악의 '채권 폭망의 해'가 펼쳐졌습니다. 일반적으로 주식이 폭락하면 안전자산인 채권이 올라 방어가 되는데 2022년에는 주식·채권이 동반 추락하는 이변이 발생해 투자자들에게 매우 힘든 한 해가 되었죠. 환율 시장에서는 미국의 가파른 긴축 덕분에 달러화가 폭등해 달러 인덱스(DXY)가 20년 만에 114를 넘기도 했습니다. 엔화, 유로화, 파운드화 등 주요 통화들이 달러 대비 줄줄이 약세를 보였고 원/달러 환율도 2009년 이후 처음으로 1,400원을 돌파했습니다.

금 가격은 2022년 상반기 인플레이션 방어자산으로 강세를 보였지만 미 중앙은행(연준)의 긴축 강화로 달러가 강해지면서 하반기에 1,600달러대까지 밀렸다가 연말에 1,800달러 수준으로 마무리했습니다. 가상자산 시장은 그야말로 붕괴에 가까웠습니다. 비트코인이 2021년 말 5만 달러대에서 2022년 말 1만6천 달러 선으로 70% 폭락했고 Terra/

Luna 사태, FTX 파산 등 스캔들까지 겹치며 투자심리는 완전히 얼어붙었습니다.

실물경제에도 서서히 한기가 돌았습니다. 2022년 글로벌 경제성장률은 +3.2%로 전년의 절반 수준에 그쳤고 특히 미국은 상반기에 두 분기 연속 마이너스 성장(기술적 침체)을 기록했습니다. 유럽도 에너지 위기로 하반기 경기 위축을 겪었고 중국은 엄격한 제로 코로나 정책 유지로 연 3% 성장에 머물며 목표치(5.5%)를 크게 밑돌았습니다. 이는 40여 년 만의 최저 성장이어서 중국 경제에도 이례적인 둔화였죠. 이렇게 주요 경제권의 성장 엔진이 식으면서 2022년 하반기부터 "경기 침체가 오고 있다."라는 경고가 부쩍 늘었습니다.

다행히 노동 시장은 상대적으로 견조했습니다. 미국의 실업률은 3.5% 내외로 50년 이래 최저 수준을 유지했고 기업들도 인력 감축보다는 채용 동결 등으로 버티는 모습이었습니다. 하지만 장단기 금리 역전(경기 침체의 전조 현상)이 2022년 중반부터 뚜렷해졌고 소비심리와 투자심리가 급속히 냉각되면서 경제는 확장에서 둔화 국면으로 확연히 전환되었습니다.

이런 상황에서 정책 기조는 어떻게 대응했을까요? 우선 통화 정책은 2022년 내내 인플레이션 파이터 모드였습니다. 제롬 파월 연준 의장은 "높은 물가를 잡기 위해서는 경기 둔화의 고통이 불가피하다."라는 입장을 명확히 했고 2022년 말까지 금리 인상 기조를 유지했습니다. 유럽중앙은행, 영란은행 등도 마찬가지였죠.

물가가 치솟은 상황이어서 재정 정책은 적극적인 부양책을 펴기 어려웠습니다. 다만 에너지 가격 폭등으로 어려움을 겪는 취약계층을 돕기 위한 한시적 지원(예: 유럽 각국의 가스요금 보조 등)이 시행되었습니다. 또한 강달러로 신흥국들의 고통이 심해지자 IMF나 미국 등이 신흥국 지원 프로그램을 가동하기도 했습니다. 전반적으로 2022년은 경기보다 물가 안정에 방점을 찍은 한 해였으며 그로 인해 경기 사이클은 의도적으로 둔화 국면에 머물렀습니다.

금리 상승의 원인을 왜 분석해야 할까?

경기 사이클에서 침체기부터 회복기까지는 비교적 명확한 방향성이 존재합니다. 경제는 나쁘더라도 "점점 좋아지고 있다."라는 흐름이 보이기 때문에 중앙은행의 정책 방향도 뚜렷이 잡히고 투자자들도 '저점 매수'라는 전통적인 전략을 비교적 확신 있게 펼칠 수 있는 시기입니다.

하지만 경기 확장기에 진입하는 순간부터 상황은 달라집니다. 경제지표 자체는 매우 좋지만 이로 인해 물가 수준이 높아 '강한 금리 인상'이 진행됩니다. 여기서 금리 인상이 진행되는 순간 이제는 경제가 더 좋아질지, 아니면 금리 인상 등으로 인해 오히려 꺾이기 시작할지 쉽게 판단하기 어려워집니다.

따라서 확장기는 "지금은 경제가 좋은데 미래에는 어떻게 될지 모르겠다."라는 불확실성이 커지는 국면이고 투자자들은 더 이상 단순한 성장 신호만으로는 매수 버튼을 누르지 않습니다. 오히려 다음과 같은 질문들이 시장의 심리를 지배하기 시작합니다.

"이 성장은 정말 지속 가능한가?"

"인플레이션은 어떻게 통제되고 있는가?"

"연준은 금리 인상을 언제 멈출 것인가?"

"긴축이 지속되면 경기 둔화로 이어지진 않을까?"

이러한 복잡한 고민 속에서 투자자들은 이제 단순한 한두 개 지표가 아닌 단기금리(2년물), 장기금리(10년물), 금 가격, 달러 흐름 등 다양한 매크로 지표를 종합적으로 분석하며 시장의 심리를 읽어내야 하는 국면에 진입합니다.

특히 확장기에는 물가 수준이 높아지기 때문에 '단기금리(2년물)'가 선제적으로 상승합니다. 하지만 단기금리(2년물)가 상승하는 것을 어떻게 해석하느냐에 따라 주식시장의 호재와 악재가 달라진다고 말씀드렸습니다.

2부 3장에서 확장기에 진입할 경우 시장을 어떻게 읽어야 하는지 난이도 높은 네 가지 조합을 통해 설명드렸는데 이 전략을 본격적으로 사용하는 구간입니다.

2022년은 경기 회복기 이후 '단기금리'가 빠르게 상승하면서 '확장

시장 해석 조합표

조합	시장 해석
1. 2Y↑ + 10Y↑ + 금↓ + 달러↓	경제 성장 기대, 금리 상승은 '정상화'로 인식
2. 2Y↑ + 10Y↑ + 금↓ + 달러↑	긴축 + 유동성 회수 본격화
3. 2Y↑ + 10Y↑ + 금↑	인플레이션 장기화 우려
4. 2Y↑ + 10Y↓	단기적 긴축 + 장기 침체 시그널

출처: 자체 제작

기' 국면으로 들어온 구간이었고 2022~2024년 경기 확장 국면에서는 2번 조합과 3번 조합을 중심으로 시장의 변화가 나타나게 되었습니다.

팬데믹 이후 경제 사이클 흐름(예)

출처: FRED

　2022년 1월부터 10월까지는 '조합 2: 2년물 금리 상승＋10년물 금리 상승＋금 가격 하락＋(달러 강세)' 국면이 전개되었습니다. 본격적인 금리 인상이 시작되면서 유동성이 줄어들 것이라는 인식이 퍼졌고 그동안 유동성에 힘입어 오르던 주식시장은 결국 조정 국면에 들어섰습니다. 이는 강력한 유동성 장세 이후 확장기 전반에서 자주 나타나는 전형적인 불안 시그널이기도 합니다.

　이처럼 유동성 축소가 본격화되면 고평가된 자산이나 실적이 부진한 종목부터 먼저 조정을 받기 시작합니다. 특히 성장주 중심으로 매도세가 강하게 나타나며 시장 전반이 긴축에 매우 민감하게 반응하는 국면이 형성됩니다. 실제로 2022년 시장은 이러한 조합 하에서 고점을 형성한 후 조정장에 진입했습니다.

2023년 들어 시장은 "연준의 금리 인상이 이제 정점에 가까워졌다."라는 기대를 품기 시작했습니다. 하지만 금리가 정점에 이르렀다고 해서 곧바로 금리를 내리는 것은 아니었습니다. 여전히 물가가 높았기 때문에 금리는 한동안 높은 수준을 유지할 수밖에 없었죠.

이런 상황에서는 금의 매력이 커집니다. 금리가 내려갈 가능성이 있다고 본다면 이자 수익이 없는 금의 약점은 줄어듭니다. 동시에 물가가 높아 화폐가치가 떨어지고 있었기 때문에 금은 오히려 화폐 가치를 지켜주는 자산으로 주목받았습니다.

그 결과 금값은 상승했고 인플레이션도 예상보다 오래 이어지면서 금리도 다시 오르는 흐름이 나타났습니다. 결국 시장은 '조합 3: 2년물 금리 상승 + 10년물 금리 상승 + 금 가격 상승' 국면으로 접어들게 되었습니다.

이러한 국면에서는 시장이 명확한 방향을 잡기보다 혼조세 또는 방어적 흐름을 보이는 경우가 많습니다. 실제로 이 구간에서는 실적이 견고하고 고금리 부담을 견딜 수 있는 우량주 중심으로 차별화된 상승세가 나타나게 됩니다.

이처럼 경기 확장기에는 금융시장의 흐름을 통해 시장이 무엇을 우려하고 있는지, 어떤 기대를 반영하고 있는지를 조합별로 분석함으로써 투자 인사이트를 얻을 수 있습니다. 다만 여기에는 중요한 한 가지 함정이 존재합니다.

바로 '시장의 생각이 항상 정답인 것은 아니라는 점'입니다.

경기 확장 국면의 금리 인상에 대한 시장의 생각

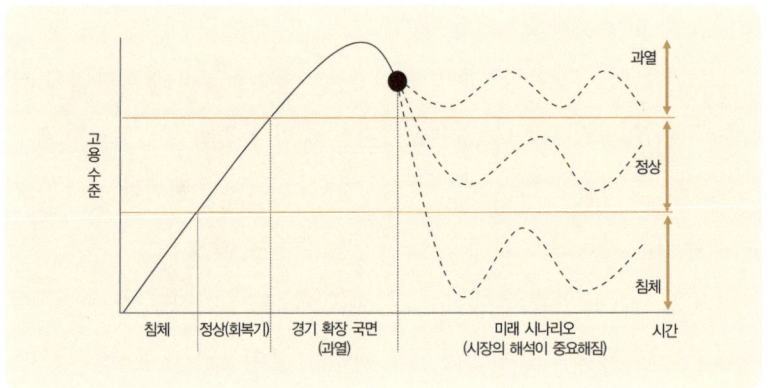

출처: 자체 제작

경기 확장기 이후 국면에서는 시장 참여자들이 미래 경제가 더 좋아질 것이라고 낙관했지만 실제로는 경기 침체가 발생하는 경우도 있고 반대로 침체를 우려했지만 경기 과열이 지속되는 경우도 있습니다. 결국 확장기 이후는 예측 자체가 매우 어려운 국면이며 이것이 바로 매크로 투자 난이도가 급격히 높아지는 이유이기도 합니다.

다만 우리가 할 수 있는 것은 분명히 존재합니다. 바로 "시장 참여자들이 현재 어떤 시나리오를 믿고 있는가?", 즉 시장의 컨센서스를 파악하는 것입니다. 시장 흐름을 통해 투자자들이 지금 어떤 경기 국면을 예상하고 있는지, 침체를 말하고 있는지, 아니면 과열을 우려하고 있는지를 읽어낼 수만 있다면 우리는 그 기대가 얼마나 타당한지를 자신의 시각에서 검토해볼 수 있습니다.

예를 들어 시장이 "지금은 과열된 경제가 곧 침체로 이어질 것"이라고 외치고 있다면 정말 그 시나리오가 말이 되는지 점검해보는 것이 필요합니다. 왜냐하면 확장기 이후 구간에서는 낙관론과 비관론이 극단적으로 갈릴 수 있는 환경이기 때문입니다. 누구는 '지금이 최고의 매수 기회'라고 믿고 다른 누군가는 "이제 곧 경제가 붕괴된다."라고 말하죠.

이처럼 해석이 분분한 상황에서는 1부에서 다룬 가치평가 기법이 강력한 무기가 됩니다. 만약 시장이 과도하게 비관적이어서 멀티플이 -1 표준편차 이하로 하락한 상황이라면 오히려 '매수' 전략을 펼 수 있는 근거가 생기죠. 반대로 시장이 지나치게 낙관적이라면 현재의 주가가 너무 앞서나가는 것은 아닌지 점검해볼 필요가 있습니다.

즉 시장의 컨센서스를 읽고 그 생각이 합리적인지 여러분 자신의 분석과 비교해보는 훈련이야말로 장기적으로 투자에서 승률을 높이는 가장 확실한 방법이 될 수 있습니다.

확장기 후반의 특징: 물가 안정이라는 착시

경기 확장기에는 전반적으로 양호한 경제 환경 속에서 높아진 물가를 안정시키기 위해 금리가 큰 폭으로 인상되는 경향이 있습니다. 이로 인해 단기금리(2년물)가 빠르게 상승하는 흐름이 나타나며 동시에 장기금리, 금 가격, 주식시장, 달러는 이러한 금리 인상 효과를 어떻게 해석하느냐에 따라 다른 방향성을 보여줍니다.

이 시기부터는 개별 지표의 단순한 등락보다 그 조합이 어떤 시나리오를 의미하는지 해석하는 능력이 중요해집니다.

예를 들어 금리를 인상한 상황에서 시장은 "이제 물가가 안정될 것이다."라고 판단할 수도 있고 반대로 "여전히 과열 상태가 이어질 것이다." 또는 "긴축 충격으로 경기 침체가 올 수도 있다."라고 해석할 수도 있습니다. 바로 이런 '시장 해석'의 갈림길에서 핵심적인 변수는 '물가'입니다.

이해를 돕기 위해 한 가지 예를 들어보겠습니다. 만약 노동시장이 둔화하고 있어 금리 인하가 필요한 상황이라고 가정해봅시다. 그런데 물가 수준이 여전히 높은 상태라면 연준은 쉽게 금리를 내릴 수 없습니다. 왜냐하면 물가가 안정되지 않은 상황에서의 금리 인하는 다시 인플레이션이 재점화될 수 있는 위험을 안고 있기 때문입니다.

이 경우 연준은 '경기가 둔화하는데도 금리를 내릴 수 없는' 딜레마에 빠지게 되고 그 결과 경기 둔화의 폭은 더 깊어질 수 있습니다. 반면 물가가 이미 안정된 상태라면 연준은 훨씬 유연한 대응이 가능해집니다. 노동시장이 둔화하더라도 '정책 선물'로서 금리 인하를 통해 시장을 다시 부양할 수 있는 여지를 갖게 되죠.

이처럼 경기 확장기 이후 구간에서는 '물가가 얼마나 빨리 안정되느냐'가 연준의 통화 정책 여력을 결정짓고 나아가 향후 경기 흐름과 투자자 심리의 방향성까지 좌우하게 됩니다.

즉 단기금리가 상승하기 시작한 확장기 이후 구간에서 우리가 가장 먼저 확인해야 할 것은 "물가 안정이 될 수 있는가?"입니다. 바로 이 지점이 포착되는 순간 확장기 이후 복잡한 매크로 흐름 속에서 다음 투자 타이밍을 결정짓는 핵심 분기점이 됩니다.

이를 위해서는 도대체 '물가 안정'이 무엇인지 알아야 합니다.

많은 사람이 오해하는 개념, '물가 안정'의 진정한 의미

우리는 흔히 "물가가 안정되었다."라는 말을 들으면 "CPI가 2% 근처로 내려왔다."라거나 "물가 수치가 낮아졌다."라는 식으로 단순히 수치 자체만 떠올리곤 합니다. 하지만 경제학에서 말하는 '물가 안정(inflation stability)'은 단순한 수치가 아니라 사람들의 기대 심리가 고정되어 있는 상태를 의미합니다.

정확히 말해 '물가 안정'은 경제 주체들이 물가를 신경 쓰지 않아도 될 정도로 향후 물가 흐름이 예측 가능하고 안정적이라고 믿는 상태를 말합니다. 즉 물가가 약간 오르더라도 그것이 예측 가능한 범위 내에 있다면 사람들의 의사결정에는 큰 영향을 미치지 않는 것이죠.

예를 들어 현재 CPI가 4%라고 하더라도 사람들이 "이건 일시적이고 머지않아 2~3% 수준으로 안정될 거야."라고 믿고 있다면 기대 심리가 안정적으로 형성되어 있어 물가가 안정될 가능성이 큽니다. 반면 CPI가 2%인데도 "앞으로 물가가 다시 치솟을 것 같아."라는 불안감이 퍼져 있다면 시장은 오히려 물가 불안정 상태로 인식하게 됩니다. 핵심은 수치가 아니라 '믿음'과 '예측 가능성'입니다.

이런 심리를 판단하는 가장 대표적인 지표가 바로 기대인플레이션입니다. 예를 들어 10년 기대인플레이션이 2.0%로 유지된다면 사람들은 매년 2%씩 물가가 오를 것이라고 예상하고 이는 장기적으로 의사결정에 큰 영향을 미치지 않는 범위로 간주됩니다. 반면 기대인플레이션이 3% 이상으로 올라가면 사람들은 "물가가 너무 빨리 오르고 있어. 소비를 앞당기자."라거나 "지금 미리 투자하지 않으면 화폐 가치가 떨어질 거야."라는 반응을 보이기 시작하고 이때부터는 경제가 불안정해집니다.

실제로 한국은행 《이슈노트(23-20호)》에 따르면 한국의 경우 기대인플레이션이 2.6% 이상이 되면 소비자들의 물가 관심도가 급격히 증가하고 미국은 약 3.5% 수준에서 그런 경향이 나타납니다. 이 말은 곧 기대인플레이션이 특정 임계치를 넘어서면 물가가 경제 주체의 행동에 영향을 미치기 시작한다는 의미입니다.

따라서 중앙은행은 이 '기대 심리'를 안정시키기 위해 물가안정목표제(Inflation Targeting)를 사용합니다. 미국 연준(Fed)은 대표적으로 "우리는 물가를 연 2%로 유지하겠다."라고 공언하고 있죠. 이 2%라는 수치는 절대적 기준이라기보다 사람들이 연준의 정책을 신뢰할 수 있도록 만들어주는 '신호'입니다. 다시 말해 이 수치가 중요한 것이 아니라 "연준은 결국 물가를 잡을 수 있다."라는 믿음이 유지되느냐가 핵심입니다.

예를 들어 CPI가 4~5%로 치솟더라도 사람들이 "연준이 물가를 곧 잡을 거야."라고 생각하면 시장은 크게 동요하지 않습니다. 하지만 CPI가 2%인데도 "이거 물가가 다시 오를 거 같은데…."라는 불안감이 생기면 시장은 이미 불안정한 상태에 접어든 것입니다.

이처럼 '물가 안정'은 낮은 수치 자체가 아니라 그 수치를 바라보는 사람들의 기대와 심리에 의해 결정되는 개념입니다. 그리고 이 기대심리를 지키기 위해 중앙은행은 '신뢰'를 바탕으로 금리 인상, 긴축 메시지, 필요하다면 '깜짝 금리 인상' 등 다양한 정책 수단을 동원합니다.

이때 중요한 점은 중앙은행이 통제할 수 있는 것이 '수요측 인플레이션'이라는 사실입니다. 예를 들어 중동에서 전쟁이 일어나 유가가 급등한다면 이는 '공급측 요인'에 해당합니다. 이런 경우 금리를 아무리 올려도 물가는 잡히지 않으며 오히려 경제만 망칠 뿐입니다. 그래서 공급발 물가 충격에 대한 중앙은행의 대응은 제한적입니다. 반면 사람들이 과도한 소비를 하거나 임금 인상이 수요를 자극하면서 생긴 인플레이션이라면 이때는 통화 정책으로 물가를 잡을 수 있습니다.

그래서 미국 연준이 선호하는 물가지표는 PCE(Personal Consumption Expenditures)인데 이는 일시적이고 변동성 높은 품목을 제외한 '수요측 중심'의 물가 흐름을 보여주기 때문입니다. 통화 정책의 유효성은 결국 이 '수요 인플레이션'을 얼마나 통제하느냐에 달려 있고 이는 장기 기대인플레이션의 안정 여부와도 직결됩니다.

마지막으로 CPI는 실제 생활에서 체감하는 물가에 가깝기 때문에 많은 사람들이 주목하는 지표이며 중앙은행도 시장 심리를 파악할 때 중요한 보조지표로 활용합니다. 하지만 정책 결정의 기준은 '현재 수치'가 아니라 "사람들이 그것을 어떻게 인식하고 있는가?"에 있다는 점을 반드시 기억해야 합니다.

실전 전략: 기대인플레이션을 체크하라

2022년 당시 CPI는 9%를 넘으며 역사적 고점 수준까지 치솟았지만 이는 전쟁, 유가 급등, 공급망 붕괴 등 외부 공급발 요인이 주요 원인이었기 때문에 통화 정책만으로는 잡기 어려운 부분이 있었죠. 그럼에도 연준이 75bp라는 이례적으로 강력한 금리 인상을 단행한 이유는 단 하나, 기대인플레이션 안정화를 위해서였습니다.

왜 이것이 중요할까요? 바로 2차 파급효과 때문입니다. 2차 파급효과는 물가 상승 자체보다 사람들이 앞으로도 물가가 계속 오를 것이라고 믿기 시작하면서 나타나는 부작용입니다. 임금 인상 요구가 커지고 기업은 이를 가격에 반영하고 소비자도 미래 물가 상승을 우려해 소비를 앞당기고 과소비·과잉저축이 반복됩니다. 이때부터는 물가 자체보다 '심리'가 문제를 키우기 시작하죠. 이 기대 심리가 고착되면 인플레이션이 더 구조화되고 중앙은행이 통제하기 훨씬 더 어려워집니다.

그래서 연준은 단기적인 물가 수치보다 '기대인플레이션'이라는 심리를 먼저 잡아야 했습니다. 일시적 공급 충격이라고 하더라도 사람들이 그 충격을 '영구적 인플레이션'으로 받아들이는 순간 시장은 걷잡을 수 없이 흔들리기 때문입니다. 이러한 이유로 연준은 "우리는 물가를 반드시 통제할 수 있다."라는 신호를 시장에 보내기 위해 강력한 금리 인상 카드를 꺼낸 것입니다.

이 시점에서 투자자가 반드시 주목해야 할 지표는 바로 '기대인플레이션 차트'입니다. 만약 CPI는 여전히 높은데도 기대인플레이션이 하락하고 있다면 이는 시장이 '연준은 결국 물가를 잡을 수 있을 것'이라고 믿기 시작했다는 신호입니다. 이 경우 연준은 더 이상 공격적으로 금리를 인상할 필요가 없어지고 주식시장에서는 본격적인 매수 타이밍이 열릴 수 있습니다.

반대로 기대인플레이션이 다시 오르고 있다면 시장은 "정책이 실패할 수도 있다."라고 의심하기 시작한 것이며 이는 정책 불신이 여전히 남아 있는 불안정한 국면이라는 뜻입니다. 이럴 때는 주식시장도 민감하게 반응하기 때문에 신중히 대응해야 합니다.

10년간 기대인플레이션으로 파악하는 물가 안정과 불안정 구간

출처: FRED

실제로 2022년 초반 기대인플레이션이 급등하며 2.9%에 근접하자 나스닥 지수는 고점을 찍고 급격히 하락했습니다. 시장은 "물가가 계속 오를 수도 있다."라는 불안에 휩싸였고 연준이 금리를 훨씬 더 공격적으로 올릴 것이라는 두려움이 커졌습니다.

그런데 2022년 하반기부터는 조금씩 변하기 시작합니다. 기대인플레이션이 점진적으로 하락하며 2.5% 아래로 내려오는 구간이 나타났고 이때부터 나스닥은 조정을 마무리하고 다시 반등의 흐름을 타기 시작합니다. 이 구간이 바로 투자자가 주목해야 할 지점입니다. 물가 자체가 안정된 것이 아니라 물가에 대한 '기대'가 안정되기 시작했다는 것이 핵심입니다.

시장 참여자들이 "연준은 물가를 통제할 수 있을 것 같다."라는 믿음을 갖게 되면 그 순간부터는 CPI가 4~5% 수준이더라도 주식시장은 선제적으로 움직이기 시작합니다. 왜냐하면 이 구간에서는 금리 인상

사이클이 종료될 가능성이 커지고 '통화 정책의 유연성 회복 → 시장의 리스크 선호 회복'으로 이어지기 때문입니다.

실제 차트에서도 기대인플레이션이 2.5% 아래로 안착한 시점 이후 나스닥은 추세적 반등을 시작했습니다. 이후에도 기대인플레이션이 2.0~2.5% 사이에서 안정적으로 유지되는 동안 나스닥은 비교적 탄탄한 상승 흐름을 이어갔고 중간중간 흔들림은 있어도 뚜렷한 하락 전환은 없었습니다.

특히 기대인플레이션이 2.0~2.5% 범위에서 꾸준히 움직이면 시장은 물가 통제가 가능하다는 믿음을 형성하고 통화 정책 완화 기대감이 커지며 주식시장 반등의 기반이 마련됩니다. 그래서 중장기적 매수 타이밍을 찾는 투자자라면 단기 CPI 수치보다 '기대인플레이션이 안정되는 흐름'을 먼저 포착하는 것이 핵심입니다. 즉 장기 기대인플레이션 차트를 통해 우리는 단순히 물가 수치(CPI)의 고점·저점을 쫓는 것이 아니라 시장 심리가 어떻게 변하고 있는지를 시각적으로 확인할 수 있으며 정책 대응의 방향과 그에 따른 투자자 심리의 전환점을 미리 읽어낼 수 있는 실전 지표로 활용할 수 있는 것입니다.

결국 핵심은 물가 안정은 단순히 CPI 수치가 낮아졌다는 의미가 아니라는 것입니다. 핵심은 사람들이 앞으로 물가가 통제될 것이라고 믿는 상태, 즉 기대 심리가 안정된 상황을 말합니다. 기대인플레이션이 안정적이면 연준은 통화 정책에 여유가 생기고 투자자도 정책 방향을 더 쉽게 예측할 수 있습니다. 결국 기대인플레이션이 안정되기 시작하는 그 '전환점'을 포착하는 것이 다음 투자 사이클의 매수 타이밍을 결정짓는 핵심이 됩니다.

核심 정리

불확실성 시대의 투자 원칙

경기 확장기 이후의 시장은 예측하기 가장 어려운 구간입니다. 경제지표는 여전히 양호하지만 금리 인상과 물가 불안이라는 복합적인 요인이 동시에 작용하면서 투자자들은 낙관과 비관 사이를 끊임없이 오가게 됩니다. 이 시기부터는 단순히 수치만 바라보는 것이 아니라 시장 참여자들이 어떤 시나리오를 믿고 있는지부터 먼저 파악하고 그것이 얼마나 합리적인지 자신의 관점에서 검토하는 분석력이 중요해집니다.

이러한 흐름 속에서 특히 주목해야 할 지표는 바로 '기대인플레이션'입니다. 기대인플레이션은 단순한 물가 수준이 아니라 시장이 향후 물가 흐름을 어떻게 예측하고 있는지를 보여주는 심리적 지표입니다. 이 수치가 일정 수준 이상으로 오르면 시장은 다시 인플레이션이 고개를 들 수 있다고 우려하게 되고 반대로 기대인플레이션이 하락하며 2.0~2.5% 사이에서 안정적으로 유지된다면 물가 통제가 가능하다는 믿음이 확산되며 통화 정책의 유연성 회복과 주식시장 반등으로 이어질 수 있습니다.

결국 이 시점에서 투자자에게 가장 필요한 것은 '기대인플레이션 심리가 어떻게 움직이고 있는가'를 정확히 읽어내는 능력입니다. 기대인플레이션이 하락 전환하는 순간은 단순한 수치가 아닌 심리의 전환점이며 이는 향후 금리 정책의 변화와 시장 리스크 선호의 회복, 그리고 본격적인 매수 타이밍으로 이어질 수 있는 결정적 힌트를 제공합니다.

이처럼 물가 안정은 CPI가 낮아졌다는 사실 자체가 아니라 '물가가 앞으로 안정될 것'이라는 기대심리가 자리잡는 상태를 의미합니다. 그러므로 확장기 이후의 복잡한 매크로 환경 속에서 우리는 단지 데이터를 확인하는 수준에 머물지 않고 시장의 심리 구조를 먼저 이해하고 판단할 수 있는 투자자가 되어야 합니다. 이것이 바로 다음 사이클의 투자 타이밍을 정확히 포착하는 데 가장 중요한 전제 조건입니다.

· 5장 ·
둔화 국면
| 침체로 갈까, 다시 회복할까? |

2022년까지 세계 경제를 강타했던 인플레이션의 불길은 2023년 접어들며 서서히 진정되기 시작했습니다. 미국 소비자물가지수(CPI)는 2022년 6월 +9.1%라는 40년 만의 최고치를 기록한 이후 2023년 말에는 3%대 초반까지 하락했습니다. 에너지 가격의 안정과 공급망 병목 현상의 완화 그리고 연준의 고강도 긴축 정책이 본격적인 효과를 내기 시작한 것입니다. 물가는 안정되는 조짐을 보였지만 그 대가로 경제 전반의 열기가 빠르게 식어갔습니다. 소비는 둔화되고 기업투자도 위축되었으며 제조업은 수요 감소로 마이너스 성장 구간에 진입했습니다.

그럼에도 불구하고 미국 경제는 절묘한 균형 위에 놓여 있었습니다. 경기 침체가 임박했다는 경고가 지속적으로 나왔지만 실제 지표를 보면 '생각보다 강한 미국'이라는 표현이 어색하지 않을 정도로 견고한 흐름이 이어졌습니다. 실업률은 한 해 내내 3.5% 안팎을 유지했고 비농업 고용자 수는 시장 기대를 상회하며 꾸준히 증가했습니다. 경기 둔화를 알리는 신호들은 분명히 있었지만 본격적인 침체라고 부를 만한 증거는 드물었죠. 이 때문에 투자자들 사이에서는 "연착륙으로 마무리될 것인가, 아니면 지연된 경착륙인가?"라는 질문이 끊이지 않았습니다.

이러한 상황 속에서 연준은 2023년 중반부터 기준금리를 5.25~5.50% 수준으로 고정한 채 장기 동결 기조를 유지했습니다. 제롬 파월 의장은 "인플레이션이 목표치인 2%에 확실히 근접하기 전까지는 금리를 내릴 수 없다."라는 입장을 고수했지만 시장은 2024년 중반부터 연준이 금리 인하를 시작할 것이라는 기대감을 점점 키워나갔습니다. 그리고 결국 2024년 6월 연준은 첫 금리 인하를 단행했고 이는 공식적으로 긴축 사이클의 종료를 의미하는 분기점이 되었습니다.

하지만 시장은 금리 인하를 단순히 긍정적으로만 받아들이진 않았습니다. 한쪽에서는 "이제 유동성이 돌아온다."라며 환호했고 다른 한쪽에서는 "연준이 금리를 내리기 시작했다는 것은 오히려 경기 상황이 심각하다는 뜻 아니냐?"라는 우려가 제기되었습니다. 연준의 피벗(pivot)이 오히려 새로운 불확실성을 만들어낸 셈이었습니다.

실제로 2023년부터 2024년 중반까지의 시장은 '기대'와 '경계'가 얽힌 복잡한 흐름을 보였습니다. 인공지능(AI) 열풍을 중심으로 한 기술주가 시장을 주도하면서 S&P 500과 나스닥은 빠르게 반등했고 엔비디아·마이크로소프트·테슬라와 같은 '메가캡' 기술주들이 강한 랠리를 이끌었습니다. 이러한 주가 상승은 전반적인 회복을 의미한다기보다 오히려 소수 섹터에 과열이 집중된 국지적 반등에 가까웠습니다. 반면 중소형주나 전통산업은 상대적으로 부진했고 주식시장은 섹터별로 극심한 온도차를 보였습니다.

채권시장도 비슷한 흐름을 보였습니다. 10년물 미국 국채 금리는 2023년 하반기 한때 5%에 근접했지만 인플레이션 둔화와 금리 인하 기대감이 확산되며 2024년 상반기 4% 이하로 내려갔습니다. 금 가격은 연초 대비 큰 폭으로 상승해 온스당 2,000달러를 돌파했고 이는 안전자산에 대한 수요와 함께 연준의 완화적 기조 전환 기대가 반영된 결과였습니다. 달러화는 2022년 고점을 기준으로 완만한 약세 흐름을 보였지만 지정학적 리스크가 불거질 때마다 다시 강세로 전환되는 등 뚜렷한 방향성을 잡지 못하는 모습을 보였습니다.

한편 실물지표에서는 특이한 불균형이 나타났습니다. 소비자 지출 증가율은 점점 둔화했고 기업투자도 정체 상태에 들어섰지만 고용은 여전히 견고한 수준을 유지했습니다. 다만 2023년 말부터 미국의 주간 실업수당 청구 건수가 완만하게 증가하기 시작하면서 고용시장의 체력도 서서히 약해지고 있다는 분석이 제기되었고 투자자들은 "이제 정말 침체가 시작되는 것 아니냐?"라는 우려의 시선으로 경제지표를 바라보기 시작했습니다.

요컨대 이 시기는 시장 참여자들이 '수치' 자체보다 그 이면의 의미와 균형에 더 민감하게 반응하기 시작한 전환점이었습니다. 물가가 빠르게 오르던 2022년과 달리 2023년부터는 물가가 점진적으로 안정세에 접어들면서 시장의 시선은 고용으로 옮겨가기 시작했습니다. 이제 "인플레이션은 잡히는 것 같은데 그 대가로 고용과 소비가 무너지지 않을까?"라는 우려가 커졌던 것입니다.

이런 상황에서 연준은 소폭의 금리 인하를 통해 경기 둔화를 방어하려는 움직임을 보이는 동시에 "지나친 완화는 다시 물가를 자극할 수 있다."라는 경계심을 늦추지 않았습니다. 다시 말해 경기 둔화를 막기 위한 금리 인하가 오히려 인플레이션을 다시 자극하는 것 아니냐는, 이른바 '물가와 고용 사이의 미묘한 균형' 속에서 끊임없이 해석을 바꾸며 반응하고 있었던 것입니다.

그 결과 같은 경제지표조차 시장이 어느 변수에 더 주목하느냐에 따라 정반대 반응을 끌어내곤 했습니다. 소비자물가지수(CPI)가 낮게 나와도 "금리 인하의 여지가 생겼다."라는 기대감으로 주가가 반등할 수도 있었고 반대로 "소비자물가지수가 낮게 나온 것이 수요 부진 때문이라면 오히려 침체가 본격화되는 것 아니냐?"라는 불안감으로 주가가 하락하기도 했습니다.

이처럼 시장의 시선이 고정된 하나의 변수에 머물지 않고 상황에 따라 해석의 축이 이동하는 시기였다는 점에서 이 과도기는 단순한 '수치 해석'을 넘어선 심리적 전환 구간이었다고 할 수 있습니다.

바로 이 시점이 매크로 투자자에게 가장 중요한 국면이 되었습니다. 단순한 수치가 아니라 시장이 그 수치를 어떻게 '읽고' '반응'하는지를 관찰하는 것이 무엇보다 중요해졌기 때문입니다. 이 시기의 투자 전략은 수치 자체를 해석하는 것이 아니라 금리·환율·금·주식 간의 흐름을 종합적으로 바라보는 프레임을 갖고 있어야만 가능한 일이었습니다.

다음 장에서는 이러한 불확실성 속에서 시장 참여자들이 경제지표를 어떻게 해석하는지, 그리고 투자자들이 어떤 데이터를 중심으로 판단을 내려야 하는지를 더 구체적으로 살펴보겠습니다.

정답보다 시장의 해석이 왜 중요한가?

경제 사이클이 확장기의 정점에 이르면 성장세가 서서히 둔화하는 국면에 들어섭니다. 투자자 입장에서는 "앞으로 경기가 다시 살아날까, 아니면 완전히 식어버릴까?" 기로에 서게 되죠. 이 사이클 말기, 둔화 국면 이후 경기의 향방은 보통 두 갈래로 전개됩니다.

▎경기 둔화 국면에 접어들 때 금리 인상에 대한 시장의 두 가지 해석

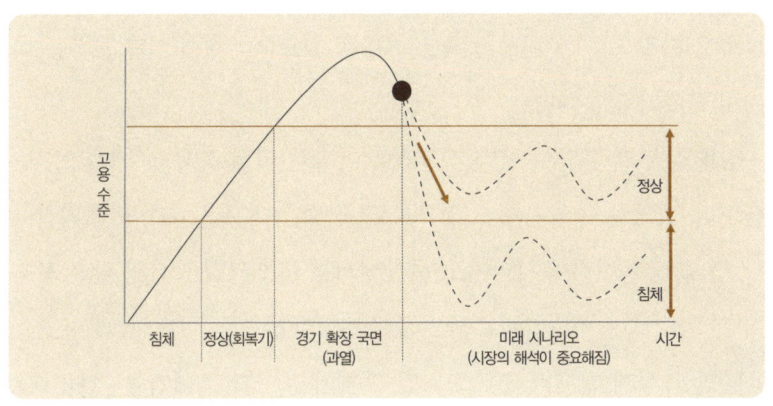

출처: 자체 제작

첫 번째 경로는 경기 침체입니다.

특히 물가가 높은 상황에서 중앙은행이 금리를 내릴 수 없는 경우 이 가능성이 커집니다. 일반적으로 금리 인하는 경기를 되살리는 강력한 수단이지만 물가가 안정되지 않은 상태에서 금리를 내리는 것은 불을 키우는 과오가 될 수 있기 때문입니다. 결국 중앙은행은 '성장을 포기하더라도 물가를 잡아야 한다'라는 입장에 서게 됩니다.

이때 선택지는 명확합니다. 물가가 확실히 내려올 때까지 금리를 동

결하거나 심지어 더 올리는 정책을 유지해야 하죠. 그 과정에서 기업 투자와 소비가 위축되고 민간 경제는 점점 마모됩니다. 그리고 마침내 성장이 무너지면서 경제는 '둔화기'를 거쳐 침체기로 접어드는 구조가 만들어지는 것입니다.

특히 이런 고물가·고금리 구간에서는 자금력이 약한 중소기업부터 먼저 흔들립니다. 대기업은 자본 여력이 있어 어느 정도 버틸 수 있지만 이자 부담이 큰 중소기업은 자금조달이 어려워지고 매출까지 감소하면 생존 자체가 위협받게 되죠. 이럴 때 정부가 취약계층이나 특정 산업을 타깃으로 한 재정 정책을 꺼내들기도 합니다. 하지만 문제는 여기서 끝나지 않습니다.

정부의 부채 부담이 이미 커진 상황이라면 재정 정책조차 제약을 받습니다. 이제는 중앙은행도 정부도 적극적인 대응을 하기 어려워집니다. 결국 정책 여력이 사라지고 시장에서는 중소기업 도산과 같은 충격이 현실로 나타나며 침체로 빠져들게 됩니다.

다만 그렇게 침체가 본격화되면 그제야 물가가 꺾이기 시작합니다. 수요가 위축되면서 인플레이션 압력이 낮아지고 그러면 비로소 중앙은행이 금리 인하를 검토할 수 있는 여건이 만들어집니다. 즉 "경기가 완전히 꺾이고 나서야 금리 인하의 길이 열린다."라는 구조가 생기는 거죠.

이처럼 높은 물가와 낮은 성장이 동시에 나타나는 현상을 '스태그플레이션(Stagflation)'이라고 부릅니다. 이는 투자자 입장에서 가장 어려운 국면 중 하나입니다. 경기가 나쁘니 기업 이익도 감소하고 물가가 높다 보니 통화 정책 여지도 없습니다. 주식과 채권 모두 성과가 부진해지기 쉬운 환경이죠. 반면 금이나 원자재 같은 실물자산은 상대적으로 빛을 보는 시기입니다. 경기 둔화에도 불구하고 화폐 가치 하락에 대한 헤지 수요로 인해 오히려 수요가 늘어나니까요.

실제로 이런 시기에는 많은 투자자들이 포트폴리오에서 금 비중을 늘리거나 현금 흐름이 안정적인 자산군으로 리밸런싱하는 전략을 택하게 됩니다. 무엇보다 중요한 것은 이 시나리오는 '정책이 아무것도 해줄 수 없는 시기'라는 점에서 가장 조심해야 할 국면이라는 것입니다.

두 번째 경로는 일시적인 둔화를 거친 후 빠르게 회복기로 진입하는 경우입니다.

흔히 이것을 연착륙(Soft Landing)이라고 부릅니다. 이 시나리오가 가능한 전제는 명확합니다. 물가가 이미 안정되었다면 중앙은행은 금리를 내릴 수 있고 정부도 경기 부양을 위한 재정 지출을 실행할 수 있습니다. 즉 정책 여력이 충분한 상황에서는 경기가 일시적으로 둔화하더라도 큰 침체 없이 다시 회복될 수 있다는 의미입니다.

주로 물가 하락 지표가 보이면서 단기금리 하락, 금 하락, 달러 하락이 보이거나 고용 지표가 양호하게 발표되면서 금 하락, 달러 하락이 보일 때 회복기의 시그널을 읽곤 합니다.

실제로 이 시점은 확장기의 과열이 끝나고 고금리 부담으로 경기 둔화가 나타나는 구간입니다. 고용과 물가 모두 둔화되기 시작하는데 여기서 가장 중요한 것은 물가 안정 여부입니다.

물가가 이미 안정되었다면 설령 고용이 둔화되더라도 경기 침체로 직행할 필요가 없습니다. 중앙은행은 금리를 내릴 여지가 생기고 정부도 부양책을 쓸 수 있기 때문입니다. 물가 하락 지표가 확인되면 시장은 곧바로 '금리 인하 가능성'을 반영하며 단기금리가 내려가고 침체의 위기는 완화되며 경기 회복 기대감이 강해집니다.

이 구간에서는 실적도 개선되고 상황에 따라 유동성 증가도 나타날 수 있습니다. 결국 우리가 확장기 이후 경기 둔화 구간에서 판단해야 할 핵심은 '침체로 갈 것인가, 회복으로 반등할 것인가?'라는 질문입니다.

하지만 현실은 간단하지 않죠. 이 시점에서는 아무도 미래를 정확히 예측할 수 없습니다. 그래서 더 중요한 것은 '정답'을 찾는 것이 아니라 지금 시장은 무엇을 믿고 있는지 그리고 그 심리가 한쪽으로 너무 쏠리지는 않았는지 읽는 능력입니다. 만약 시장이 지나치게 침체를 두려워하고 있다면 너무 저렴하게 팔려 나오는 자산이 있을 수 있습니다. 반대로 시장이 회복을 지나치게 낙관하고 있다면? 거품이 낀 자산들이 포진해 있을 수도 있죠. 이럴 때 중요한 것은 정확한 예측이 아니라 시장의 심리를 해석하고 냉정히 대응하는 능력입니다. 지금 시장이 무엇을 두려워하고 무엇에 들떠 있는지부터 먼저 읽고 나서 그 분위기 속에서 실제 자산의 내재 가치와 괴리가 얼마나 벌어져 있는지 비교해보는 것이죠. 만약 과열된 자산이 보인다면 일부 차익을 실현하거나 방어적 포지션으로 조정하고 반대로 과도하게 저평가된 자산이 있다면 서서히 분할매수로 접근하는 전략이 효과적입니다.

저는 이때 시장의 심리와 내재 가치를 평가하기 위해 1장에서 배운 가치평가와 멀티플 분석 방법론을 활용합니다. 또한 4부에서 다룰 'VIX 지수', '공포·탐욕 지수'와 같은 지표들도 함께 참고해 단기적으로 시장이 과도하게 낙관하거나 비관에 빠졌는지 체크하는 데 적극적으로 사용합니다.

이처럼 경기 둔화 구간에서는 미래의 경제를 예측하려고 애쓰기보다 지금 시장이 어떻게 움직이고 있는지를 해석하고 그에 맞게 유연하게 대응하는 능력이 훨씬 중요합니다. 이 개념을 정확히 이해하고 있어야만 둔화기의 혼란 속에서 살아남고 기회를 잡을 수 있는 투자자의 기본기를 갖췄다고 말할 수 있습니다.

둔화기의 특징: 같은 지표도 해석이 엇갈린다

앞에서 우리는 경기 둔화 국면에서 중요한 것은 예측이 아니라 해석이라는 점을 강조했습니다. 시장은 단순히 수치가 좋았느냐 나빴느냐보다 그 수치를 어떻게 해석하느냐에 따라 움직입니다. 그렇다면 이런 의문이 생깁니다.

"시장은 도대체 무엇을 보고 그렇게 해석하는 걸까?"

바로 여기서 경제지표의 중요성이 등장합니다. 시장은 매일 발표되는 수많은 지표들 중 일부에 강하게 반응합니다. 어떤 날은 고용지표 하나가 주식시장을 출렁이게 만들고 또 어떤 날은 물가지표 하나로 금리와 환율이 요동치기도 하죠. 즉 수치로 표현된 경제지표 하나하나가 시장의 심리를 구성하는 핵심 재료가 됩니다.

하지만 중요한 점은 시장이 모든 지표에 똑같이 반응하지 않는다는 것입니다. 예를 들어 시장이 물가에 주목하는 시기라면 CPI가 조금만 높게 나와도 금리가 급등하고 주식이 하락하는 전형적인 매크로 반응이 나타납니다. 반면 시장이 성장 둔화를 더 걱정하는 시기에는 같은 CPI 수치에도 반응이 미미할 수 있습니다.

이처럼 같은 데이터도 시장의 '관심사'에 따라 해석이 달라진다는 것이 핵심입니다. 그래서 경제지표를 읽기 전에 가장 먼저 해야 할 질문은 이것입니다.

"지금 시장은 무엇을 가장 걱정하고 있는가?"

다양한 경제지표의 발표 시점과 주요 해석 포인트

	지표명	발표 시점	주요 해석 포인트
고용	비농업고용지수(NFP)	매월 첫째 금요일	고용자 수, 임금 상승률, 주당 근로시간, 실업률 → 경기 국면(둔화·정상·과열) 판단
	실업수당청구건수	매주 목요일	주간 고용 흐름, 실직 증가 여부 → 경기 둔화의 조기 신호
물가	소비자물가지수(CPI)	매월 중순	물가 상승률, 근원 인플레이션 흐름 → 긴축 지속 가능성, 금리 방향성
	생산자물가지수(PPI)	매월 중순	기업 측 물가 압력 → 생산비용 상승이 소비자물가로 전이되는지 판단
	개인소비지출지수(PCE)	매월 말	소비자 지출 기반, 수요측 물가 흐름 확인
심리	ISM 제조업지수(PMI)	매월 1일	제조업 경기 체감 → 경기 선행 지표, 반등 전환 신호 포착 등
	ISM 서비스업지수	매월 초	서비스업 경기 체감 → 내수·고용 연관 심리 확인

출처: Investing.com, 자체 제작

- 만약 시장이 경기 둔화를 걱정하고 있다면? → 고용지표, 실업수당 청구 건수, 소매판매지수에 민감합니다.
- 시장이 물가 상승을 가장 우려하고 있다면? → CPI, PCE, 기대인플

레이션에 반응합니다.
- 경기보다 심리 회복이 중요하다면? → ISM 제조업·서비스업지수에 집중합니다.

하지만 여기서 끝이 아닙니다. 시장이 어떤 지표에 주목하고 있는지 파악했다면 그다음 단계는 "그 지표가 발표된 후 실제 금융시장은 어떻게 반응했는가?"를 확인하는 것입니다.

많은 사람들이 '데이터'만 보고 해석하려고 하지만 매크로 투자에서 정말 중요한 것은 그 수치 자체보다 시장 참여자들이 그 수치를 어떻게 해석했느냐입니다. 같은 CPI 수치라도 시장이 이를 물가 안정을 의미하는 신호로 받아들였는지, 아니면 인플레이션 재확산에 대한 경고로 해석했는지는 전혀 다른 결과를 가져오기 때문입니다.

이처럼 매크로 투자에서는 수치 그 자체보다 더 중요한 것이 바로 그 수치에 대한 '시장의 해석'입니다. 같은 고용지표라도 어떤 시기에는 침체 가능성의 경고로 받아들여지고 또 어떤 시기에는 정책 전환의 신호로 해석되며 오히려 호재가 되기도 합니다. 따라서 데이터를 읽을 때는 반드시 금융시장의 실제 흐름도 함께 봐야 합니다.

"지표는 이렇게 나왔는데 시장은 왜 이렇게 움직였을까?"

이 질문을 던지는 것이야말로 단순한 수치 해석을 넘어선 진정한 매크로 투자자의 사고방식입니다.

실전 전략: 금리·환율·자산 가격의 종합 해석법

앞에서 우리는 경제지표 발표 이후 시장이 그것을 '어떻게 해석하느냐?'가 실제 자산 가격에 더 큰 영향을 미친다는 점을 살펴봤습니다. 이는 매크로 투자에서 가장 중요한 관점 중 하나입니다. 같은 지표라도 시장이 주목하는 포인트에 따라 호재가 되기도 하고 반대로 악재로 작용할 수도 있기 때문입니다.

예를 들어 경기 확장기의 후반으로 갈수록 연준의 금리 인상 효과가 누적되며 경제는 서서히 둔화되기 시작합니다. 이 시점부터는 데이터 자체보다 "이제 시장은 이 수치를 어떻게 해석할 것인가?"가 훨씬 더 중요한 이슈로 떠오릅니다.

이 구간에서 주목할 점은 단 하나의 경제지표를 보고도 시장의 해석이 극단적으로 갈릴 수 있다는 것입니다. 어떤 투자자는 "물가가 잡히고 있으니 이제 금리를 내릴 수 있다."라고 낙관하는 반면 또 다른 투자

▎경기 확장 국면에 접어들 때 금리 인상에 대한 시장의 세 가지 해석

출처: 자체 제작

자는 "금리 인상 여파로 이제 본격적인 침체가 시작될 것이다."라고 우려하죠.

이처럼 확장기 후반에서 경기 방향이 전환되는 구간에서는 시장의 전망이 복잡하게 분화됩니다. 위 도표를 보시면 그 상황을 직관적으로 이해할 수 있습니다.

경기가 확장기 정점에 도달한 이후 시장이 미래를 어떤 방식으로 해석하느냐에 따라 완만한 정상화, 침체 전환, 과열 재진입이라는 서로 다른 경로로 갈라질 수 있음을 보여줍니다. 바로 이 지점에서 '시장의 해석'이 중요해지는 이유입니다. 예를 들어 단순히 고용이 둔화했다는 사실만으로 "이제 침체기다."라고 단정할 수는 없습니다. 고용 부진이 침체 수준이라기보다 그동안 과열되었던 고용시장이 정상화되는 과정에서 나타나는 현상일 수도 있기 때문이죠. 그리고 이때의 고용 둔화가 일시적인 조정인지, 구조적 하락의 시작인지, 정책 전환의 전조인지에 따라 시장은 전혀 다른 방향으로 반응할 수 있습니다.

그렇다면 투자자는 이 시점에서 어떤 프레임으로 시장을 바라봐야 할까요? 이런 국면에서는 시장 해석이 갈리기 쉽고 전망도 혼재되어 있어 해석하기 쉽지 않습니다. 하지만 그럴수록 향후 나타날 수 있는 시나리오들을 최대한 체계적으로 정리해 고민해보는 작업이 중요합니다.

대표적으로 단기금리, 장기금리, 금 가격, 달러 흐름 등을 종합적으로 살펴보며 시장이 현재 어떤 시나리오를 반영하고 있는지 읽어내는 것이 필요합니다. 그리고 이를 기반으로 향후 주식시장 전망까지도 가늠해볼 수 있습니다.

우선 과열 국면에서 점점 '둔화'로 전환되는 과정에서는 시장이 매우 민감하게 반응하기 때문에 이 시기를 해석할 때는 '물가'와 '경기'라는 두 가지 축을 기준으로 시나리오를 나눠보는 것이 효과적입니다.

- **시나리오 1**: 물가 하락 + 경기 양호 → 정상화 기대, 위험자산 강세
- **시나리오 2**: 물가 하락 + 경기 둔화 → 침체 우려, 방어적 자산 선호
- **시나리오 3**: 물가 보합 + 경기 둔화 → 구조적 침체 경계
- **시나리오 4**: 물가 보합 + 경기 양호 → 방향성 약한 중립 국면
- **시나리오 5**: 물가 상승(경기 무관) → 긴축 재개 우려, 스태그플레이션 경계

이러한 시나리오가 각각 현실화될 경우 각 자산(금리, 달러, 금, 주식 등)이 어떻게 반응할지 추론해보는 것입니다.

확장기 이후 물가와 경기에 따른 시장 시나리오

시나리오	주요 해석	단기금리	장기금리	금 가격	달러	주식시장
1. 물가↓ + 경기 양호 '정상화 기대'	긴축 종료 기대 + 성장 유지	↓	↘/→	↓	↓	↑
2. 물가↓ + 경기 둔화 '침체 우려'	디플레이션 + 성장 둔화 경계	↓↓	↓↓	↑	혼조	↓ 또는 혼조
3. 물가→ + 경기 양호 '중립 구간'	방향성 모호, 관망세	→	→/↗	→	→	박스권, 종목 차별화
4. 물가→ + 경기 둔화 '구조적 침체 경계'	정책 여력 부족 + 성장 둔화	↘	↓↓	↑	↗/혼조	뚜렷한 약세 압력
5. 물가↑ (경기 무관) '긴축 재개 · 스태그플레이션 경계'	긴축 재개 우려	↑↑	↑ 또는 혼조	↓ 또는 혼조	↑	↓ 강한 조정 가능성

출처: 자체 제작

시나리오 1: 물가 하락 + 경기 양호 → '정상화' 기대, 위험자산 강세

이 시나리오는 투자자들이 가장 선호하는, 말 그대로 이상적인 시장 환경이라고 할 수 있습니다. 물가가 서서히 안정되기 시작했고 동시에 경기는 여전히 견조하게 유지되고 있는 상황이기 때문입니다. 이런 조합이 나타나면 시장은 곧바로 '이제 연준이 더 이상 금리를 올리지 않아도 되겠구나'라는 기대감을 형성하게 됩니다. 이는 곧 정책 완화 기대감으로 이어지며 자연스럽게 위험자산에 대한 선호 심리도 강해지는 흐름으로 연결됩니다.

가장 먼저 단기금리입니다. 단기금리는 중앙은행(미국의 경우 연준)의 정책 방향을 가장 민감하게 반영하는 자산인데 이 시나리오에서는 물가가 하락하고 있기 때문에 연준이 더 이상 금리를 인상할 이유가 줄어듭니다.

시장에서는 "이제 긴축은 끝났겠네.", "어쩌면 금리 인하가 시작될 수도 있겠다."라는 기대감이 커지고 이는 단기금리 하락으로 이어지게 됩니다. 즉 물가 안정은 정책 전환의 신호로 해석되고 그 기대감이 단기금리에 선반영되는 것입니다.

한편 장기금리는 더 거시적인 시각에서 경제 성장 가능성을 반영합니다. 지금은 경기가 무너지지 않고 양호한 상태이므로 장기금리가 급락할 이유가 없습니다. 하지만 물가가 안정되고 통화 정책 방향도 완화 쪽으로 기울고 있다는 인식이 생기면 장기금리도 소폭 하락하거나 안정적인 흐름을 보이는 경우가 많습니다. 성장 기대는 유지되되 전반적인 금융 환경이 차분히 정상화되고 있다는 해석이 시장에 자리잡게 되는 것입니다.

이와 동시에 금 가격은 하락 흐름을 보일 수 있습니다. 금은 일반적으로 인플레이션이나 금융 불안에 대비하기 위한 자산입니다. 물가가 계속 오를 것 같거나 경기 침체 우려가 클 때 금을 찾는 수요가 증가하죠. 하지만 이 시나리오처럼 물가가 안정되고 있고 경기도 나쁘지 않다면 굳이 금을 보유할 필요성은 낮아집니다. 시장의 관심은 이제 성장 기대와 위험자산으로 이동하게 되고 이에 따라 금 수요는 감소하고 금 가격도 하락세를 보이게 되죠.

이러한 흐름들을 종합해보면 주식시장에 강한 반등 기대감이 형성되는 환경이 만들어집니다. 단기금리 하락, 장기금리 안정, 금 가격 하락이라는 신호들은 시장에 다음과 같은 메시지를 줍니다.

"연준이 금리를 더 올릴 필요가 없어졌고 물가도 잘 잡히고 있고 버텨주고 있어. 그렇다면 이제 유동성도 회복될 수 있고 위험자산에 다시 자금이 들어올 수 있겠네."

여기서 말하는 위험자산의 대표 주자는 바로 주식입니다. 그래서 이 시나리오 하에서는 주식시장에 대한 기대감이 커지고 실제로 강한 반등 흐름이나 상승 랠리가 펼쳐질 가능성이 커집니다. 물론 이런 흐름이 항상 정답인 것은 아닙니다. 하지만 이렇게 시나리오별로 자산의 반응을 미리 고민하고 정리해두면 실제로 경제지표가 발표될 때 시장이 어느 방향으로 움직이는지 훨씬 더 명확히 해석할 수 있게 됩니다.

예를 들어 어느 날 고용이 다소 둔화하고 물가도 낮게 발표되었는데 단기금리와 금 가격이 동반 하락하고 있다면? 시장이 바로 이 '과열된 경기가 정상 국면에 돌입하는 시나리오'를 반영하고 있을 가능성이 큽니다.

이처럼 투자자는 단순히 '지표 하나'만 보고 판단하기보다 지금 경제 사이클이 어디에 위치해 있는지 그리고 그 지표가 정책 방향과 자산 흐름에는 어떤 의미인지 종합적으로 해석할 수 있어야 합니다.

시나리오 2: 물가 하락 + 경기 위축 → '침체' 우려, 방어적 흐름 강화

시나리오 2는 물가는 안정되기 시작했지만 동시에 경기가 위축되고 있다는 신호가 나타나는 구간입니다. 언뜻 보기에는 물가 하락이라는 긍정적인 뉴스가 들어온 듯하지만 정작 시장이 주목하는 것은 "물가가 왜 내려오고 있는가?"입니다. 단순한 물가 안정이 아니라 수요 자체가 위축되면서 경기까지 식고 있는 것 아니냐는 불안감이 커질 수 있는 상황입니다.

이런 국면에서 시장은 연준이 조만간 금리를 인하할 것이라는 기대감을 반영하며 단기금리를 빠르게 낮춰가기 시작합니다. 하지만 이때의 금리 하락은 단순한 안도감에서 나오는 것이 아니라 경기 둔화를 방어해야 한다는 절박감에서 나온 것에 더 가깝습니다. 시장은 "이대로 두면 경기 침체가 올 수 있다."라며 선제적인 정책 대응을 요구하기 시작하는 것이죠.

같은 맥락에서 장기금리도 하락세를 보입니다. 장기금리는 경제의 중장기적인 성장 전망을 반영하는데 이 시기에는 미래 성장에 대한 기대가 점점 낮아지게 됩니다. "이제는 물가보다 성장 둔화가 더 걱정이야."라는 분위기가 퍼지면서 금리 전반에 걸쳐 하락 압력이 작용하게 되는 것입니다.

이처럼 금리가 빠르게 낮아지고 경기에 대한 불확실성이 커지면 시상의 관심은 자연스럽게 안전자산으로 옮겨갑니다. 그 대표적인 자산이 바로 금입니다. 금은 인플레이션 우려가 있을 때뿐만 아니라 경기 침체에 대한 우려가 커질 때도 수요가 증가합니다. 특히 이번처럼 금리 인하 기대와 위험 회피 심리가 동시에 작용하는 구간에서는 금 가격이 상승하는 흐름이 나타날 수 있습니다.

달러는 조금 복잡합니다. 금리 인하 기대가 달러 약세 요인으로 작용하지만 다른 한편으로는 전 세계 투자자들이 불안해할 때 달러를 안전자산으로 사들이는 경우도 많습니다. 그래서 이런 국면에서는 달러가 상승과 하락 사이에서 혼조세를 보일 수 있으며 시장이 '정책'을 더 보느냐, '리스크'를 더 보느냐에 따라 달라질 수 있습니다.

주식시장은 처음에는 금리 인하 기대에 반응해 소폭 반등을 시도할 수도 있습니다. 하지만 시간이 지나면서 경기가 실제로 둔화하고 있다는 시그널이 누적되면 결국 위험자산 회피 심리가 강화되고 주식은 다시 하락 흐름을 탈 가능성이 커집니다. 이 시기에 투자자들은 성장주보다는 고배당주, 금, 채권 등 방어적 자산을 선호하게 되고 포트폴리오 구성도 점점 더 보수적으로 바뀌게 됩니다.

결국 이 시나리오에서 금리 하락은 반가운 뉴스가 아닙니다. 물가 안정이라는 표면 아래 경기 침체 우려가 본격화되고 있다는 신호이기 때문입니다. 시장은 단순히 정책 완화 기대에 반응하기보다 점점 더 리스크에 민감하게 움직이며 안전자산으로 회귀를 선택하게 됩니다. 따라서 향후 경제지표가 비슷한 패턴을 보일 경우 금 가격 상승과 장단기 금리 하락, 그리고 주식시장 불안정이라는 흐름이 함께 나타난다면 이는 시장이 '침체 시나리오'를 반영하고 있다는 신호로 해석할 수 있을 것입니다.

시나리오 3: 물가 변화 없음 + 경기 양호 → 방향성 약한 '중립 구간'

이 시나리오는 물가와 경기 모두 뚜렷한 변화 없이 유지되는 상황입니다. 물가가 더 오르지도, 뚜렷하게 내려가지도 않고 경기도 안정적으로 유지되면서 시장은 명확한 트렌드를 잡기 어려운 상태에 놓이게 됩니다. 바꿔 말하면 경제가 몹시 나쁘지도 않고 매우 좋지도 않은, 말 그대로 '중립 구간'에 있는 것이죠. 이런 국면에서는 시장이 명확한 방향성을 찾기 어렵습니다. 경제지표 하나하나가 시장의 흐름을 좌우하기보다 전체적인 분위기가 잠정적 관망세로 흘러가는 경향이 강합니다.

우선 단기금리는 특별한 변화 없이 횡보하는 모습을 보입니다. 물가가 뚜렷하게 하락하지 않았기 때문에 연준이 금리를 인하할 이유는 크지 않고 반대로 경기가 견조하기 때문에 급하게 긴축을 재개할 이유도 없습니다.

결국 정책금리는 유지되고 단기금리도 뚜렷한 방향성 없이 일정 범위 내에서 움직이는 흐름이 나타납니다. 장기금리는 상대적으로 경기 흐름에 조금 반응하지만 경기 자체에 큰 변화가 없다면 이것도 큰 폭의 움직임을 보이기는 어렵습니다. 다만 경제가 점진적으로 회복되고 있다는 해석이 조금씩 힘을 얻는 경우라면 장기금리는 서서히 우상향하는 흐름을 보일 수도 있습니다.

금과 달러는 이 구간에서 특별히 주도권을 잡기 어렵습니다. 물가가 안정적으로 유지되고 있다면 금에 대한 인플레이션 헤지 수요도 크지 않고 정책금리의 방향성도 뚜렷하지 않기 때문에 달러도 명확한 추세를 형성하지 못합니다. 이러한 환경에서는 외부 변수(지정학적 이슈, 기타 글로벌 리스크)에 따라 일시적으로 움직이는 경우가 많습니다.

주식시장은 이런 중립 구간에서 대체로 방향성 없는 박스권 흐름을 보이기 쉽습니다. 경제가 망가지지 않았기 때문에 급락할 이유는 없지만 반대로 유동성이 확 풀리거나 이익 전망이 급격히 개선될 여지도 적기 때문에 주가지수 전체로 보면 뚜렷한 추세가 형성되지 않는 정체 구간이 될 가능성이 큽니다.

이럴 때는 지수보다 종목별 차별화가 나타나며 실적이 확인된 기업, 개별 이벤트가 있는 업종 중심으로 선별적 흐름이 형성됩니다. 결국 이 시나리오는 투자자에게 성급한 판단보다 기다림과 선별을 요구하는 구간이 됩니다. 금리나 물가, 경기 등의 변곡점이 아직 오지 않았기 때문에 매수나 매도 모두 확신을 갖기 어려운 국면이며 시장의 눈은 '정책 변화', '실적', '외부 이벤트' 등 새로운 촉발 요인(trigger)을 기다리게 됩니다.

이처럼 경제 전반이 안정적으로 유지되고 있지만 새로운 자극이 없는 시기에는 자산시장도 관망세 속에서 방향성 없는 혼조세를 지속할 가능성이 큽니다. 따라서 이 구간에서는 '가만히 있는 것도 전략'이 될 수 있고 투자자는 실적 중심의 종목 선별이나 리스크 관리에 집중하는 것이 바람직할 수 있습니다.

시나리오 4: 물가 변화 없음 + 경기 둔화 → 구조적 침체 경계

이 시나리오는 시장 입장에서 상당히 부담스럽고 해석하기 어려운 구간입니다. 물가가 하락하지 않고 그대로 유지되고 있는데 경기는 점점 식어가는 상황이기 때문입니다. 이는 단기적인 경기 조정이 아니라 자칫 잘못하면 장기적인 구조적 침체로 이어질 수 있다는 불안감을 자극합니다.

　시장 입장에서 가장 어려운 것은 연준도 이런 상황에서는 선뜻 움직이기 어렵다는 것입니다. 경기가 둔화하고 있으니 금리를 인하하고 싶지만 물가가 아직 높은 상태라면 금리 인하가 자칫 물가를 다시 자극할 수 있기 때문입니다. 즉 연준은 금리 인하도, 유지도, 어느 쪽도 확신하기 어려운 딜레마에 빠지게 됩니다.

　이런 국면에서 단기금리는 일정 수준 내려갈 수 있습니다. 경기 둔화에 대한 대응 기대가 반영되면서 "연준이 결국 금리를 조금씩 내리지 않겠는가?"라는 시장의 예측이 반영되는 것이죠. 하지만 물가가 여전히 떨어지지 않고 있다는 점 때문에 그 하락폭은 제한적일 수밖에 없습니다.

　반면 장기금리는 더 민감하게 반응합니다. 경제의 장기적 성장 전망이 약해지고 있다는 판단이 서기 시작하면 시장은 이에 맞춰 장기금리를 크게 낮추는 흐름을 보입니다. 이 경우 단기금리보다 장기금리가 더 빠르게 떨어지면서 장단기 금리차 역전 현상이 심화될 수 있습니다.

　이런 구조는 일반적으로 경기 침체의 전조로 받아들여지는 대표적인 신호 중 하나입니다. 이런 환경에서 금 가격은 자연스럽게 상승세를 탈 가능성이 큽니다.

　물가가 계속 유지되고 있어 인플레이션 위험이 완전히 해소된 것도 아니고 경기마저 둔화되고 있으니 투자자들은 자연스럽게 '이중 리스크'를 피할 수 있는 안전자산을 찾게 됩니다.

　금은 이러한 불확실성을 피하기 위한 대표적인 자산이기 때문에 이 시기에는 수요가 늘고 가격이 오르는 흐름이 나타날 수 있습니다.

달러의 흐름은 복합적일 수 있습니다. 미국의 경제 둔화와 금리 인하 기대가 달러 약세 요인이 될 수 있지만 다른 한편으로는 세계적으로 위험자산 회피 심리가 강해지면 '안전자산으로서의 달러 수요'가 증가할 수도 있습니다. 결과적으로 달러는 이 시기에 혼조세를 보이거나 상대적 강세로 이어질 수 있습니다.

가장 주의가 필요한 자산은 주식입니다. 이 시나리오에서는 주식 전반에 하방 압력이 강하게 작용합니다. 경기 둔화는 이익 전망을 훼손하고 물가가 버티고 있다는 점은 정책 대응의 여지를 줄입니다. 따라서 투자자들은 성급하게 리스크를 감수하기보다 점점 보수적인 포지션으로 이동하게 됩니다.

결국 이 구간은 보수적인 대응이 요구되는 시기입니다. 특히 성장 기대가 약해지는 만큼 고성장 기대주보다 가치주 중심의 저평가 자산 또는 채권·현금 등 고정수익 중심의 방어적 자산군으로 포트폴리오를 전환하는 전략이 중요해집니다. '움직이지 않는 것이 가장 큰 전략'이 되는 시기이며 빨리 대응하기보다 관망하면서 위험을 줄이는 자세가 더 현명할 수 있습니다.

시나리오 5: 물가 상승(경기 무관) → 긴축 재개 우려, 스태그플레이션 경계

이 시나리오는 시장 입장에서 상당히 부담스럽고 경계심이 커지는 국면입니다. 이런 국면이 오면 시장은 즉각적으로 "연준이 다시 긴축에 나설 수밖에 없겠다."라는 판단을 하게 됩니다. 금리를 올려야 물가를 잡을 수 있으니까요. 하지만 동시에 경기가 나빠질 수도 있다는 불안감도 함께 작동하기 때문에 '긴축 + 성장 둔화'라는 이중 리스크를 우려하게 되는 것입니다.

　우선 단기금리는 빠르게 반응합니다. 시장에서는 "연준이 다시 금리를 인상할 수도 있다."라는 가능성을 강하게 반영하며 단기금리는 빠르게 상승하는 흐름을 보입니다. 이렇게 금리에 대한 기대가 다시 상방으로 튀면 시장 전반의 긴장감도 즉시 높아집니다.

　장기금리는 조금 복잡한 흐름을 보입니다. 물가 상승을 반영해 장기금리가 함께 오를 수도 있지만 다른 한편으로는 "이 긴축이 결국 경기를 죽이는 건 아닐까?"라는 불안감이 함께 작용하며 불안정하거나 오히려 하락하는 경우도 나타날 수 있습니다. 이 경우 장단기 금리차가 다시 역전되거나 시장이 혼란스러운 신호를 줄 수 있는 구간입니다.

　금 가격은 이 시나리오에서 방향성이 분화될 수 있습니다. 일반적으로 인플레이션 우려가 커지면 금 수요가 증가할 수 있지만 동시에 금리는 오르고 유동성은 줄어드는 시기이기 때문에 실질적으로는 금 가격이 약세를 보이거나 방향성 없이 흔들리는 흐름이 나타날 수 있습니다. 즉 금 가격은 오를 것 같지만 오르지 못하고 내려갈 것 같지만 급락하지도 않는 혼조세에 가까운 흐름을 탈 가능성이 큽니다.

　달러는 강한 상승 흐름을 보일 가능성이 큽니다. 금리 인상이 다시 논의되고 긴축 기조가 재확인되면 전 세계적으로 달러 선호 현상이 다시 나타납니다. 게다가 안전자산으로서의 달러 수요까지 더해지면 달러는 상대적으로 강세를 보일 가능성이 큽니다.

　문제는 주식시장입니다. 물가 상승이 지속되면 기업들의 원가 부담이 커지고 소비는 위축되고 연준의 긴축 기조는 멀티플(valuation) 확장을 억누릅니다. 이 모든 것이 합쳐지면 주식시장에는 강한 하방 압력이 가해질 수 있습니다. 특히 성장주와 고평가 종목은 금리 상승에 취약하기 때문에 더 큰 조정을 받을 수 있고 시장 전반은 보수적 분위기로 급격히 전환될 가능성이 큽니다.

결국 이 시나리오는 인플레이션 재확산이 시장 심리를 뒤흔드는 시기라고 볼 수 있습니다. 정책 기대는 사라지고 유동성은 빠지고 실적에 대한 불확실성은 커집니다. 이럴 때일수록 투자자는 시장에 적극적으로 대응하기보다 포트폴리오의 리스크를 줄이고 금리 변화와 통화 정책을 예의주시할 필요가 있습니다.

이처럼 우리는 동일한 경제 변수, 예를 들어 물가와 경기 흐름을 중심으로 다양한 시나리오를 설정하고 그에 따라 자산 시장이 어떻게 반응할 수 있는지를 살펴보았습니다. 단기금리, 장기금리, 금 가격, 달러, 주식 등 주요 자산들은 겉보기에는 비슷해 보여도 그 안에 담긴 시장의 해석과 기대는 전혀 다르게 전개될 수 있습니다.

결국 중요한 것은 '수치' 자체가 아니라 그 수치를 바라보는 시장의 시선이 향하는 방향입니다. 같은 고용지표, 같은 물가 수치라도 시장이 어느 국면이라고 판단하느냐에 따라 정반대 흐름이 나타날 수 있다는 것이죠.

따라서 지금부터는 각 지표를 개별적으로 해석하기보다 "시장이 지금 어떤 시나리오를 읽고 있고 그것이 자산 가격에 어떻게 반영되고 있는가?"를 통합적으로 바라보는 훈련이 필요합니다. 이러한 분석 능력이 쌓일수록 우리는 단순한 정보 소비자가 아니라 시장의 흐름을 능동적으로 해석하고 대응할 수 있는 투자자로 한 걸음 더 나아갈 수 있게 됩니다.

핵심 정리

시장의 생각을 읽는 힘

이처럼 같은 경제지표도 시장이 어떤 포인트에 주목하고 있느냐에 따라 정반대 해석이 가능하기 때문에 투자자는 데이터를 보자마자 그날의 금리, 달러, 금 가격, 주가지수를 함께 살펴보며 시장 해석의 방향을 종합적으로 판단해야 합니다. 이러한 분석 능력은 결국 실전 투자에서 '타이밍'을 결정짓는 매우 중요한 요소가 됩니다.

2024년 12월 S&P 500 주가 흐름 정리

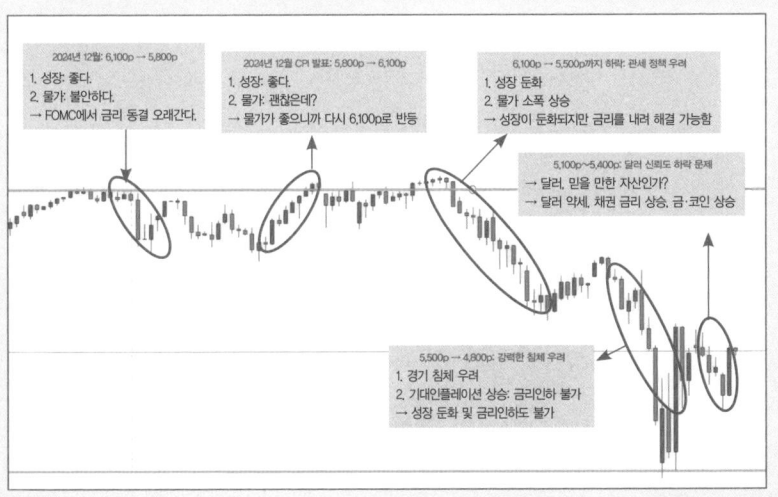

출처: Investing.com

예를 들어 2024년 12월 S&P 500이 6,100포인트에서 5,800포인트로 하락했을 당시 시장은 성장률은 양호하지만 물가 상승으로 인해 연준의 고금리 정책이 장기화될 가능성을 우려하며 주가가 하락하는 반응을 보였습니다. 이후 관세 우려가 부각되며 5,500포인트, 4,800포인트까지 연속 하락하게 됩니다. 이는 단순한 경기 둔화 우려를 넘어 '관세→수입물가 상승→금리 인하 불가→경기 침체'라는 연쇄 해석이 작동했기 때문입니다.

하지만 중요한 포인트는 이것입니다. 시장은 악재를 '선반영'하는 경향이 있기 때문에 실제로 관세의 파급 효과가 예상보다 크지 않거나 물가나 성장에 미치는 영향이 제한적이라면 주가는 빠르게 반등할 수 있다는 것입니다.

실제로 저는 당시 관세가 단기적으로는 경제 둔화를 유발할 수 있지만 트럼프 대통령의 협상 전략을 종합적으로 분석해 본 결과 이 정책이 경기 침체 수준까지 발전시키지는 않을 것으로 판단했습니다. 그리고 이러한 판단을 바탕으로 시장이 과도하게 반응하며 주가가 급락한 시점에서 오히려 '매수' 전략을 선택할 수 있었습니다.

이처럼 실전 투자에서는 경제지표 자체보다 그 지표가 시장 심리와 어떻게 연결되는지를 파악하는 것이 훨씬 중요합니다. 여러분도 매일 시장의 흐름을 간단히 기록하고 과거 주가 변동이 특정 경제지표와 어떻게 맞물렸는지를 복기하는 습관을 들인다면 시장의 '생각'을 읽는 눈이 자연스럽게 생겨날 것입니다.

그리고 어느 순간부터 시장이 어떤 시나리오를 믿고 움직이고 있는지 그 컨센서스를 나의 시각과 비교하며 판단할 수 있게 됩니다. 이때부터는 단순히 시장을 따라가는 것이 아니라 스스로 리스크를 해석하고 대응하는 '주도적인 투자 전략'을 세울 수 있게 됩니다.

아직 분석이 부족하거나 확신이 없는 리스크에는 방어적인 포트폴리오 전략으로 대응하고 반대로 매크로 공부를 통해 "이 리스크는 과장되었다."라고 판단되는 이슈에는 과감히 매수에 나서는 식의 전략이 가능한 것입니다. 공포가 극단으로 치달을 때 오히려 시장에 들어갈 수 있는 용기와 논리를 갖게 되는 것이죠.

물론 바쁜 일상 속에서 매일 모든 경제 데이터를 분석하는 것은 현실적으로 쉽지 않습니다. 하지만 하루 10분만 투자해 전날 주요 이슈를 살펴보고 금융시장의 흐름을 간단히 정리해보는 습관만으로도 투자 감각은 눈에 띄게 향상될 수 있습니다. 전날 주식시장이 왜 상승하거나 하락했는지를 기록하고 해석하는 과정을 반복하다 보면 자연스럽게 시장을 읽는 눈이 생기고 데이터 해석 감각도 높아집니다. 더 심화된 분석이 필요할 때는 유튜브, 블로그, 증권사 리포트 등 외부 콘텐츠를 적절히 활용하면 되며 이 책에서 다루는 실전 분석도 그런 학습의 연장선에 있습니다. 결국 투자에서 가장 중요한 것은 '시장과 데이터를 해석할 수 있는 자신만의 관점'을 갖는 것이며 이 관점을 만들어가는 가장 현실적이고 효과적인 방법이 바로 매일 시장을 요약하고 기록하며 정리하는 습관입니다.

· 6장 ·
경제 사이클별 핵심 투자 포인트

2부에서는 경제 사이클의 네 단계인 침체기, 회복기, 확장기, 둔화기를 중심으로 시장의 움직임을 체계적으로 살펴보았습니다.

무엇보다 중요한 것은 이 사이클의 변곡점을 남들보다 빠르게 구분하는 능력입니다. 이를 위해 저는 시장의 '생각'을 실시간으로 읽어내는 방법을 강조했습니다. 단기금리, 장기금리, 환율, 금, 코인 등 주요 자산 가격의 변화를 동시에 해석하는 방식입니다.

침체기가 끝나고 회복장으로 전환되는 순간에는 몇 가지 뚜렷한 신호가 나타납니다. 완화적인 통화정책과 적극적인 재정정책이 시작되면서 통화가치 하락이 자산 가격 상승으로 이어지고 장기금리가 바닥을 찍으며 반등 조짐을 보입니다. 동시에 하이일드 채권 금리가 빠른 속도로 내려오기 시작하죠. 다만 여전히 침체 국면이 이어지기 때문에 침체기 후반에는 주식보다는 안전자산인 금에 대한 수요가 더 강하게 나타나기도 합니다.

본격적인 회복장에 들어서면 상황이 달라집니다. 미래 경기 회복에 대한 베팅이 커지면서 장기금리가 상승세로 전환되고 금 가격은 하락 압력을 받습니다. 이와 동시에 주식 가격도 빠르게 상승합니다. 장기금리 상승 + 금 가격 하락이라는 조합이 만들어지며 회복기의 시그널을 포착할 수 있었습니다.

확장기 전반에 접어들면 고용과 소비가 강해지고 인플레이션 우려가 커집니다. 이때부터 단기금리의 움직임이 뚜렷이 부각되며 회복기에서 확장기로 넘어가는 변곡점을 확인할 수 있습니다. 확장기에는 유동성 긴축과 기업 실적 개선이 동시에 나타나는데 어느 쪽이 더 크게 작용하느냐에 따라 시장 반응이 달라집니다. 유동성 축소 부담이 커지면 주가는 조정을 받고 반대로 기업 실적이 뚜렷이 개선된다면 증시는 상승세를 이어갑니다.

만약 긴축 부담이 경기 둔화 우려로까지 이어진다면 '2년물 금리 상승 + 10년물 금리 하락'이라는 조합이 나타납니다. 반대로 긴축에도 불구하고 경기가 양호할 것으로 예상된다면 '단기금리 상승 + 장기금리 상승 + 금 가격 하락'이라는 전형적인 시그널이 포착됩니다.

다만 회복기 동안 과도한 유동성으로 이미 비싸진 성장주들은 이러한 긴축 국면에 민감하게 반응하면서 큰 폭의 조정을 받을 수 있습니다. 따라서 확장기에 접어드는 순간부터는 성장주 중심의 투자에서 벗어나 실적이 뒷받침되는 기업 위주로 포트폴리오를 전환하는 전략이 필요합니다.

확장기 후반으로 갈수록 물가뿐만 아니라 고용 지표의 중요성이 커집니다. 물가가 안정세로 접어들기 시작하면 시장은 고용과 실적 같은 펀더멘털에 더 주목하고 이 시점부터는 단순한 유동성 장세가 아니라 종목별 차별화가 본격적으로 나타납니다.

이처럼 2부에서는 각 사이클 전환점마다 어떤 지표를 중점적으로 관찰해야 하는지를 살펴보았고 동시에 이러한 변곡점이 왜 발생했는지 재정정책과 통화정책, 물가와 고용 같은 경제 변수들이 어떤 역할을 했는지도 함께 설명했습니다.

다만 여기에도 한계가 있습니다. 시장에는 늘 애매한 구간이 존재합니다. 특히 확장기를 지나고 나서부터는 지금이 경기 둔화기인지, 침체기인지, 아니면 다시 확장기로 이어질지 판단하기 어려운 시기입니다. 이런 구간에서는 투자자들도 정답을 확신할 수 없고 결국 확률에 기반한 투자가 필요합니다. 또한 매크로 환경이 빠르게 변하기 때문에 더 심화된 개념과 사례 분석이 요구됩니다.

바로 이 지점에서 3부가 이어집니다. 우리는 과거 역사적 사례들을 통해 이러한 애매한 구간에서 시장과 지표가 어떻게 움직였는지, 그리고 그 경험이 오늘날 어떤 통찰을 주는지를 구체적으로 살펴볼 것입니다.

| 3부 |

자산별 매크로 해석법

2부에서 우리는 경제 사이클의 기본 구조와 자산별 움직임을 살펴보았습니다. 침체 → 회복 → 확장 → 둔화라는 흐름 속에서 금리·환율·금·코인 등이 어떤 반응을 보이고 각 국면에서 어떤 전략이 필요한지를 정리했죠. 하지만 실제 시장은 교과서처럼 단순하게 움직이지 않습니다. 같은 금리 상승이라도 어떤 때는 호재로, 어떤 때는 악재로 해석되며 시대적 특수성에 따라 지표의 의미는 크게 달라지기도 합니다.

바로 이 지점을 이해하는 데 3부가 필요합니다. 2부에서 배운 자산별 특징은 어디까지나 이론적·전형적 패턴에 불과합니다. 이제는 그 틀을 현실에 적용해 보아야 합니다. 즉 단기금리·장기금리·환율·금·코인 다섯 가지 지표가 실제 역사 속에서 어떻게 작동했는지, 또 시대적 배경과 정치적 맥락 속에서 어떻게 다르게 해석되었는지 구체적으로 확인하는 과정이 3부의 핵심입니다.

3부에서는 단순히 "금리는 이렇게 움직인다."라는 교과서적 결론에 머물지 않습니다. 각 자산의 기본 특징을 출발점으로 삼되 그것이 시대적 특수성 속에서 어떻게 변형되었는지 그리고 때로는 전혀 다른 의미로 읽혔는지를 배우는 것입니다. 결국 독자 여러분은 3부에서 단순히 지표를 암기하는 수준을 넘어 지금 이 순간 시장이 어떤 지표에 집중하고 있으며 그 신호를 어떤 맥락으로 해석해야 하는지를 읽어내는 힘을 기르게 될 것입니다.

· 1장 ·
단기금리(2년물 미국 국채)는 무엇을 말해줄까?

우리는 뉴스를 보다 보면 이런 말을 자주 듣습니다.

"오늘 금리가 내려갔다."

하지만 곰곰이 생각해보면 이상한 점이 있습니다. 미국의 기준금리는 연방공개시장위원회(FOMC)가 45일 간격으로 회의를 열어 기준금리를 결정합니다. 다시 말해 하루 만에 아무 발표도 없이 갑자기 '기준금리'가 바뀌는 경우는 없습니다. 그럼에도 불구하고 시장에서는 종종 "금리가 내려갔다."라는 식의 표현이 나옵니다. 이 말은 도대체 무슨 뜻일까요?

핵심은 투자자들이 말하는 '금리'는 반드시 중앙은행이 직접 설정하는 정책금리(기준금리)를 의미하기보다 오히려 정책금리의 흐름을 반영하는 채권 금리, 특히 '2년물 국채 금리'를 의미할 때가 많습니다.

기준금리와 채권 금리, 어떻게 다를까?

먼저 기준금리는 연준(Fed)이 직접 설정하는 '정책금리'입니다. 미국 기준금리라고 하면 흔히 연방기금금리(Fed Funds Rate)를 말합니다. 이 금리는 은행 간 초단기 자금 거래에 적용되는 금리로 중앙은행이 '경제를 조절'하기 위해 사용하는 핵심적인 정책 도구입니다.

반면 2년물 국채 금리는 말 그대로 2년 후 만기가 되는 미국 국채의 이자율입니다. 원래는 정부가 발행한 채권에 대해 시장에서 정해지는 금리일 뿐이지만 투자자들은 이 금리를 보면서 "앞으로 기준금리가 오를까 내릴까?"를 예상하려고 합니다.

왜냐하면 2년이라는 기간이 중앙은행의 정책 사이클과 비슷하기 때문입니다. 그래서 시장은 2년물 금리를 통해 앞으로 1~2년 동안 정책금리(기준금리)가 어떻게 바뀔지에 대한 기대와 전망을 담아냅니다. 이런 이유로 2년물 금리는 단순한 이자율을 넘어 시장이 기준금리의 미래 방향을 어떻게 보고 있는지를 보여주는 중요한 힌트가 됩니다.

즉 "금리가 내렸다."라는 말은 대개 "중앙은행이 금리를 내리기 전에 시장이 먼저 반응했다."라는 뜻입니다. 시장은 중앙은행보다 한발 먼저 움직입니다. 이 점을 이해하면 금리를 바라보는 눈이 한층 입체적으로 바뀔 수 있습니다.

단기금리를 해석하는 핵심 프레임: 성장과 물가

옛날에 저는 "금리가 오르면 주가는 떨어진다."라고 단순하게 생각했습니다. 금리가 오른다는 것은 대체로 '돈을 빌리는 비용'이 오른다는 뜻이니까 소비자의 소비나 기업의 투자가 위축되고 이는 경기 둔화로 이어질 수 있기 때문입니다. 하지만 중요한 것은 '왜 금리가 오르는가?'였습니다.

2년물 금리가 오를 때 그 이면에 깔린 시장의 판단은 크게 두 가지로 나뉩니다.

1. 경기 회복에 대한 기대감은 주식시장에 호재로 작용합니다. 경기가 좋아질 거라고 믿기 때문에 금리가 오르는 것이고 이는 기업의 실적 개선과 소비 확대를 의미하므로 주가가 오를 가능성이 큽니다.
2. 물가 상승에 대한 우려는 주식시장에 악재입니다. 인플레이션이 너무 심하면 연준은 경기를 희생시켜서라도 물가를 잡기 위해 기준금리를 빠르게 올릴 수밖에 없고 이는 곧 긴축 충격으로 이어지기 때문입니다.

같은 금리 상승이라도 그 배경이 '성장'인지 '물가'인지에 따라 시장의 반응은 정반대가 됩니다. 바로 이 점이 시장 해석의 핵심입니다. 그래서 실전 투자에서 중요한 것은 '이유'를 분석하는 것입니다. 2년물 금리가 급등했다면 투자자는 반드시 질문해봐야 합니다.

"지금 시장은 왜 금리가 오를 거라고 보는 걸까?"

예를 들어 중동에서 전쟁이 발발해 유가가 급등했다면? 시장은 물가 상승을 걱정하게 됩니다. 그리고 금리가 오릅니다. 반면 고용지표가 예상보다 좋게 나왔다면? 이번에는 경기가 회복될 거라고 판단해 금리가 오를 수 있습니다.

단기금리가 시장에 주는 신호를 정리하면 다음과 같습니다.

- 2년물 금리 상승 + 경제지표 호조 → 경기 회복 기대감 → 주식시장에 긍정적
- 2년물 금리 상승 + 유가 급등/물가 쇼크 → 인플레이션 우려 → 주식시장에 부정적
- 2년물 금리 하락 + 고용 둔화, 소비 위축 → 경기 침체 신호 → 금리 인하 기대감은 있지만 주식에는 악재
- 2년물 금리 하락 + 물가 안정 기대감 → 통화 완화 기대 → 주식시장 반등 가능성↑

이처럼 시장은 복잡한 퍼즐처럼 보이지만 구조화해 보면 단순합니다.

1969년 침체기: 반등 타이밍은?

1969년 하반기 미국 경제는 겉으로 보기에는 뜨거운 호황을 누리고 있었습니다. 베트남 전쟁으로 인한 대규모 군사 지출과 린든 존슨 대통령의 '위대한 사회(Great Society)' 복지 정책은 소비와 투자를 밀어 올렸습

니다. 하지만 이 호황의 이면에서는 인플레이션이 빠르게 고개를 들고 있었습니다.

이 과열을 잡기 위해 연준과 정부는 동시에 강력한 긴축에 나섰습니다. 연준 의장이던 윌리엄 맥체스니 마틴은 실제로 기준금리를 9% 가까이 인상했습니다. 정부도 재정지출을 대폭 줄이며 긴축에 동참했습니다.

1969~1971년 실업률 증가 곡선

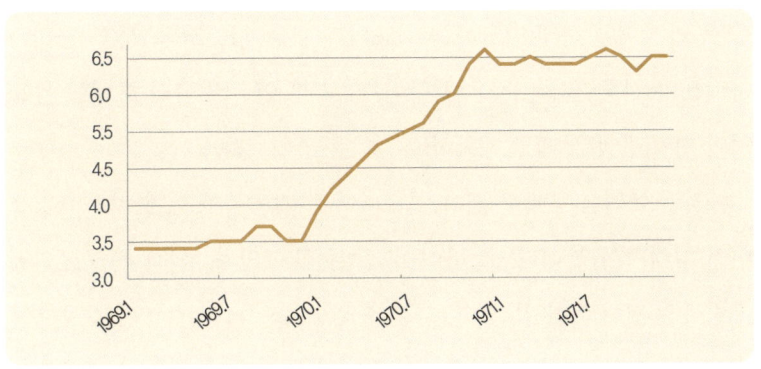

출처: FRED

문제는 이런 정책이 시장에 미친 충격이 너무 컸다는 점입니다. 고금리와 재정 긴축이 겹치며 실물 경제는 빠르게 식기 시작했고 실업률은 1년 만에 3.5%에서 6%까지 급등했습니다. GDP 성장률도 마이너스로 돌아섰습니다. 금융시장도 즉각적으로 반응했습니다. S&P 500 지수는 1969년 하반기부터 1970년 초까지 약 15% 하락했습니다.

Q 그렇다면 주식시장이 반등할 수 있는 타이밍은 언제일까요?

🅐 당시 증시는 물가 상승 → 금리 인상 → 경기 둔화라는 연쇄 작용 속에서 하락했습니다. 따라서 반등의 조건은 분명합니다. 이 악순환의 고리가 끊어지고 역순으로 전환되는 시점입니다.

즉 '인플레이션이 완화되고→긴축 기조가 완화되고→다시 성장 기대가 살아나는 흐름'이 감지될 때 주식시장은 먼저 반응하게 됩니다. 이런 변화를 가장 빠르게 포착할 수 있는 힌트가 바로 2년물 국채 금리 움직임입니다. 왜냐하면 2년물 금리는 시장이 보는 '향후 기준금리 방향'을 가장 민감하게 반영하는 지표이기 때문이죠. 결국 2년물 금리가 하락하기 시작했다는 것은 시장이 "앞으로 연준이 금리를 내릴 가능성이 커지고 있다."라고 해석하고 있다는 뜻입니다.

하지만 여기서 중요한 점이 있습니다. 단기금리가 왜 하락하는지를 먼저 따져봐야 합니다. 그 하락이 '좋은 신호'인지, '위험한 신호'인지 구별하는 것이 핵심입니다.

앞에서 우리가 배운 것처럼 단기금리가 상승할 때 두 가지 해석이 가능했습니다.

1. 성장 기대로 금리가 상승한다.→호재
2. 물가 상승 우려로 금리가 상승한다.→악재

마찬가지로 단기금리가 하락할 때도 두 가지 해석이 존재합니다.

• **첫 번째, 인플레이션 완화 시나리오:** 물가 지표(CPI, PCE 등)가 실제로

하락세를 보이고 있다면 시장은 "이제 연준이 더 이상 고금리로 압박하지 않아도 되겠구나."라고 해석하며 기대감이 살아납니다. 이 경우 2년물 금리 하락은 건강한 반등 시그널입니다. 주식시장도 선제적으로 반등을 시작할 수 있고 이런 흐름이 이어진다면 중기적인 상승 전환도 기대해볼 수 있습니다.

- **두 번째, 인플레이션은 잡지 못했지만 경기 침체가 너무 심각해진 경우**: 이 경우 연준은 물가가 완전히 안정되지 않았음에도 불구하고 "이제 더 이상 긴축은 어렵다."라고 판단하고 정책 전환을 고민하게 됩니다. 이때 나타나는 2년물 금리 하락은 '인플레이션 문제는 해결되지 않았지만 경기가 너무 나빠 긴축을 포기하는 신호'일 수 있습니다. 이 하락은 시장에 단기 반등 여지를 줄 수는 있지만 문제의 본질 자체가 사라진 것은 아닙니다. '문제를 미래로 미룬 것'에 불과합니다. 이 경우 주식시장은 단기적으로 '반짝 상승'은 할 수 있어도 지속적인 추세 전환을 기대하기는 어렵습니다.

이 두 가지를 구분하는 능력이 바로 금리 해석의 핵심입니다. 단기 금리가 하락한다고 해서 무조건 매수해야 하는 것은 아닙니다. 그 하락이 '물가 안정에 따른 정책 여력 확보' 때문인지, 아니면 '경기 침체가 너무 심각해 긴축을 포기한 것'인지를 먼저 판단해야 합니다.

1970~1971년 회복장: 시장의 기대를 충족시키는가?

1970년 당시 미국은 침체 국면에 빠져 있었지만 동시에 물가 상승률(CPI)이 서서히 하락하는 흐름을 보이고 있었습니다. CPI 상승률은

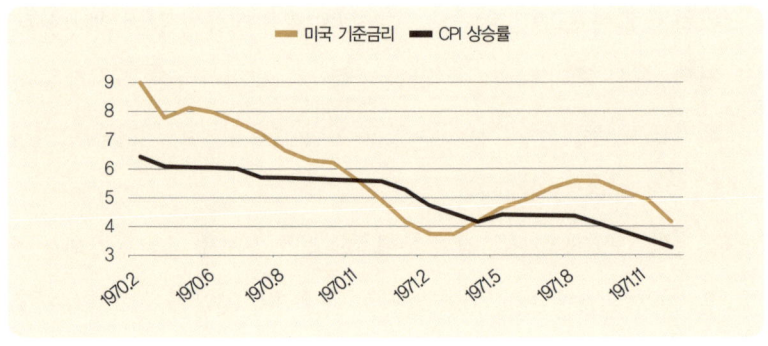

1970~1971년 CPI 상승률과 미국 기준금리

출처: FRED

1969년 고점에서 서서히 내려와 1970~1971년에는 4% 수준까지 둔화되었고 이는 연준이 금리를 인하하는 데 중요한 명분이 되던 상황이었습니다.

'또한 당시 연준 의장으로 새로 취임한 아서 번스(Arthur Burns)는 1970년대 초 미국의 인플레이션 문제에 대해 기존과 다른 시각을 제시했습니다. 당시는 많은 경제학자들이 인플레이션의 원인을 '통화적 현상(monetary phenomenon)'으로 해석하고 있던 시기였습니다. 즉 시중에 돈이 너무 많이 풀리면 수요가 과열되면서 물가가 오르게 되고 이를 억제하려면 통화량을 조절하거나 그에 따른 금리 상승을 유도해야 한다는 논리입니다.

예를 들어 통화공급이 줄거나 금리가 인상되면 대출이 감소하고 소비와 투자가 위축되며 전반적인 수요가 줄어듭니다. 기업들은 수요 위축을 고려해 가격 인상을 자제하게 되고 이로 인해 물가 상승 압력이 줄어들게 됩니다. 이러한 구조는 수요 견인(demand-pull) 인플레이션 상황에서 효과적인 대응책이 됩니다.

그런데 아서 번스는 이러한 통화주의적 해석에 부분적으로만 동의했습니다. 그는 1970년대 초 미국의 물가 상승은 단순히 수요가 과도하게 늘어난 결과가 아니라 경제 구조 자체의 변화, 특히 노동조합과 기업의 가격 결정 방식에 따른 구조적·비통화적 인플레이션이라고 진단했습니다.

특히 번스는 자동 임금 인상 조항(COLA, cost-of-living adjustment)에 주목했습니다. 당시 미국 노동조합들은 물가가 오르면 임금도 자동으로 인상되도록 계약을 체결하고 있었고 이는 다시 기업들의 가격 인상으로 이어지며 임금-물가의 악순환(wage-price spiral)을 만들어내고 있었습니다. 번스는 이러한 현상을 전통적 통화 정책만으로는 설명하거나 통제하기 어렵다고 보았고 그 결과 물가 상승의 주요 원인을 노조의 가격 행태, 원자재 비용 상승 등 공급측 압력에서 찾았습니다.

즉 금리 인상을 통한 수요 억제가 실물경제만 위축시킬 뿐 물가 안정에는 별로 도움이 되지 않는다고 보았습니다. 오히려 경기 부양이 필요하다고 판단한 번스는 금리를 공격적으로 인하했고 실제로 1970년 초 9%에 달하던 기준금리는 1년 반 만에 3%대까지 급락했습니다.

이처럼 번스가 과감히 금리 인하를 주장할 수 있었던 배경에는 단순히 경기 침체라는 현실적인 요인뿐만 아니라 인플레이션의 본질을 '통화적 현상'이 아니라 '구조적 공급 요인'으로 해석했다는 경제관도 깔려 있었던 것입니다. 결국 투자자들은 물가 둔화와 번스의 철학을 보며 "연준이 금리를 내릴 수밖에 없다."라는 정당성이 형성되었고 시장에는 "유동성이 풀릴 것이다."라는 기대심리가 확산되기 시작했습니다.

또한 이 시기에 연준의 금리 인하와 함께 시장에 또 하나의 강력한 정책 신호가 더해집니다. 바로 닉슨 행정부가 추진한 '닉스노믹스(Nixonomics)'입니다. 닉스노믹스는 1970~1971년 침체 국면에 빠진 미국 경제를 회복시키기 위해 감세와 재정 지출 확대를 전면적으로 내세운 정책 기조였습니다.

단순히 일시적 부양책에 그치는 것이 아니라 당시 정부는 경기 회복을 최우선 과제로 삼고 공격적으로 유동성을 공급하겠다는 강력한 의지를 시장에 전달했습니다. 그 결과 투자자들 사이에서는 "경기 바닥이 지나갔다."라는 심리가 확산되었고 주식시장 반등에 대한 기대감은 더 커졌습니다.

닉스노믹스의 핵심은 감세와 재정 지출 확대라는 두 축을 통해 총수요를 자극하고 침체된 경기를 빠르게 회복시키는 것이었습니다. 우선 닉슨 행정부는 개인뿐만 아니라 기업에 대한 전방위적 감세를 단행했습니다. 개인 소득세 인하로 소비자의 가처분소득을 늘리고 기업 법인세 감면을 통해 투자 여력을 확충하려는 목적이었습니다. 이처럼 소비와 투자를 동시에 끌어올려 경기 회복을 유도하겠다는 의도가 정책 전반에 담겨 있었습니다.

여기에 더해 정부는 사회기반시설, 공공 서비스, 국방 등 다양한 분야에 걸친 재정 지출을 대폭 확대했습니다. 이러한 감세와 재정 확대는 당연히 재정적자 확대로 이어질 수밖에 없었지만 닉슨 행정부는 이를 정책적으로 용인했습니다.

당시 정부는 "지금은 균형재정보다 경기 회복이 더 중요하다."라는 입장을 분명히 밝히며 단기적인 재정 악화보다 침체 탈출의 신호를 시장에 주는 것을 우선시했습니다. 결과적으로 닉스노믹스는 단순한 경기 부양책을 넘어 정책 방향이 본격적으로 전환되었다는 인식과 함께 "이제 바닥은 지나갔다."라는 기대감을 투자자들에게 심어주었습니다.

2년물 기대심리를 읽어야 한다

이번 1970~1971년 회복장의 핵심은 단순한 금리 인하 그 자체가 아니라

1. 금리를 어떻게 인하할 수 있었는가?
2. 시장은 그 신호를 어떻게 해석했는가?
3. 그 결과 어떤 기대심리가 자산시장을 이끌었는가?

이 세 가지 연결고리를 읽어내는 데 있습니다.

▮▮ 1970~1971년 S&P 500, CPI 상승률, 실업률 추이

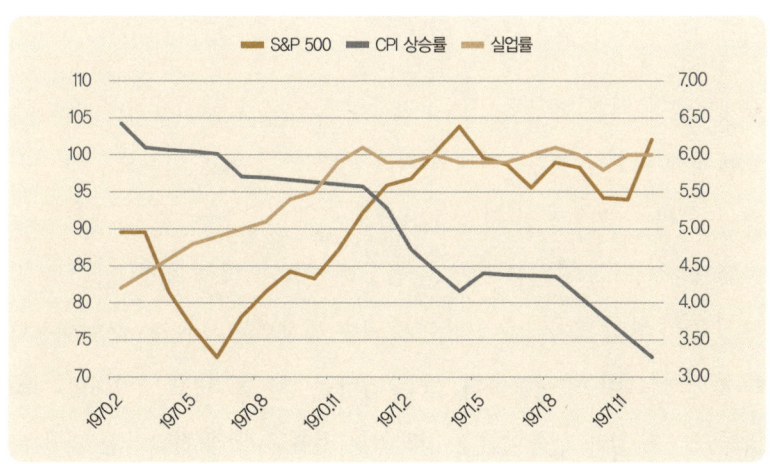

출처: FRED

1. 금리를 어떻게 인하할 수 있었는가?

1970~1971년 연준은 기준금리를 빠르게 인하했습니다. 그 배경에는 CPI 상승률이 1969년 고점을 지나면서 하락세로 접어들었고 실업률은 빠르게 높아지고 있었습니다. 이 조합은 연준에게 금리 인하의 명분을 제공했습니다. 게다가 당시 연준 의장이던 아서 번스는 인플레이션을 구조적·공급측 요인(COLA 임금 계약, 원자재 비용 등)으로 진단하며 단순한 통화량 조절보다 경기 부양이 우선이라는 경제관을 가지고 있었습니다. 이처럼 물가 둔화＋번스의 철학＋실업률 상승은 "연준이 금리를 내릴 수밖에 없다."라는 정당성을 형성한 셈입니다.

2. 시장은 그 신호를 어떻게 해석했는가?

금리가 인하되면 시장 유동성은 증가합니다. 하지만 그 자체로 시장이 곧바로 반등하는 것은 아닙니다. 투자자 입장에서는 이런 근본적인 의문이 먼저 들기 때문입니다.

"금리가 내려 유동성이 증가해도 여전히 경기가 나쁠 수 있는 것 아닌가?"

이처럼 금리 인하만으로는 투자자의 불안감을 해소할 수 없습니다. 그들에게 필요한 것은 "현재의 정책 변화가 곧 실물 회복으로 이어질 것이다."라는 믿을 만한 시그널입니다.

이러한 심리적 장벽을 허무는 결정적 신호가 바로 재정 정책, 즉 정부의 경기 부양 의지였습니다. 당시 닉슨 행정부는 "지금은 균형재정보다 경기 회복이 더 중요하다."라는 입장을 분명히 했고 단기적인 재정 악화보다는 침체 탈출이라는 정책 메시지를 시장에 전달하는 것을 우선시했습니다. 그 결과 닉스노믹스는 단순한 경기 부양책을 넘어 정책 방향이 본격적으로 '완화 기조'로 전환되었다는 시그널로 작용했고 시장 참여자들 사이에서 "이제 바닥은 지나갔다."라는 기대감이 퍼지기 시작합니다.

바로 이 시점부터 시장은 '금리 인하→유동성 확대'라는 흐름에 '재정 정책→경기 회복 기대'라는 확신을 더해 금리 인하 시그널이 회복을 향한 정책 전환의 출발점으로 해석하게 된 것입니다.

3. 그 결과 어떤 기대심리가 자산시장을 이끌었는가?

금리 인하와 함께 재정 정책까지 동시에 완화 기조로 전환되자 시장에서는 회복에 대한 기대감이 점점 형성되기 시작했습니다. 단순히 유동성이 늘어난다는 사실만으로는 자금이 위험자산으로 이동하기에는 부담스러운 여건이었습니다. 여전히 경기가 나쁘고 실업률도 높은 상황에서는 그 돈이 안전하게 돌아올 수 있을지에 대한 불확실성이 컸기 때문이죠.

하지만 이 시점에서 정부가 감세와 재정지출 확대를 강하게 밀어붙이면서 시장은 금리 인하가 단순한 위기 회피가 아니라 본격적인 회복 국면으로의 전환 신호일 수 있다는 기대를 하게 되었습니다. 특히 정부가 "지금은 균형재정보다 경기 회복이 더 중요하다."라는 입장을 분명히 하면서 단기적인 재정 악화보다 침체 탈출을 우선시한다는 강한 메시지를 전달했죠.

이처럼 통화 정책과 재정 정책 모두 같은 방향을 향하고 있다는 사실은 투자자들에게 정책의 일관성과 실행 가능성에 대한 신뢰감을 심어주는 데 충분했습니다. 정책이 정렬되어 있다는 믿음은 곧 "이제는 자산시장으로 자금이 들어가도 괜찮겠다."라는 기대감으로 이어졌고 실물 경기보다 한 발 앞서 시장이 움직이는 계기가 되었습니다.

실제로 S&P 500 지수는 1970년 6월 저점이던 약 73포인트에서 반등하기 시작해 1971년 말에는 105포인트 수준까지 상승했습니다. 약 44%에 달하는 강한 회복세였습니다. 이 시기에 실업률은 여전히 높은 수준에 머물렀고 소비나 고용지표도 명확히 회복세를 보인 것은 아니지만 시장이 먼저 반응하기 시작했던 것입니다.

이 사례에서 중요한 것은 시장의 기대감을 돌릴 수 있었던 결정적인 변수가 무엇이었느냐는 것입니다. 만약 연준의 완화적 태도만으로도 투자자들의 심리를 반전시킬 수 있었다면 금리 인하만으로도 시장은 충분히 반등했을 것입니다. 하지만 경기 침체가 심각한 시기에는 유동성이 공급되고 금리가 낮아졌다는 사실만으로는 투자자들이 자금을 위험자산에 과감히 투입하기 어렵습니다. 유동성은 있어도 방향성이 없으니 시장은 여전히 조심스러울 수밖에 없었죠.

바로 이 타이밍에 정부가 감세와 재정지출 확대를 병행하면서 경기 회복을 위한 정책적 의지를 분명히 드러냈습니다. 이 재정 정책은 단지 정책 수단 하나가 더해진 것에 그치지 않고 시장에 "이제 방향은 확실히 정해졌다."라는 강한 메시지를 전달했습니다.

결과적으로 통화 정책이 반등의 조건을 마련했다면 재정 정책은 그 반등에 실질적인 추진력을 불어넣은 요소였습니다. 즉 정책 조합이 만들어낸 일관된 방향성이 투자자들의 심리를 바꾸는 결정적인 역할을 한 것입니다. 나아가 시대에 따라 이 '기대심리를 돌릴 수 있는 변수'는 달라질 수 있습니다. 어떤 시기에는 통화 정책이 중심 역할을 하고 어떤 때는 재정 정책이 그 역할을 대신합니다. 또는 기술 혁신이나 지정학적 변화 같은 외부 요인이 시장의 기대심리를 움직이기도 하죠.

시장을 움직이는 것은 수치가 아니라 심리이며 과거에는 금리 인하가 이런 기대심리를 돌리는 데 자주 활용되어 왔습니다. 하지만 그것이 항상 정답인 것은 아니었습니다. 때로는 재정 정책, 기술 혁신, 또는 외부 환경이 심리를 바꾸는 주체가 되기도 합니다. 결국 중요한 것은 어떤 정책이 나왔느냐보다 그 정책이 지금 시장이 기다리던 기대를 충족시킬 수 있느냐는 것입니다.

1971~1973년 확장기: 시장의 기대가 무너질 때

시장은 기대에 따라 움직이는 만큼 그 기대가 무너질 때도 가장 먼저 반응합니다. 1970~1971년의 회복장은 분명히 통화 정책과 재정 정책이 맞물리며 기대심리를 돌려놓은 성공적인 사례였습니다. 하지만 그 기대를 지속시키는 데 실패한다면 오히려 더 큰 충격으로 되돌아올 수 있다는 사실도 역사 속에서 반복되어 왔습니다. 1971년부터 이어진 소위 '닉슨 쇼크'와 이후 시장 반응은 정책 신뢰가 무너질 때 자산시장이 얼마나 빨리 깊이 반응하는지를 보여준 대표적인 장면이었습니다.

당시 연준이 금리를 인하한 근거는 분명했습니다. 소비자물가지수(CPI) 상승률은 둔화되는 반면 실업률은 상승하고 있었습니다. 이에 따라 금리 인하의 명분은 존재했고 연준 내부에서도 물가 상승의 원인을 통화량보다는 경제 구조의 변화에서 찾고 있었습니다. 특히 연준 의장이던 아서 번스는 강성 노동조합의 '자동 임금 인상 조항(COLA)'이 물가 상승 때 임금을 자동으로 올리게 만들고 이는 다시 기업의 상품 가격 인상으로 이어지는 악순환 구조를 만들고 있다고 보았습니다. 번스는 이러한 구조적 요인이 인플레이션의 주 원인이라고 판단했으며 인플레이션을 통화량이 아닌 임금과 가격 결정 메커니즘의 왜곡으로 해석했습니다. 따라서 그는 물가를 잡기 위해 금리를 올릴 필요는 없으며 정부가 직접 물가를 통제하면 된다고 믿었습니다.

하지만 이는 통화량이라는 핵심 변수를 간과한 접근이었습니다. 실제로 연준은 1970~1972년 사이 통화량을 급격히 팽창시켰고 그 결과 억눌렸던 인플레이션 압력은 잠복 상태로 누적되고 있었습니다. 이러한 상황에서 닉슨 행정부는 재선을 앞두고 다시 한번 대규모 재정 지출을 단행했으며 연준에도 완화적 기조 유지를 강하게 압박했습니다. 번스 의장은 중앙은행의 독립성보다 대통령과의 정치적 보조를 택했고 금리는 대선 직전까지도 낮은 수준에서 유지되었습니다.

한편 미국은 대외적으로도 통화 시스템의 위기를 맞고 있었습니다. 1960년대 후반부터 베트남 전쟁과 '위대한 사회(Great Society)' 복지 프로그램으로 인해 막대한 재정 지출이 지속되었고 이로 인해 무역수지 적자와 달러 과잉 공급 문제가 점점 심각해졌습니다. 전 세계에서는 미국의 실제 금 보유량보다 훨씬 많은 달러가 유통되고 있었고 유럽 각국은 "달러를 금으로 바꿔달라."라는 금 태환 요구를 연이어 제기했습니다. 그 결과 미국의 금 보유고는 급감했고 온스당 35달러로 금을 태환하겠다는 약속은 더 이상 지킬 수 없는 상황이 되었습니다. 이대로 간다면 달러에 대한 신뢰는 무너질 수밖에 없었고 달러 가치가 하락하면 수입 물가는 상승할 상황이었죠. 즉 국제 통화 질서의 균열이 국내 인플레이션으로 연결될 수 있었던 것입니다.

이처럼 대외적으로는 금 태환 요구를 감당할 수 없는 국제적 압박, 대내적으로는 총수요 급증과 수입물가 상승이라는 이중 압력이 겹치며 미국은 통화·물가·환율 세 가지 축 모두에서 복합적 위기에 직면했습니다.

이에 대응해 1971년 8월 15일 닉슨 대통령은 세 가지 조치를 한꺼번에 발표했습니다. 이를 '닉슨 쇼크(Nixon Shock)'라고 부릅니다.

> **닉슨 쇼크: 세 가지 긴급 조치**
> 1. 달러와 금의 태환 중단(브레튼우즈 체제 종료): 금본위제 폐기, 달러는 더 이상 금에 고정되지 않음→통화 발행의 족쇄 해제
> 2. 임금 및 상품 가격 90일간 동결: 국내 인플레이션 급등에 대한 단기 억제 조치
> 3. 수입품에 10% 긴급 관세 부과: 무역수지 적자를 해소하고 주요 교역 상대국들의 통화 평가절상을 강제하기 위한 전술적 압박 수단

이 가운데 특히 주목할 조치는 '임금 및 상품 가격 90일간 동결'이었습니다. 닉슨 정부는 1971년 8월 15일부터 90일 동안 모든 임금, 이윤, 상품 및 서비스 가격을 동결한다고 발표했습니다. 위반 시에는 정부 산하의 가격위원회(Price Commission)와 임금위원회(Pay Board)를 통해 제재를 가할 수 있도록 설계했습니다.

이 조치는 단기적으로는 효과를 보았습니다. 정책 시행 직후 CPI 상승률은 4%대에서 2%대까지 떨어졌고 시장은 "정부가 인플레이션을 잡을 수 있다."라는 기대를 하기 시작했습니다. 기대심리가 개선되면서

증시는 반등했고 S&P 500 지수는 1970년 저점 대비 약 50% 가까이 상승하며 강력한 회복 흐름을 보여주었습니다. 또한 닉슨 대통령은 물가 통제 정책의 효과를 확인한 후 1971년 말부터 재정 지출을 더 늘리며 경기 부양에 박차를 가했습니다.

하지만 이러한 물가 통제는 오래가지 못했습니다. 가격이 인위적으로 묶이자 기업들은 생산을 줄이거나 공급을 중단하기 시작했고 시장에서는 상품 품귀와 공급 혼란이 발생했습니다. 노동시장도 왜곡되었습니다. 임금이 동결되면서 노동자들의 실질 소득이 감소했고 이는 소비 여력 약화로 이어졌습니다.

이처럼 누적된 부작용은 결국 1972년 하반기부터 서서히 수면 위로 드러나기 시작했습니다. 정책으로 눌러두었던 인플레이션 압력이 다시 고개를 들었고 CPI는 반등세로 전환되었습니다. 연준 내부에서도 금리 인상을 다시 검토해야 한다는 목소리가 커졌습니다.

하지만 문제는 단순히 물가 반등이 아니었습니다. 시장 참여자들의 심리가 변하기 시작한 것이 더 중요했습니다. 1970~1971년까지는 연준과 정부가 통화 정책과 재정 정책을 동원해 경기를 부양할 수 있다는 믿음이 있었고 그 믿음이 기대심리를 자극해 자산시장에 강한 반등을 만들어냈습니다.

하지만 시간이 지날수록 시장은 조금씩 다른 해석을 하기 시작했습니다.

"물가는 다시 오르고 정부는 여전히 돈을 풀고 있다. 과연 이 정책이 지속 가능할까?"

"이제는 오히려 물가가 더 큰 문제 아닐까?"

이러한 의심은 시장 기대의 균열을 의미했습니다. 정책의 일관성과 신뢰가 흔들리기 시작하면 반등의 기반이 되었던 기대심리도 무너지게 됩니다.

기대심리 붕괴의 시그널은 바로 CPI 반등과 금리 인상 가능성 속에서 드러났고 시장도 1972년 후반부터 긴장감을 보이기 시작했습니다. 결국 이러한 흐름은 1973년 1차 오일쇼크라는 외부 충격을 만나면서 본격적인 시장 붕괴로 이어졌습니다.

'유가 급등, 물가 폭등, 성장 둔화.' 미국 경제는 드디어 스태그플레이션이라는 최악의 조합에 진입했습니다. 잠복해 있던 인플레이션 압력은 걷잡을 수 없는 속도로 폭발했고 1970~1972년까지 이어졌던 회복장 기대감은 여지없이 무너졌습니다.

실제로 S&P 500 지수는 1973년 초부터 급락하기 시작해 1974년 말까지 약 40% 넘게 하락했습니다. 결국 1971~1972년까지의 정책 조치들은 단기적으로는 시장을 떠받치는 데 성공한 듯 보였지만 인플레이션이라는 본질적 문제를 해결하지 못한 채 기대감만 부풀렸고 그 대가는 1973~1974년 모든 조치가 한꺼번에 무너지면서 지불하게 되었습니다.

성장과 물가로 읽는 2년물 국채 금리

2년물 국채 금리는 향후 2년 동안의 기준금리 변화에 대한 시장의 기대를 민감하게 반영하는 지표입니다. 그렇기 때문에 우리가 2년물 금리를 바라본다는 것은 지금 시장이 중앙은행의 통화 정책을 어떻게 해석하고 있는지를 들여다보는 것과 같습니다.

예를 들어 2년물 금리가 빠르게 하락한다면 시장이 "앞으로 연준이 금리를 인하할 가능성이 크다."라고 해석하고 있다는 뜻입니다. 반대로 2년물 금리가 급등하면 시장은 "연준이 금리 인상을 서두를 것이다."라고 보고 있을 가능성이 큽니다. 이러한 특성 때문에 2년물 금리는 통화 정책의 변화에 따른 시장 심리의 흐름을 읽게 해주는 매우 유용한 시그널이 됩니다.

금리 인하는 자산시장의 관점에서 명백한 호재일 수 있습니다. 유동성이 풀리고 차입 비용이 낮아지며 중앙은행이 경기 부양에 나서겠다는 신호로 받아들여지기 때문이죠. 하지만 모든 금리 인하가 시장에 긍정적인 반응을 이끌어내는 것은 아닙니다. 금리가 인하되었다는 사실보다 중요한 것은 시장이 그것을 '정말 호재로 읽고 있는가?'입니다.

어떤 시점에서는 오히려 금리 인하가 "경기 상황이 그만큼 나쁘다."라는 해석으로 연결되며 불안심리를 자극하고 시장 반등을 가로막기도 합니다. 이 경우 금리 인하만으로는 부족하며 재정 정책이나 외부 수요 회복, 기대를 바꿀 수 있는 또 다른 신호가 더해져야만 시장이 움직입니다.

반대로 금리 인상은 보통 악재로 받아들여지지만 시장이 '이 정도 인상을 할 수 있다는 것은 연준이 경기 회복을 확신하고 있다는 뜻'으로 해석한다면 금리 인상조차 주식시장에 호재로 작용할 수 있습니다.

이처럼 시장은 금리라는 수치에 반응하는 것이 아니라 그 수치에 담긴 의도와 기대, 그리고 무엇보다 심리에 반응합니다. 그래서 투자자는 단순히 금리 하나만 볼 것이 아니라 지금 시장이 어떤 방향성을 기대하고 있는지, 어떤 재료에 무게를 더 두고 해석하고 있는지 종합적으로 판단해야 합니다.

이를 위해서는 2년물 금리뿐만 아니라 10년물 금리, 금 가격, 달러 흐름 등과 같은 지표들도 함께 보며 시장이 "지금은 유동성을 긍정적으로 해석하고 있는가, 아니면 침체에 더 주목하고 있는가?"를 파악해야 합니다.

결국 중요한 것은 2년물 국채 금리가 담고 있는 '정보'를 읽어내는 것입니다. 그리고 그 정보를 바탕으로 지금 시장의 기대심리가 어디로 쏠리고 있는지 해석하는 것입니다. 이 두 단계를 거쳐야만 우리는 단순한 뉴스 해석을 넘어 실전형 매크로 투자자로 나아갈 수 있습니다.

핵심 정리

더 깊은 해석을 위한 통화 정책에 대한 이해

통화 정책은 본질적으로 수요에 영향을 미치는 정책 수단입니다. 중앙은행이 기준금리를 올리면 대출이 줄고 소비와 투자가 위축되며 결국 총수요(aggregate demand)가 감소합니다. 이러한 메커니즘을 통해 물가를 안정시키는 것이 전통적인 통화 정책의 프레임입니다.

하지만 중요한 전제가 있습니다. 이 방식은 물가가 수요 증가로 인해 상승하는 경우에 작동합니다. 즉 수요 견인 인플레이션(demand-pull inflation)일 때만 효과적으로 작동한다는 의미입니다. 그렇다면 만약 물가 상승의 원인이 공급 측 요인에서 비롯되었다면 어떨까요?

예를 들어 원유 가격 급등, 공급망 교란, 곡물 수급 불안처럼 외부 충격에 의해 공급이 부족해지는 경우에는 금리를 아무리 조절해도 직접적인 효과를 기대하기는 어렵다는 것입니다.

실제로 1970년대 초 미국 연준 의장이던 아서 번스는 당시 미국의 물가 상승이 수요 과열 때문이 아니라 공급 측 요인에서 비롯되었다고 진단했습니다. 그는 노동조합의 임금 협상력, 기업의 가격 결정 메커니즘, 임금 자동 인상 조항(COLA) 등 구조적인 요인이 물가를 끌어올리고 있다고 보았죠.

그래서 번스는 "이런 상황에서는 단순한 금리 인상이 효과가 없다."라고 판단했고 과감한 금리 인하를 단행할 수 있었습니다. 이처럼 공급발 인플레이션은 금리 조절만으로는 해결되기 어려운 영역이라는 것이 사실입니다.

하지만 공급발 충격이 지속적으로 사람들의 심리에 영향을 미쳐 "앞으로도 물가는 계속 오를 것이다."라는 기대인플레이션(inflation expectation)을 자극하면 상황은 달라집니다.

기대인플레이션이 상승하면 노동자들은 미리 임금을 더 요구하고 기업은 물가 상승을 반영해 선제적으로 가격을 인상하고 그 과정에서 임금과 물가가 서로 자극하는 2차 파급효과가 발생합니다.

결국 단기적 충격이었던 공급발 인플레이션이 장기적이고 구조적인 인플레이션으로 전이되는 메커니즘이 형성되는 것이죠. 결국 1980년대 초 연준 의장 폴 볼커(Paul Volcker)는 강도 높은 금리 인상에 나서게 되었죠. 폴 볼커는 물가가 구조적으로 오른다는 기대심리를 꺾기 위해 극단적인 금리 인상이라는 처방을 선택했고 경제가 크게 망가지고 나서야 비로소 미국의 물가는 안정 궤도에 진입하게 되었습니다.

여기서 핵심적인 교훈은 공급발 인플레이션이라고 하더라도 그 영향이 기대심리로 전이되면 반드시 통화 정책이 개입해야 한다는 것입니다. 이때 금리 인상의 목적은 단순한 수요 억제가 아니라 '중앙은행이 물가를 반드시 잡을 것이라는 신뢰를 회복하는 것'입니다.

이러한 역사적 교훈은 오늘날에도 여전히 유효합니다. 2020년대의 인플레이션도 유가 상승, 전쟁, 공급망 붕괴 등 공급 측 요인이 주요 원인으로 작용한 경우가 많았습니다. 그리고 공급발 충격이 기대심리까지 흔들기 시작했다면 이때는 중앙은행의 통화 정책이 개입해야 할 시점입니다.

그 목적은 단순히 수요를 억제시키는 것이 아닙니다. 진짜 목표는 시장 심리를 안정시키고 장기 기대인플레이션을 고정(anchor)시키는 것입니다.

오늘날 전 세계 중앙은행들이 물가안정 목표치를 2%로 설정하는 이유도 바로 여기에 있습니다. 물가가 꼭 2%여야 한다는 수치 그 자체보다 중요한 것은 "중앙은행은 언제나 2% 물가를 지향할 것이다."라는 신호를 시장에 일관되게 보내는 것입니다.

이 신뢰가 있을 때 시장은 물가가 일시적으로 오르더라도 심리적으로 과도하게 반응하지 않게 되고 기대인플레이션도 안정된 상태를 유지할 수 있게 됩니다. 이러한 점을 이해하고 있다면 앞으로 금리 움직임을 훨씬 정교하게 해석할 수 있습니다. 이제 우리는 금리를 더 입체적이고 전략적으로 해석할 수 있는 시야를 갖게 되었습니다.

다음 장에서는 '장기금리(10년물)'가 시장에 어떤 시그널을 주는지 그리고 그것이 투자자 심리에 어떤 영향을 미치는지를 살펴보겠습니다.

· 2장 ·
장기금리 (10년물 미국 국채)
| 경제의 장기 기대 |

1장에서는 단기 국채 금리를 통해 투자자들이 생각하는 '정책금리(기준금리)' 전망을 살펴봤습니다. 이 단기금리 속에는 시장이 보는 '물가와 성장의 기대'가 반영되어 있다는 것도 함께 보았습니다. 이번에는 한 걸음 더 나아가 '장기금리', 특히 10년물 미국 국채 금리를 들여다보려고 합니다.

간단히 말해 10년물 국채 금리도 결국 "앞으로 10년 동안의 기준금리 평균이 얼마일까?"를 시장이 계산한 값이라고 볼 수 있습니다. 물론 여기에 불확실성에 대한 보상(프리미엄)까지 얹히면서 좀 더 복잡한 구조가 되지만 말이죠.

다시 말해 10년물 금리는 단순히 "지금보다 금리를 올릴까, 내릴까?" 정도를 넘어 앞으로 10년 동안 시장이 생각하는 경제 방향, 물가 흐름, 그에 따른 위험 인식까지 모두 녹여낸 종합지표라고 할 수 있습니다. 이처럼 10년물 금리에 담긴 복합적인 정보를 해부하기 위해 우리는 미국 연준(Fed)에서도 사용하는 한 가지 분석 틀을 참고할 수 있습니다.

바로 DKW 모델이라는 도구입니다. 이 모델은 10년물 국채 금리를 네 가지 구성 요소로 나누어 보여주는 방식인데 각각의 항목은 금리의 방향성뿐만 아니라 물가에 대한 시장의 기대와 위험 인식까지 함께 해석할 수 있도록 도와주는 역할을 합니다.

지금부터 이 DKW 모델을 바탕으로 10년물 국채 금리를 이루는 네 가지 정보 조각들을 하나씩 들여다보겠습니다.

📊 **DKW 모델의 실제 예(2024년)**

날짜	10년간 기대 실질 단기금리	10년간 기대 인플레이션율	실질 기간 프리미엄	인플레이션 리스크 프리미엄	10년물 국채 금리
6.3	1.47	2.76	0.26	(0.11)	4.38
6.4	1.45	2.74	0.22	(0.12)	4.30
6.5	1.44	2.74	0.21	(0.12)	4.27
6.6	1.44	2.73	0.20	(0.12)	4.25
6.7	1.48	2.76	0.26	(0.10)	4.40

출처: 미국 연방준비제도이사회, 「Economic Research Data」

10년물 금리를 이루는 요소: DKW(D'Amico, Kim, Wei) 모델

친구가 갑자기 "10년 동안 돈 좀 빌려줄래? 10년 후 갚을게."라고 한다면 여러분은 어떤 기준으로 이자율을 정할 것 같나요? 아마도 몇 가지를 따져볼 겁니다.

10년간 기대 실질 단기금리 (exp.real.short.rate.10)

가장 먼저 앞으로 10년 동안 돈의 '기본적인 가치'가 어떻게 변할지 생각하겠죠. 예를 들어 친구가 "10년 동안 돈을 빌리고 매년 3% 이자를 줄게."라고 말한다고 가정해봅시다. 표면적으로는 나쁘지 않은 조건처럼 보일 수 있습니다. 하지만 이때 반드시 생각해야 할 것이 있습니다.

"그런데 앞으로 물가는 얼마나 오를까?"

만약 물가가 매년 5%씩 오른다면 매년 3%의 이자를 받아도 실제로는 손해를 보는 셈입니다. 왜냐하면 내가 받은 이자보다 돈의 구매력이 더 빨리 떨어지고 있기 때문입니다. 지금 3만 원으로 살 수 있는 물건을 10년 후에는 그 돈으로 살 수 없게 될지도 모릅니다.

이처럼 이자율만 보는 것이 아니라 물가를 고려한 '실질 이자율', 즉 물가 상승분을 빼고도 내가 실제로 얻는 이득이 얼마인지 따지는 것이 중요해집니다. 바로 이 실질 이자율이야말로 '돈의 기본적 가치'를 판단하는 기준이 되는 셈입니다.

예를 들어 실질 단기금리가 1.5% 수준이라는 것은 투자자들이 물가 상승을 고려하더라도 자금을 빌려 사용하면 1.5%의 실질 수익을 낼 수 있을 것이라고 기대하고 있다는 의미입니다. 경제가 정상적으로 성장하고 있다면 기업 이익이 늘고 수익률도 개선되며 자금을 빌려 투자하려는 수요도 활발해집니다. 이때는 실질금리도 높은 수준을 유지할 수 있죠.

이처럼 실질 단기금리가 높다는 것은 단순히 금리가 높다는 의미를 넘어 시장이 경제의 펀더멘털을 낙관하고 있으며 자금의 실질 수익률이 충분히 보장될 수 있다고 기대하고 있다는 신호로 해석할 수 있습니다.

반대로 실질 단기금리가 마이너스인 경우는 어떨까요? 예를 들어 실질 단기금리가 -0.5%처럼 마이너스라는 것은 채권에서 받는 명목이자(예: 2%)보다 물가상승률(예: 2.5%)이 더 높아 투자자가 실제로는 0.5% 손해를 본다는 뜻입니다. 즉 채권에 돈을 빌려줘도 물가를 감안하면 돈의 가치가 줄어드는 셈이죠.

그럼에도 불구하고 자금을 빌려주는 현상은 투자자들이 경제 상황을 그만큼 비관적으로 보고 있다는 신호입니다. 시장 참여자들은 "어차피 자산을 굴려봤자 실질 수익을 내기 어렵다."라고 판단하기 때문에 차라리 손해를 감수하더라도 가장 안전하다고 여겨지는 미국 국채에 자금을 맡깁니다.

결국 이는 '원금이라도 지키자'라는 안전자산 선호 심리가 강하게 작동한 결과라고 볼 수 있습니다. 즉 마이너스 실질금리는 경제 성장에 대한 기대가 매우 낮고 시장이 극단적인 불확실성과 공포 속에서 안전자산으로 쏠리고 있다는 신호로 읽을 수 있습니다.

결국 투자자들이 주목하는 것은 "앞으로 이 돈의 실질 가치는 얼마나 유지될 수 있을까?"라는 점이며 이 기대감을 반영하는 것이 바로 '10년간 기대 실질 단기금리(exp.real.short.rate.10)'입니다. 이 금리는 향후 10년 동안의 기준금리 경로에 대한 예상, 그리고 그 속에 담긴 시장의 기대를 반영한 가장 기본적인 금리 수준이라고 할 수 있습니다.

10년간 기대인플레이션율(exp.inflation.10)

10년 사이에 물가(인플레이션)가 얼마나 오를지도 반드시 고려해야 합니다. 우리가 국채나 채권에 투자할 때 단순히 "이자 몇 % 준다."라고만 생각하면 안 되는 이유가 바로 여기에 있습니다. 예를 들어 10년 동안 매년 2% 이자를 받는다고 가정해봅시다. 처음에는 만족스러운 조건으로 느껴질 수 있습니다. 그런데 만약 그 10년 동안 물가가 매년 3%씩 오른다면 어떻게 될까요? 이자율은 2%인데 물가가 3%씩 오르는 상황입니다. 그렇다면 내 자산의 실질 가치는 해마다 1%씩 줄어드는 셈이 됩니다.

결국 10년 후 내가 받은 이자는 겉보기에는 이득처럼 보이지만 실제로는 구매력이 떨어진 '속 빈 강정'일 수 있다는 말입니다. 이처럼 장기 투자에서 중요한 것은 단순히 수치로 표시된 명목 이자율이 아니라 그 속에 물가 상승이 얼마나 반영되어 있느냐입니다. 그래서 국채 금리를 해석할 때 두 번째로 꼭 살펴봐야 하는 것이 바로 이 '10년간 기대인플레이션율(exp.inflation.10)'입니다.

이 값은 시장이 판단하는 향후 10년간 평균 물가 상승률이라고 볼 수 있습니다. 이 지표가 높아진다는 것은 투자자들이 앞으로 물가가 많이 오를 것으로 보고 있다는 뜻이며 반대로 이 지표가 낮다는 것은 물가가 안정적일 것이라는 기대가 반영되어 있다는 뜻입니다.

여기서 중요한 포인트는 물가가 오를 것이라는 예측만으로도 금리는 움직일 수 있다는 것입니다. 왜냐하면 투자자들은 그 예측을 기준으로 "이 정도 물가 상승을 감안하면 이 정도는 받아야 손해를 안 보겠다."라는 판단을 내리기 때문입니다.

요약하면 10년물 국채 금리에 포함된 두 번째 요소는 '앞으로 물가가 얼마나 오를 것인지에 대한 시장의 기대'입니다.

실질 기간 프리미엄(real term premium)

10년은 너무 긴 시간이라 그동안 무슨 일이 생길지 모르니 오랫동안 돈을 맡기는 대가도 요구하게 됩니다. 그사이에 무슨 일이 생길지 아무도 예측할 수 없습니다. 갑자기 경기가 나빠질 수도 있고 중앙은행의 정책이 바뀔 수도 있으며 심지어 전 세계 경제 질서 자체가 뒤바뀔 수도 있습니다.

이처럼 미래가 불확실한 상황에서 투자자는 자신의 자금을 오랜 기간 국채에 '묶어두는 것' 자체에 대한 일종의 대가를 요구하게 됩니다. 이때 발생하는 것이 바로 '실질 기간 프리미엄'입니다. 쉽게 말해 "내가 10년이라는 긴 시간 동안 돈을 맡겨야 하니까 그만큼 이자를 더 줘야겠어."라는 것이죠. 이것은 단순히 돈의 가치 문제라기보다 불확실성에 대한 심리적 보상이라고 생각하시면 됩니다.

단기 채권은 예측하기 쉬워 큰 걱정이 없지만 장기 채권은 예측하기 어려운 변수들에 노출되기 때문에 더 많은 보상(프리미엄)을 요구하는 겁니다. 그래서 이 프리미엄은 시장이 얼마나 불안해하고 있는지 또는 장기 투자에 대해 얼마나 조심스러워하는지를 보여주는 신호이기도 합니다.

예를 들어 경제가 안정되고 모든 것이 예측 가능한 국면이라면 투자자들은 굳이 높은 기간 프리미엄을 요구하지 않을 겁니다. 하지만 경제가 혼란스럽고 앞으로 무슨 일이 생길지 아무도 모른다는 분위기가 퍼지면 투자자들은 자연스럽게 더 많은 안전 마진을 요구하게 되죠.

결국 이 실질 기간 프리미엄은 장기 투자에 따르는 '불확실성'과 '유동성 부족'에 대한 보상이라고 볼 수 있습니다. 그래서 10년물 국채 금리를 해석할 때는 "지금 시장은 장기적인 불확실성을 얼마나 두려워하고 있는가?" 이 질문에 대한 답이 실질 기간 프리미엄 속에 담겨 있는 것입니다.

인플레이션 위험 프리미엄(inflation risk premium)

투자자들이 특히 걱정하는 것은 물가가 단순히 오르는 것 자체가 아니라 예상보다 훨씬 더 많이 오를지도 모른다는 불확실성입니다. 그리고 이 불확실성에 대비하기 위해 투자자들은 일종의 '보험료' 같은 프리미엄을 요구하게 됩니다. 이것을 '인플레이션 위험 프리미엄(inflation risk premium)'이라고 부릅니다. 말 그대로 물가가 시장의 예상치를 벗어나 크게 출렁일 가능성에 대한 대가인 셈입니다.

예를 들어 시장에서는 앞으로 10년 동안 물가가 평균 2% 정도 오를 것으로 예상하고 있다고 가정해봅시다. 그런데 투자자 입장에서는 이런 생각이 들 수 있습니다.

"물가가 꼭 2%만 오른다는 보장이 없잖아. 혹시 중간에 전쟁이 나거나 유가가 급등하거나 공급망에 문제가 생기면 물가가 갑자기 튀어 오를 수도 있어. 그럼 내 자산 가치는 깎일 텐데…"

바로 이런 걱정 때문에 투자자는 "예상 밖의 물가 급등에도 손해를 보지 않으려면 조금 더 얹어줘야겠어."라고 요구하는 겁니다. 이렇게 요구되는 '추가 이자'가 바로 인플레이션 위험 프리미엄입니다.

쉽게 말해 물가의 '예측 불가능성'에 대한 보상이라고 볼 수 있습니다. 이 프리미엄은 시장의 불안감이 커질수록 높아지고 경제가 안정되고 물가가 잘 관리된다는 신뢰가 생기면 자연스럽게 낮아집니다. 그래서 때로는 이 수치를 통해 시장 참여자들이 '예상치가 아닌 실제 리스크를 얼마나 걱정하고 있는지'를 엿볼 수 있습니다.

실제 예: 2024년 트럼프 당선

지금까지 10년물 금리에 담긴 네 가지 정보를 설명해봤습니다. 그럼 이 이론은 실제 시장에서 어떻게 쓰이고 있을까요? 미국 연준에서는 DKW 모델을 기반으로 매월 10년물 국채 금리를 네 가지 항목으로 분해한 데이터를 발표합니다. 그 덕분에 우리는 단순히 금리 수치만 보는 것이 아니라 그 속에 담긴 시장의 기대와 심리도 수치로 추적할 수 있습니다.

아래 도표는 2024년 10월 DKW 데이터의 일부입니다.

2024년 DKW 모델

날짜	기대 실질 단기금리	기대 인플레이션율	실질 기간 프리미엄	인플레이션 리스크 프리미엄
10.1	1.11%	2.63%	0.14%	−0.13%
10.15	1.19%	2.6%	0.26%	−0.09%
10.30	1.26%	2.73%	0.37%	−0.05%

출처: 미국 연방준비제도이사회, 「Economic Research Data」

위 도표를 보면 금리는 하나지만 그 안에 담긴 경제 전망, 물가 기대, 불확실성 심리가 조금씩 어떻게 바뀌고 있는지를 한눈에 알 수 있습니다. 예를 들어 10월 1일부터 10월 30일까지 기대 실질 단기금리는 1.11%에서 1.26%까지 상승했고 기대인플레이션율도 2.63%에서 2.73%로 소폭 올라 있습니다. 인플레이션 리스크 프리미엄은 -0.13%에서 -0.05%로 오히려 더 작아지는 흐름을 보이고 있죠.

반면 주목할 점은 실질 기간 프리미엄이 0.14%에서 0.37%로 크게 상승했다는 것입니다. 실질 기간 프리미엄은 10년이라는 긴 시간 동안 무슨 일이 벌어질지 알 수 없기 때문에 투자자들이 그 불확실성에 대한 대가로 요구하는 금리입니다. 쉽게 말해 장기간 돈을 맡겨 두는 데 따르는 위험 보상의 성격을 띤 것이죠.

이 개념을 적용해보면 10월 1일부터 10월 30일 사이 실질 기간 프리미엄이 0.14%에서 0.37%로 0.23%나 오른 것은 불과 한 달 동안 투자자들의 불안감이 눈에 띄게 커졌다는 의미입니다. 따라서 단순히 수치 상승을 확인하는 데 그칠 것이 아니라 무엇이 시장 참여자들의 불안감을 증폭시켰는지 그 원인을 분석하는 과정이 필요합니다.

그렇다면 이 시기에 무슨 일이 있었을까요? 바로 트럼프 대통령의 당선 가능성이 높아지던 시기였습니다. 트럼프는 선거운동 과정에서 대규모 감세와 인프라 투자 확대 등 재정 지출을 크게 늘리겠다는 계획을 여러 번 밝힌 바 있습니다. 시장에서는 이러한 공약을 보며 앞으로 정부의 재정적자가 확대될 가능성이 크다고 판단하게 됩니다. 예를 들어 미국 정부가 "앞으로 100조 달러 규모의 국채를 발행하겠다."라고 밝힌 상황이라고 가정해보죠. 그런데 시장에서 이 국채를 사려는 수요가 충분하지 않다면 어떻게 될까요? 수요가 부족한 상황에서 국채를 모두 소화하려면 정부는 결국 더 높은 이자를 제시할 수밖에 없습니다. 즉 투자자들에게 "지금 금리보다 더 많이 줄 테니 이 국채를 사달라."라고 설득해야 하는 상황이 되는 겁니다.

특히 재정적자가 커질 것으로 예상되면 투자자들은 자연스럽게 국채 발행량이 크게 증가할 것으로 봅니다. 채권도 결국 시장에서 거래되는 상품이기 때문에 공급이 급격히 늘어나면 가격은 하락하고 금리는 상승하게 됩니다. 그 결과 장기채를 보유하는 데 따르는 위험이 커졌다고 판단한 투자자들은 더 많은 보상을 요구하게 되고 이러한 심리는 실질 기간 프리미엄 상승으로 곧바로 이어집니다.

지금까지 살펴본 네 가지 요소를 정리하면 다음과 같습니다.

1. 기대 실질 단기금리
2. 기대인플레이션율
3. 실질 기간 프리미엄
4. 인플레이션 리스크 프리미엄

그리고 이 네 가지를 모두 더한 값이 바로 10년물 국채 금리입니다. 단순한 수치 하나에 불과해 보이는 금리 속에도 이렇게 시장 참여자들의 기대와 불안, 전망과 심리가 고스란히 담겨 있습니다.

역사적 사건으로 본 장기금리의 움직임

미국 연준(Fed)에서 매달 발표하는 DKW 모형 등에서도 이러한 네 가지 요소(기대인플레이션, 기대 실질금리, 인플레이션 리스크 프리미엄, 실질 기간 프리미엄)로 국채 금리를 설명하는데 금리가 움직일 때 어느 구성요소가 움직였는지 파악하는 것이 시장 상황을 해석하는 열쇠가 됩니다. 같은 금리 상승이라도 어느 요소의 변화로 인한 금리 상승인가에 따라 자산시장에 미치는 영향이 완전히 달라지기 때문입니다.

이제 과거 주요 사례들을 통해 시대별로 어떤 금리 구성요소가 주도했고 자산시장에 어떤 영향을 미쳤는지 알아보겠습니다.

1. 1994년: 예상 실질금리 급등과 '채권시장 대학살'

1990년대 초 미국은 1980년대 고물가 시대를 지나 비교적 안정된 물가 환경에 진입해 있었습니다. 소비자물가 상승률은 3% 안팎으로 유지되었고 시장은 연준이 한동안 완화적인 기조를 이어갈 것으로 기대하고 있었습니다. 하지만 1994년 이 평온한 기대는 완전히 깨졌습니다.

당시 연준 의장이던 앨런 그린스펀(Alan Greenspan)은 인플레이션이 본격화되기도 전에 선제적인 기준금리 인상에 나섰습니다. 당시 시장은 "물가도 안정적이고 경기 회복도 진행 중인데 왜 지금 금리를 올리는가?"라는 의문을 가졌지만 연준은 "경기가 과열되기 전에 미리 조정하겠다."라는 정책 기조를 선택했습니다.

1994년 2월부터 연준은 기준금리를 인상하기 시작했고 불과 1년 사이에 3.0%에서 5.5%로 총 2.5%포인트를 끌어올렸습니다. 문제는 속도였습니다. 정책 변화에 대한 사전 가이던스가 충분하지 않았고 시장은 갑작스러운 이 전환을 '경고 없이 찾아온 긴축'으로 받아들였습니다. 정책 신뢰에 금이 가면서 투자자들은 연준이 예상보다 훨씬 더 공격적으로 금리를 올릴 것이라고 해석하기 시작했습니다.

이때부터 시장은 본격적으로 요동치기 시작했습니다. 특히 장기채 시장이 큰 충격을 받았습니다. 10년물 미국 국채 금리는 1994년 초 6% 이하에서 연말에는 8%를 넘기며 2% 이상 급등했고 장기채 가격은 10% 이상 폭락했습니다. 세계 채권시장에서 발생한 손실은 약 1조5천억 달러에 달했고 이 시기는 이후로도 '채권시장 대학살'이라는 이름으로 회자되었습니다.

그렇다면 당시 금리 급등의 원인은 무엇이었을까요?

1994년 DKW 모델

구성 항목	1994.1.12	1994.11.7	변화량(Δ)
기대 실질 단기금리	1.34	2.43	1.09
기대인플레이션율	3.02	3.47	0.45
실질 기간 프리미엄	1.24	1.76	0.52
인플레이션 리스크 프리미엄	0.25	0.38	0.13
명목 국채 수익률	5.84	8.04	2.2

출처: 미국 연방준비제도이사회, 「Economic Research Data」

1994년 1월 12일부터 11월 7일까지 10년물 미국 국채 수익률은 5.84%에서 8.04%로 2.2%포인트 상승했습니다.

가장 먼저 눈에 띄는 것은 기대 실질 단기금리의 급등입니다. 1.34%에서 2.43%로 1.09%포인트 상승하며 전체 금리 상승분의 절반가량을 설명하고 있습니다. 반면 기대인플레이션은 0.45%포인트 상승하는 데 그쳤습니다. 이는 당시 금리 상승이 인플레이션 압력 때문이라고 보기는 어렵습니다.

이 흐름은 프리미엄 변화에서도 확인할 수 있습니다. 실질 기간 프리미엄은 같은 기간 동안 1.24%에서 1.76%로 0.52%포인트 상승했습니다. 반면 인플레이션 리스크 프리미엄은 0.25%에서 0.38%로 0.13%포인트 상승하는 데 그쳤습니다. 이는 시장이 당시 물가 자체에 대해서는 큰 위협을 느끼지 않았다는 것을 시사합니다.

결국 이 두 프리미엄의 움직임은 다른 종류의 불확실성을 보여줍니다. 실질 기간 프리미엄은 연준의 통화 정책 경로, 즉 정책 방향에 대한 불확실성을 나타냅니다. 주로 실질 기간 프리미엄은 경제 펀더멘털 전망이 불확실할 때 나타난다고 보시면 됩니다. 반면 인플레이션 리스크 프리미엄은 향후 물가 전망에 대한 불확실성을 반영한다고 보시면 됩니다.

예를 들어 금리가 오르는 이유가 물가가 너무 올라 이를 억제하기 위한 것이라면 시장은 더 크게 흔들렸을 것입니다. 그럴 때는 주식과 채권도 동반 하락하고 투자자들은 위험자산에서 빠져나오려는 움직임을 보이게 됩니다. 이런 흐름은 과거 스태그플레이션(물가는 오르는데 경기는 둔화하는 상황) 시기에서 자주 나타났습니다.

하지만 1994년 금리가 오른 이유는 실질 단기금리 영향이 컸으며 이는 경제가 강해졌기 때문입니다. 그렇기 때문에 시장도 금리 인상을 무조건 나쁘게만 받아들이진 않았습니다. 실제로 그해 주식시장(S&P 500)을 보면 금리 인상 직후에는 잠시 하락했지만 연말에 다시 회복해 연초와 비슷한 수준으로 마감했습니다. 반면 채권시장은 타격이 컸습니다. 채권은 금리 상승에 가장 민감한 자산이기 때문에 장기금리가 급등하면서 가격이 크게 떨어졌습니다.

- 물가가 올라 금리가 오르면 → 시장은 불안해지고 주식·채권 모두 하락할 수 있습니다.
- 경기가 좋아 금리가 오르면 → 시장은 이를 긍정적으로 받아들이기도 합니다.

그래서 우리는 단순히 "금리가 올랐다, 내렸다."라는 수치만 볼 것이 아니라 "금리의 어떤 부분이 움직였는가?", "시장 참여자들이 그 움직임을 어떻게 해석했는가?"도 함께 보아야 합니다. 이처럼 DKW 모델을 통해 금리를 구성하는 요소 그리고 시장 심리가 어떻게 반응하고 있는지를 함께 읽으면 실전 투자에서 유용하게 활용할 수 있습니다.

2. 2005년: 기간 프리미엄 축소와 '그린스펀의 수수께끼'

금리는 오르고 있었지만 이상하게도 장기금리는 꿈쩍도 하지 않던 시기가 있었습니다. 바로 2004년부터 2005년까지 미국 채권시장입니다. 당시 연준은 정책금리를 꾸준히 올리고 있었지만 10년물 국채 수익률은 거의 제자리걸음을 하고 있었습니다. 이 기현상은 시장과 연준 모두 당혹스럽게 만들었고 결국 당시 연준 의장이던 앨런 그린스펀은 이것을 '수수께끼(conundrum)'라고 표현했습니다.

실제 당시 금리 흐름을 보면 2004년 6월부터 기준금리를 1.0%에서 시작해 매번 회의 때마다 0.25%포인트씩 점진적으로 인상해 나갔고 2005년 말에는 4.25%에 도달했습니다. 정상적인 상황이라면 단기금리가 이렇게 오르면 시장은 '향후에도 금리가 계속 오를 것'이라고 판단해 장기금리도 함께 오르는 흐름이 나타납니다. 하지만 이 시기에는 정반대 현상이 벌어졌습니다. 10년물 국채 금리가 오히려 하락하거나 4% 초반에서 정체 상태를 이어갔던 것입니다.

2004~2006년 DKW 모델

구성 항목	2004.6.1	2006.12.29	변화량(Δ)
기대 실질 단기금리	0.75%	1.50%	0.75
기대인플레이션율	2.80%	2.82%	0.02
실질 기간 프리미엄	1.17%	0.46%	−0.71
인플레이션 리스크 프리미엄	0.27%	−0.04%	−0.31
명목 국채 수익률	5.01%	4.74%	−0.27

출처: 미국 연방준비제도이사회, 「Economic Research Data」

2004년 6월과 2006년 12월의 데이터를 비교해보면 기대 실질 단기 금리는 0.75%→1.50%로 상승했고 기대인플레이션은 2.80%→2.82%로 안정적으로 유지되었습니다. 정책금리를 올린 만큼 실질금리 기대가 따라 올라간 것은 자연스러운 흐름이었습니다. 하지만 10년물 명목 국채 금리는 오히려 5.01%에서 4.74%로 하락했는데 그 원인은 명확합니다. 바로 프리미엄의 축소였습니다.

- 실질 기간 프리미엄: 1.17%→0.46%(−0.71%p)
- 인플레이션 리스크 프리미엄: 0.27%→−0.04%(−0.31%p)

이처럼 시장이 장기채에 요구하는 '불확실성 보상'이 거의 사라지면서 장기금리는 단기금리와 반대로 움직이게 된 것입니다.

일반적으로 투자자들은 장기채에 투자할 때 더 많은 위험을 감수하는 만큼 일정 수준의 위험 보상, 즉 기간 프리미엄을 요구합니다. 하지만 이 시기에는 전 세계적으로 장기금리를 끌어내리는 구조적 요인들이 많았습니다.

중국, 일본 등 해외 중앙은행들이 미국 장기 국채를 대규모 매입하며 수요가 폭증했고 저금리 기조 속에서 글로벌 자금이 미국 국채 등 안전자산으로 쏠리는 흐름이 나타났습니다. 지속적인 디스인플레이션 환경 속에서 인플레이션에 대한 불확실성이 낮아졌고 시장 참여자들은 장기채에 대해 과거만큼의 보상을 요구하지 않게 된 것입니다. 즉 시장은 "10년 동안 돈을 빌려줘도 별로 불안하지 않다."라는 인식을 가졌고 이런 심리가 실질 기간 프리미엄을 0에 가깝게 만들며 장기금리를 눌러버린 것입니다.

이 사례는 우리가 금리를 해석할 때 경기나 물가 같은 전통적 변수 외에도 자금 흐름과 수급 구조 변화가 장기금리에 강한 영향을 미칠 수 있다는 것을 보여줍니다. 즉 금리 해석은 펀더멘털뿐만 아니라 채권 수요·공급 구조, 글로벌 유동성 흐름까지 포함해야 비로소 입체적인 해석이 가능해집니다.

3. 2008년: 극한의 공포 등장

2008년은 말 그대로 경제와 금융 시스템이 붕괴되었던 해입니다. 리먼 브라더스가 파산하면서 본격적인 금융위기가 터졌고 주식시장과 채권시장, 실물경제 모두 동시에 흔들리는 초유의 사태가 발생했습니다.

이런 위기 상황 속에서 금리 구조는 어떻게 반응했을까요? 2008년 금리 흐름을 DKW 모델로 들여다보면 당시 시장의 공포와 심리, 정책 대응의 여파가 어떻게 반영되었는지 명확히 파악할 수 있습니다.

2008년 DKW 모델

구성 항목	2008.1.2	2008.12.18	변화량(Δ)
기대 실질 단기금리	0.96	−0.08	−1.04
기대인플레이션율	2.73	2.36	−0.37
실질 기간 프리미엄	0.46	0.35	−0.11
인플레이션 리스크 프리미엄	−0.01	0.02	0.03
명목 국채 수익률	4.17	2.67	−1.5

출처: 미국 연방준비제도이사회, 「Economic Research Data」

2008년 한 해 동안 10년물 미국 국채 수익률은 4.17%에서 2.67%로 1.5%포인트나 하락했습니다. 이는 연준이 기준금리를 0.25% 수준까지 인하하며 초저금리 정책을 도입한 결과이기도 했지만 단순히 정책 때문으로만 해석되진 않았습니다. 그 이면에는 투자자들의 극심한 공포와 안전자산 선호 심리가 자리잡고 있었습니다.

무엇보다 가장 눈에 띄는 변화는 기대 실질 단기금리의 붕괴였습니다. 2008년 1월 0.96% 수준이던 기대 실질 단기금리가 12월 −0.08%로 마이너스 영역에 진입했죠. 채권시장 참여자들이 앞으로 10년간 실질 금리가 음의 값을 기록할 수도 있다고 본 것입니다. 이는 굉장히 이례적인 현상이었습니다. 채권에 투자해 실질적으로 손해를 보더라도 돈을 안전하게 보관하고 싶어 하는 심리가 시장을 지배하고 있었다는 뜻이죠. 당시 시장은 그만큼 "경제가 완전히 무너질 수도 있다."라는 두려움에 휩싸여 있었습니다.

기대인플레이션도 2.73%에서 2.36%로 하락했지만 이 수치는 상대적으로 선방한 수준이었습니다. 한편 실질 기간 프리미엄은 0.46%에서 0.35%로 소폭 하락했고 인플레이션 리스크 프리미엄은 -0.01%에서 0.02%로 매우 미세한 움직임을 보였습니다.

즉 금리 하락의 대부분은 기대 실질 단기금리의 급락에서 비롯된 것이며 프리미엄 요인 변화는 제한적이었다고 해석할 수 있죠. 시장은 향후의 정책 불확실성이나 물가 위험보다 당장의 공포와 유동성 확보에 더 민감하게 반응하고 있었던 것입니다.

결과적으로 이 시기의 금리 하락은 거의 전적으로 기대 실질 단기금리의 붕괴에 기반하고 있었죠. 연준의 금리 인하는 분명히 강력한 정책 신호였지만 당시 시장은 실질 수익을 기대하기보다 수익을 포기하더라도 안전만 확보하겠다는 선택을 했던 것입니다.

2008년 12월 -0.08%라는 수치는 단순한 데이터 그 이상이었습니다. 시장 참여자들이 수익을 포기하고서라도 오직 '안전'만 택했던 순간 바로 그 극단적 심리를 수치가 고스란히 담고 있었던 것이죠.

4. 2021~2022년: 네 가지 요소가 모두 상승한 인플레이션 리프라이싱

금리의 네 가지 구성요소가 동시에 상승하는 경우는 드뭅니다. 하나가 오르면 다른 하나가 눌리거나 특정 시점의 주도 요인이 강하게 작동하는 경우가 대부분이기 때문입니다. 하지만 2021년에서 2022년으로 이어지는 시기에는 기대 실질 단기금리, 기대인플레이션율, 기간 프리미엄, 인플레이션 리스크 프리미엄 모두 한꺼번에 상승하는 보기 드문 조합이 나타났습니다. 이는 시장 전반이 기존 저물가·저금리 체제에 대한 인식을 완전히 재정립(repricing)하는 흐름 속에서 나타난 결과였습니다.

2020년 코로나 팬데믹이 발생했을 때 연준은 기준금리를 0%로 낮추고 수천 조 달러 규모의 자산을 매입하는 초대형 양적완화(QE)를 단행했습니다. 미국 정부는 여기에 더해 대규모 재난지원금, 실업급여 확대 등 재정 지출도 사상 최대 규모로 쏟아부었습니다.

이 조치들은 초기에는 경기 붕괴를 막는 데 효과적이었지만 동시에 시중에 돈이 너무 많아지는 부작용도 낳았습니다. 2021년 미국 경제는 회복세에 접어들었지만 공급망은 아직 회복되지 않았고 상품은 부족한데 돈은 넘치는 구조가 만들어졌습니다. 그 결과 소비자물가지수(CPI)는 2021년 중반부터 본격적으로 상승하기 시작했고 2022년에는 9%를 넘는 인플레이션이 발생했습니다. 처음에는 '일시적일 것'이라던 연준도 2021년 말부터 입장을 바꾸기 시작했고 2022년에는 1980년대 이후 가장 가파른 긴축 사이클이 전개되었습니다.

이 시기의 10년물 미국 국채 금리는 2021년 초 약 1%에서 시작해 2022년 말에는 4.2% 이상까지 올랐습니다. 그런데 이 상승은 특정 구성요소 하나 때문이 아니라 모든 요소가 동시에 상승한 결과였습니다.

1. 기대 실질 단기금리 상승→연준의 기준금리 인상 경로를 시장이 선반영하며 향후 실질금리가 더 오를 것으로 판단
2. 기대인플레이션율 상승→공급망 붕괴, 유가 급등, 주거비 상승 등 구조적 요인으로 향후 물가 상승에 대한 우려 반영
3. 실질 기간 프리미엄 상승→장기 국채 투자에 대한 불확실성 증가, 연준 정책에 대한 신뢰 약화로 안전 마진 요구 커짐

2021~2022년 DKW 모델

구성 항목	2021.1.4	2022.11.7	변화량(Δ)
기대 실질 단기금리	−0.49	1.31	1.80
기대인플레이션율	1.94	2.69	0.75
실질 기간 프리미엄	−0.34	0.36	0.70
인플레이션 리스크 프리미엄	−0.19	−0.05	0.14

출처: 미국 연방준비제도이사회, 「Economic Research Data」

4. 인플레이션 리스크 프리미엄 상승→"예상보다 더 많이 오를 수도 있다."라는 심리 확산, 물가 예측의 불확실성 자체에 대한 보상 요구

이처럼 금리 구조 자체가 "이제는 더 이상 낮은 물가와 낮은 금리를 기대할 수 없다."라는 방향으로 전면 재조정(repricing)되면서 시장은 40년 만에 가장 급격한 패러다임 전환을 맞이하게 되었습니다. 이 금리 재조정이 시장에 가져온 영향은 엄청났습니다. 무엇보다 주식과 채권이 동시에 큰 폭으로 하락하는 사상 유례없는 해가 도래했습니다.

- S&P 500 지수는 2022년 한 해 동안 −19% 하락
- 미국 국채지수도 −13% 이상 급락
- 전통적인 60/40 포트폴리오가 1960년대 이후 처음으로 이례적인 손실 기록

이러한 결과는 단순히 금리가 올랐기 때문이 아니라 '기대와 심리의 구조 자체가 바뀌었기 때문'이었습니다. 지금까지는 "금리가 낮아질 것

이다."라는 기대를 바탕으로 형성되어 있던 주식의 밸류에이션, 채권 가격, 부동산 자산가치 등이 한꺼번에 다시 계산되기 시작한 것이죠. 이것이 바로 인플레이션 리프라이싱입니다. 즉 2022년의 금리 상승은 '성장 전망은 밝지만 물가가 빠르게 오를 거라는 금리 변동성까지 커져 채권 투자자들이 더 높은 보상을 요구하는 상황'이었습니다.

보통 이런 조합은 경기가 과열되고 물가 불안이 심해지는 가운데 중앙은행이 긴축을 강화하고 시장이 미래 불확실성에 휩싸이는 국면에서 나타납니다. 만약 단순히 '금리가 오른다→주식이 나쁘다'라는 1차원적 사고만 했다면 자산별 움직임의 차이, 성장주와 가치주의 희비 그리고 금리 민감 자산의 붕괴를 정확히 이해하지 못했을 것입니다. DKW 구성요소를 보면 이 시기에는 시장이 "저물가·저금리 시대는 끝났다."라고 판단하고 구조적 금리 수준 자체를 끌어올리는 심리적 전환이 일어났다는 점을 명확히 볼 수 있습니다. 이처럼 금리의 움직임을 구성요소별로 해부해보는 시각은 자산시장 전반의 흐름을 훨씬 입체적으로 바라보게 해줍니다.

성장·물가·프리미엄으로 읽는 10년물 금리

앞에서 살펴본 사례들은 단순히 "금리가 올랐다, 내렸다."라는 방향만으로는 자산시장에 미치는 함의를 제대로 이해하기 어렵다는 점을 보여줍니다. 금리는 방향이 아니라 구성요소의 해석이라는 말처럼 금리를 구성하는 각 요소가 시장의 어떤 심리를 반영하며 움직였는지를 분석해야 합니다.

예를 들어 1970년대처럼 인플레이션 기대 상승으로 인한 10년물 국채 금리 상승은 기업 이윤과 자산가치를 갉아먹는 스태그플레이션 위험을 뜻해 주식·채권 모두에 부정적입니다. 반면 1994년처럼 성장 견인에 따른 실질금리 상승으로 인한 10년물 국채 금리 상승 자체는 금리가 오르더라도 경기 호조에 힘입어 주식에 비교적 덜 치명적일 수 있습니다.

금리 하락도 마찬가지입니다. 2008년처럼 디플레이션 공포로 인한 금리 급락은 주식시장 붕괴와 동행했지만 1980년대 이후 기대인플레이션 안정으로 인한 금리 하락은 주식과 채권 모두에 황금기를 가져다주었습니다.

결국 '금리는 수치가 아닌 심리'라는 말대로 금리의 움직임을 피상적인 상승·하락으로 볼 것이 아니라 그 배후에 있는 시장 참여자들의 심리(기대인플레이션인지, 정책금리 예상인지, 인플레이션 리스크 프리미엄 변화인지)를 읽어내는 것이 진정한 시장 해석이라고 할 수 있습니다.

이러한 구조적 시각을 갖추는 것만으로도 투자자는 복잡한 거시경제 뉴스에 휘둘리지 않고 더 입체적으로 시장의 흐름을 해석할 수 있

📊 10년물 국채 금리의 네 가지 구성요소

구성요소	의미
기대 실질 단기금리	향후 경기 전망과 연준의 금리 경로를 반영
기대인플레이션율	향후 10년간 물가상승에 대한 시장의 기대를 반영
실질 기간 프리미엄	국채 수급과 정책의 불확실성을 반영
인플레이션 리스크 프리미엄	인플레이션 불확실성에 대한 추가 보상

출처: 자체 제작

게 됩니다.

다만 실질 기간 프리미엄과 인플레이션 리스크 프리미엄은 금리만으로는 완전히 읽기 어렵습니다. 이 프리미엄이 현실에 어떻게 작동하고 있는지를 파악하려면 달러의 흐름, 금 가격, 시장 내 공포지표와 같은 외부 신호도 함께 해석해야 합니다.

다음 장에서는 금리 해석을 보완하는 실전 도구로 달러와 금의 특징, 그리고 이들의 조합이 어떤 상관관계를 가지는지 살펴보겠습니다.

· 3장 ·
환율
| 글로벌 자금 흐름의 거울 |

금리는 시장을 해석하는 데 강력한 단서가 되어 왔습니다. 단기금리를 통해 중앙은행의 통화 정책 방향을 파악하고 장기금리를 통해 시장이 기대하는 미래 성장률과 인플레이션 흐름을 가늠할 수 있었습니다. 하지만 금리의 상승이나 하락이라는 단순한 방향성만으로는 자산시장에 미치는 영향을 충분히 설명하기 어려웠습니다. 정말 중요한 것은 그 금리가 왜 형성되었는지, 그리고 시장이 그것을 어떻게 받아들였느냐였습니다. 같은 수준의 금리라도 그 배경과 시장의 해석에 따라 결과는 전혀 달라졌습니다.

예를 들어 인플레이션 우려 속에서 금리가 상승했다면 이는 채권시장뿐만 아니라 주식시장에도 부정적인 신호로 작용할 수 있었습니다. 반면 성장 기대가 살아나면서 실질금리가 오르는 경우에는 오히려 주식시장에 긍정적인 자극이 되었습니다.

대표적인 사례가 2015년 말 연준의 금리 인상이었습니다. 당시 미국은 7년 만에 처음으로 기준금리를 인상했습니다. 겉으로 보기에는 "미국 경제가 정상화되고 있으므로 금리를 올리는 것이 당연하다."라는 논리가 지배적이었습니다. 하지만 시장은 달랐습니다. 물가도 낮고 임금 상승도 뚜렷하지 않은 상황에서 투자자들은 "정말 경기가 좋기 때문에 금리를 올리는 것인가?" 또는 "너무 오래 돈을 풀었기 때문에 마지못해 올리는 것 아닌가?"라는 의심을 품기 시작했습니다.

그 결과는 달러화의 초강세, 신흥국 자금의 이탈, 글로벌 금융시장 조정이라는 파급 효과로 나타났습니다. 금리가 더 이상 단순한 수치가 아니었음을 보여주는 사례였습니다.

이러한 맥락에서 우리는 질문을 던질 수밖에 없습니다.

"금리만으로 시장을 해석하는 것이 과연 충분한가?"

답은 '아니다'였습니다. 금리는 분명히 중요한 지표이지만 금리 하나만으로는 시장의 방향성을 온전히 이해하기 어려웠습니다. 그렇다면 금리 해석의 빈틈을 메워줄 수 있는 또 다른 변수는 무엇일까요?

바로 환율이었습니다. 환율은 금리와 함께 시장을 해석할 수 있는 또 하나의 강력한 보조 지표였습니다. 금리가 '정책 방향'을 말해준다면 환율은 그 정책을 시장이 얼마나 신뢰하고 있는지를 보여주는 결과이자 반응이었습니다. 흔히 환율은 양국 간 금리 차이로만 설명되곤 하지만 실제 시장에서 환율을 움직이는 요인은 훨씬 복잡하고 입체적이었습니다.

환율을 왜 봐야 하는가?

환율에는 한 나라의 경제 체력, 무역 구조, 자본 흐름, 정책 방향성, 글로벌 유동성, 그리고 무엇보다 시장의 기대와 심리가 복합적으로 반영되어 있었습니다. 단순히 금리를 올렸다고 해서 그 통화가 반드시 강세를 보이는 것은 아니었습니다. 때로는 금리를 인상했음에도 불구하고 통화가 약세를 보이기도 했으며 금리를 내렸는데도 통화가 강세를 보이는 경우도 있었습니다. 이 모든 현상은 환율이 단순한 금리 차이의 함수가 아님을 보여주는 대표적인 사례였습니다.

2017년과 2018년의 사례는 이러한 시장 해석의 중요성을 잘 보여주었습니다.

2017년 미국 연준은 세 번에 걸쳐 기준금리를 인상했습니다. 하지만 시장에서 달러는 강세가 아니라 완만한 약세 흐름을 보였습니다. 일반적인 금리-환율 공식대로라면 금리 인상은 달러 수요를 증가시키고 달러 가치를 높여야 했습니다. 그런데 왜 오히려 달러가 약세를 보였을까요?

그 원인은 당시 세계 경제의 흐름에 있었습니다. 2017년은 2010년 이후 처음으로 선진국과 신흥국 모두에서 경제가 동반 회복되는 글로벌 동시 성장기였습니다. IMF도 이를 인정하며 다수 국가에서 성장률이 동반 개선되었다고 평가했습니다. 미국도 자국의 수출 확대를 위해 달러 강세를 억제하는 정책적 시도를 보였고 G20 차원의 글로벌 균형 성장에 대한 합의도 시장에 영향을 미쳤습니다.

결과적으로 시장은 이를 단순한 '긴축'이 아니라 '정상화'의 일부로 받아들였습니다. 그 결과 달러는 약세 흐름을 탔고 한국 원화를 비롯한 신흥국 통화는 강세로 전환되었습니다. 외국인 자금이 주식과 채권 시장에 유입되면서 국내 금융시장도 긍정적인 영향을 받았습니다.

하지만 바로 다음 해인 2018년 분위기는 180도 달라졌습니다. 연준은 네 번에 걸쳐 기준금리를 인상했으며 트럼프 행정부는 미중 무역전쟁을 전면화하기 시작했습니다. 시장은 이번 금리 인상을 더 이상 '정상화'로 보지 않았습니다. 오히려 "연준이 너무 빠르게 긴축에 나서고 있다.", "무역 갈등으로 세계 경제가 둔화될 수 있다."라는 우려가 확산되었고 투자자들은 다시 달러로 눈을 돌리기 시작했습니다.

그 결과 2018년 하반기부터는 신흥국 통화가 약세로 전환되었고 미국 달러는 다시 강세 흐름을 타게 되었습니다. 같은 금리 인상이었지만 시장이 받아들인 해석은 정반대였습니다.

결국 환율은 금리보다 더 많은 정보를 담고 있었습니다. 금리의 방향이 무엇을 말하려고 했는지는 환율이 어떻게 움직였는지를 통해 다시 확인할 수 있었습니다. 금리는 말하고 환율은 그것을 증명한 셈입니다.

결론적으로 금리는 여전히 중요한 지표입니다. 하지만 그 수치만으로 시장을 해석하려고 하면 오류에 빠지기 쉽습니다. 금리가 왜 움직였는지, 어떤 심리와 배경이 있었는지를 이해하려면 환율이라는 또 다른 거울을 함께 들여다볼 필요가 있습니다. 다음 장에서는 이 환율의 구조와 역할 그리고 실제 시장에서의 흐름을 더 구체적으로 살펴보겠습니다.

환율을 해석하는 방법과 실전 예시

앞에서 우리는 금리를 통해 시장을 해석하는 방법을 살펴보았습니다. 하지만 시장은 단순히 금리의 숫자 하나만으로 움직이지 않습니다. 어떤 때는 금리가 오르는데도 자산시장이 강세를 보이고 어떤 때는 금리가 내리는데도 주가가 하락합니다. 이처럼 금리 하나만으로는 설명되지 않는 시장의 방향성을 이해하기 위해 우리는 또 하나의 지표를 살펴볼 필요가 있습니다. 바로 환율입니다.

환율은 흔히 단순히 '돈을 바꾸는 비율'이라고 생각되지만 사실 시장에서는 한 나라 통화에 대한 집단적 평가이자 그 통화의 신뢰와 기대, 두려움이 모두 투영된 거울로 작동합니다.

즉 금리가 중앙은행이 내놓는 '정책의 언어'라면 환율은 그 언어에 대해 시장이 어떻게 반응하고 있는지를 보여주는 지표라고 할 수 있습니다. 그렇다면 환율은 어떤 요인들의 영향을 받아 움직일까요?

첫 번째, 금리

일반적으로 금리를 높인 국가는 자국 통화에 대한 수요가 늘면서 통화가 강세를 보이게 됩니다. 하지만 시장은 단순히 금리 수준만 보지는 않습니다. "그 금리는 어떤 맥락에서 인상되었는가? 그 금리에 대해 시장은 얼마나 신뢰를 가지고 있는가?" 이런 요소들이 환율 흐름에 훨씬 결정적인 영향을 미칩니다.

예를 들어 어떤 나라가 성장률이 낮고 물가도 불안한데도 갑자기 금리를 인상했다면 이는 '통화 정책에 대한 신뢰 부족'으로 해석되어 오히려 자국 통화의 약세로 이어질 수 있습니다.

반대로 금리를 동결하더라도 정책 일관성, 재정 건전성, 성장 모멘텀이 확실하다면 그 통화는 강세를 유지할 수 있습니다.

두 번째, 무역수지와 경상수지

수출이 수입보다 많아 무역수지가 흑자인 국가들은 외화를 꾸준히 벌어들이며 자국 통화에 대한 수요가 자연스럽게 늘어납니다. 반대로 만성적인 무역적자를 기록하는 국가는 외화를 사들일 일이 많아지고 이는 환율 상승, 즉 자국 통화의 약세를 유도하게 됩니다.

예를 들어 2000년대 중반 글로벌 무역 호황기에는 한국, 중국, 독일 등의 국가가 대규모 무역 흑자를 기록하며 이 국가들의 통화는 강세를 보였고 반대로 만성적인 무역적자에 시달리던 미국의 달러는 약세 흐름을 이어갔습니다.

세 번째, 자본의 흐름

이는 무역보다 훨씬 빠르고 직접적으로 환율에 영향을 미칩니다. 예를 들어 외국인이 한국 주식을 대거 사들이는 경우 원화를 매수하게 되어 원화 강세가 나타나고 반대로 글로벌 금융시장이 불안해져 외국인 자금이 급격히 빠져나가면 원화는 약세로 전환됩니다.

여기에는 수익률뿐만 아니라 정치적 안정성, 성장 가능성, 통화 정책의 일관성 등 다양한 심리적 요인이 함께 작용합니다. 한 나라의 경제가 실질적으로 나빠지기 전에 환율이 먼저 반응하는 것은 바로 이러한 투자 심리의 변화 때문입니다.

마지막으로 환율은 정부 정책의 방향과 개입 여부에도 민감하게 반응합니다.

특히 중국, 일본, 한국처럼 외환시장 개입이나 통화 가치를 직접 통제하려는 국가에서는 정부의 개입이 환율의 흐름을 결정짓는 핵심 요인이 되기도 합니다. 예를 들어 중국이 외환시장 불안에 대응해 위안화 절하를 막기 위해 외환보유액을 써가며 개입에 나선다면 그 자체가 '중국 정부가 통화가치를 방어하겠다는 의지'로 읽히며 시장에 신뢰를 주기도 합니다.

이처럼 환율은 단순히 금리만으로 설명되는 지표가 아닙니다. 금리, 무역, 자본, 정책, 그리고 가장 중요한 시장 참여자들의 집단 심리가 복합적으로 작용한 결과입니다. 그래서 우리는 환율을 하나의 숫자가 아니라 시장의 기대와 불안, 신뢰의 흐름을 비춰주는 거울로 이해해야 합니다. 이제 이 환율의 의미를 실제로 시장이 어떻게 해석했는지 과거 역사를 통해 살펴보겠습니다.

2008년 글로벌 금융위기: 달러 강세의 이유

2008년 그동안 신흥국으로 향하던 자금의 흐름이 멈추었고 수많은 투자자들이 동시에 '달러'로 방향을 틀기 시작했습니다. 이 거대한 전환의 출발점은 2007년 미국에서 시작된 서브프라임 모기지의 부실이었으며 결정적인 계기는 2008년 9월 리먼 브라더스의 파산이었습니다.

일개 투자은행의 파산이 글로벌 금융 시스템 전체를 위협하는 충격으로 확산되자 시장은 더 이상 금리나 경제지표가 아닌 '생존 가능성' 그 자체를 우선시하기 시작했습니다. 이때부터 환율은 경제 실력의 반영이 아니라 "누가 더 안전한가?", "어디에 있어야 살아남을 수 있는가?"를 판단하는 극단적인 심리 지표로 바뀌었습니다.

전 세계에서 동시에 벌어진 이 움직임은 달러 초강세(dollar squeeze)로 압축될 수 있었습니다. 위험을 회피하려는 투자자들은 모든 자산을 팔고 그 대금을 달러로 회수하려고 했습니다. 글로벌 기업들은 해외 차입금을 갚기 위해 달러를 확보했고 신흥국 중앙은행들마저 외환보유액 방어를 위해 달러 매입에 나섰습니다.

수요는 넘쳤고 공급은 메말라갔습니다. 그 결과 달러는 모든 통화에 대해 일방적인 강세 흐름을 보였습니다. 원/달러 환율은 2008년 초 930원대에서 출발해 불과 9개월 만에 1,570원까지 급등했는데 이는 원화 가치가 약 40%나 하락한 셈이었습니다. 브라질 헤알화, 러시아 루블, 인도 루피, 남아공 랜드 등 주요 신흥국 통화도 줄줄이 폭락했고 이 국가들에서는 주가 하락, 환율 급등, 외화 유동성 위기가 동시에 터지는 삼중고가 닥쳤습니다.

이 시기를 들여다보면 과거 환율을 움직였던 전통적인 지표들인 무역수지, 금리 차이, 성장률 등이 사실상 무력화된 것을 알 수 있습니다. 아무도 지표를 보고 투자하지 않았기 때문입니다. 모든 시장 참여자가 단 하나의 질문만 던지고 있었습니다.

"지금 당장 살아남을 수 있는 자산은 무엇인가?"

그 답은 오직 달러였습니다. 그 결과 환율은 급등했고 금리는 오히려 급락했습니다. 미국 연준(Fed)은 기준금리를 0.25% 수준까지 대폭 인하했고 주요국 중앙은행들도 잇달아 금리를 내리며 통화 완화에 나섰습니다. 그럼에도 불구하고 달러는 강세를 유지했습니다. 이는 환율이 단순한 금리 차이로 설명되지 않는다는 것을 명확히 보여주는 사례였습니다. 시장은 금리보다 심리를, 경제성장보다 유동성과 생존 가능성을 먼저 보기 시작했습니다.

2008~2014년 무제한 돈풀기 시대: 달러 약세의 이유

2008년 금융위기는 단순한 경기 침체가 아니었습니다. 신용이 소멸하고 은행들이 흔들리면서 시장은 스스로 회복할 수 없는 국면에 접어들었습니다. 이런 상황에서 연준(Fed)은 사실상 시장의 마지막 보루로 나섰습니다. 2008년 말부터 연준(Fed)은 제로금리와 양적완화(QE)라는 전례 없는 통화 정책 수단을 총동원하기 시작했습니다.

- 제로금리는 2008년 12월부터 도입되었습니다. 정책금리는 사상 최저 수준인 0~0.25%까지 내려갔습니다.
- 양적완화(QE1)는 국채와 주택저당증권(MBS)을 대규모 매입하는 자산 매입 프로그램이었습니다. 2009년까지 연준(Fed)은 약 1조2,500억 달러어치의 MBS, 3천억 달러어치의 국채를 사들였습니다.
- QE2는 2010년 11월부터 단행되었습니다. 기대인플레이션을 자극하고 경기 회복을 뒷받침하기 위한 조치로 국채 6천억 달러를 추가 매입했습니다.
- QE3는 2012년 9월부터 시작된 사실상 무제한 양적완화였습니다. 연준(Fed)은 매달 850억 달러 규모의 자산을 기한 없이 매입하며 "고용이 충분히 회복될 때까지 완화를 계속 유지하겠다."라고 밝혔습니다.

이처럼 6년간 지속된 제로금리와 세 번의 양적완화는 미국 내 유동성을 과잉 수준까지 증가시켰고 그 유동성은 국경을 넘어 전 세계 자산시장으로 흘러들었습니다. 금리가 낮아진 상황에서 투자자금은 더 높은 수익을 찾아 위험자산으로 몰렸고 원자재·주식·신흥국 통화 시장이 빠르게 반등하기 시작했습니다.

이러한 현상은 환율 흐름에서도 고스란히 나타났습니다. 금융위기 직후 '달러 초강세'가 시장을 지배하던 분위기와 달리 연준(Fed)의 공격적인 유동성 공급 이후 오히려 달러 약세 압력이 강해졌습니다. 글로벌 자금이 다시 위험자산으로 향하면서 신흥국 통화가 강세를 보였고 이는 달러 가치에 하방 압력을 가했습니다. 미국이 제로금리를 유지하는 동안 금리가 상대적으로 높고 성장이 나오는 국가들로 자금이 유입되었고 외환시장에서는 이러한 흐름이 반영되어 달러 약세+신흥국 통화 강세라는 전환이 나타났습니다.

즉 위기의 순간에는 "달러를 사야 살아남는다."라는 공포가 달러 초강세를 만들었지만 이후 통화 완화가 장기화되자 '달러를 빌려 더 높은 수익을 찾아 나서는' 자금 흐름이 형성되었고 이는 달러 약세로 이어졌습니다. 환율은 이렇게 위기 상황에서는 '안전'을 반영하고 회복기에는 '수익'을 좇는 자금의 방향성을 반영하며 움직였습니다.

2014~2015년 테이퍼링 충격: 다시 돌아오는 달러 강세

정부나 중앙은행이 경제 위기에 대응해 시행했던 완화 정책(특히 '양적완화'라고 불리는 채권 매입 등 시중에 돈을 푸는 정책)의 규모를 경제에 주는 충격을 최소화하면서 점진적으로 축소하는 전략을 펼치기로 합니다. 이것을 '테이퍼링(tapering)'이라고 합니다.

2014년 하반기 연준(Fed)은 마침내 양적완화(QE) 종료를 선언하며 '출구 전략'에 시동을 걸기 시작했습니다. 이는 단순한 정책 변화 그 이상의 의미를 담고 있었습니다. 6년 가까이 이어져 온 저금리·무제한 유동성 시대가 서서히 끝나고 정상화 문턱에 접어들고 있다는 신호였기 때문입니다.

시장 참여자들은 이 신호에 민감하게 반응했습니다. 그동안 연준(Fed)의 완화 정책으로 만들어진 유동성 환경에 기반해 위험자산에 투자해 왔던 글로벌 자금은 갑작스러운 정책 방향 전환에 긴장하기 시작했습니다. 특히 미국이 '테이퍼링'을 언급하면서 시장은 다시 한 번 달러를 중심으로 포트폴리오를 재편했습니다.

그 결과 2014년 하반기부터 외환시장에서는 달러 강세가 본격적으로 시작되었습니다.

2011~2013년 약세 흐름을 보이던 달러는 2014년 중반 이후 반등하기 시작해 2015년에는 주요 통화 대비 두 자릿수 상승률을 기록했습니다. 이는 정책 정상화에 대한 선반영이자 달러에 대한 신뢰 회복, 그리고 다른 주요국 중앙은행들이 여전히 통화 완화를 지속하고 있다는 점에서 생겨난 상대적 강세였습니다.

유럽중앙은행(ECB)은 2015년 초부터 유럽판 양적완화(QE)를 시작했고 일본은행(BOJ)도 엔화 약세를 유도하며 대규모 자산매입을 계속하고 있었습니다. 이러한 통화 정책의 비대칭은 외환시장에서 더 뚜렷한 달러 강세 흐름을 만들어냈습니다. 달러는 강해졌고 상대적으로 유로화·엔화는 약해졌습니다.

신흥국들도 타격을 피할 수 없었습니다. 미국의 긴축 전환에 대한 공포, 특히 금리 인상이 가까워졌다는 인식은 신흥국 자금이탈로 이어졌습니다. 2013년 '테이퍼 탠트럼' 당시 이미 한 번 충격을 겪었던 브라질, 인도, 인도네시아, 남아공 등은 2014~2015년에도 다시 한 번 자국 통화 약세와 외화 유동성 우려에 직면하게 되었습니다.

이처럼 환율은 시장 심리를 집약적으로 반영하는 지표였습니다. 2008년 위기 때는 '달러가 안전하다'라는 심리가 달러 초강세를 만들었고 2009~2013년에는 '수익을 찾아 떠나는 자금'이 달러 약세를 이끌었습니다. 그리고 2014년 이후에는 '미국의 긴축 선도'라는 정책 신뢰가 다시 한 번 달러 강세를 촉발했습니다.

특히 주목할 점은 이 시기의 달러 강세는 단순히 경기 호조 때문만은 아니었다는 점입니다. 오히려 '미국이 긴축을 가장 먼저 시작할 수 있는 국가'라는 정책 차별화가 주요 배경이었습니다. 다시 말해 정책의 상대적 우위, 즉 '누가 먼저 금리를 올릴 수 있는가?', '누가 먼저 유동성을 줄일 수 있는가?'가 외환시장에서는 '강한 통화'를 결정짓는 요인이 되었던 것입니다.

이런 환율 흐름은 신흥국에 구조적 부담으로 작용했습니다. 자국 통화가치가 하락하고 달러 부채 상환 부담이 커졌기 때문입니다. 미국의 금리 정상화가 아직 본격적으로 시작되지도 않았는데 시장은 이를 선반영하며 신흥국의 통화와 자산시장에 압박을 가했습니다. 이것이 바로 달러의 힘이었고 정책 신뢰가 환율에 어떻게 반영되는지를 생생히 보여주는 사례였습니다.

2015년 12월 연준(Fed)은 마침내 첫 금리 인상을 단행하면서 7년간 지속된 제로금리 시대를 마무리했습니다. 이는 금융위기 이후 긴 터널을 지나 정상화 시대로 진입하겠다는 첫걸음이었습니다. 하지만 당시 시장은 이 금리 인상을 뜨겁게 환영하지 않았습니다. 경기 회복에 대한 확신이 부족했고 향후 경로에 대한 불확실성도 여전했기 때문입니다.

2015년 말~2016년 초: 중국발 위기와 환율 전쟁

2016년 1월 들어 글로벌 금융시장은 급격히 흔들렸습니다. 미국 금리 인상의 충격파 그리고 공교롭게도 중국발 악재(위안화 급락, 중국 증시 폭락, 외환보유액 급감)가 겹치면서 전 세계 투자심리가 얼어붙었습니다.

원래 중국은 '세계의 공장'에서 '세계의 소비자'로 거듭나는 과도기에 있었습니다. 2000년대 후반까지 중국은 저임금, 제조업 중심의 수출국가로 세계 경제의 생산을 담당해왔지만 2010년대 들어서는 고도성장 국면을 마무리하고 내수 소비를 확대하는 구조 전환을 추진하고 있었습니다. 이는 중국뿐만의 변화가 아니라 세계 전체로 보면 매우 긍정적인 흐름이었습니다. 왜냐하면 중국이 이제 '수입국'이 되어줄 수 있다면 글로벌 수출국들, 특히 한국, 독일, 일본, 신흥국들 입장에서는 새로운 수요처를 확보하는 셈이었기 때문입니다.

하지만 2015년 중반부터 이러한 기대는 급속히 흔들리기 시작했습니다. 중국의 성장률은 빠르게 둔화되었고 같은 해 여름에는 상하이 주식시장이 폭락하며 투자자들의 신뢰가 크게 흔들렸습니다. 당국은 급히 유동성 공급과 경기 부양 조치를 취했지만 효과는 제한적이었습니다.

그리고 결정적인 사건은 2015년 8월 11일 중국 인민은행이 위안화 기준환율을 전격적으로 절하한 조치였습니다. 당시 중국은 이 환율 조정이 '시장친화적 조치'라고 설명했지만 시장은 다르게 받아들였습니다.

"최근 중국이 내수성장이 어려우니까 일부러 위안화를 낮춰 수출 경쟁력을 확보하려는 것 아닌가?"

"수출 경쟁에 다시 뛰어들려는 거구나."

곧바로 이런 해석이 확산되면서 중국의 전략 전환과 그에 따른 환율 전쟁의 서막이라는 인식이 시장 전반에 퍼졌습니다.

이런 상황에서 신흥국과 수출 의존도가 높은 한국, 독일, 일본은 심각한 고민에 빠졌습니다. 수출로 성장을 이루어야 하는데 문제는 세계 최대 시장 중 하나인 중국이 더 이상 수입을 늘리지 않으려고 한다는 것이었습니다. 오히려 중국은 경기 부양을 위해 다시 '수출 확대'로 방향을 틀고 있었고 그 첫 수단으로 환율 절하를 택한 것이었습니다.

그런데 이런 흐름은 중국만의 문제가 아니었습니다.

유럽중앙은행(ECB)은 당시 양적완화를 지속하며 유로화 약세를 유도하고 있었고 일본은행(BOJ)은 마이너스 금리를 도입하며 적극적인 엔화 약세 정책을 추진하고 있었습니다. 신흥국들도 경기 둔화와 무역 부진 속에서 통화 강세를 방어하지 않고 오히려 약세를 용인하면서 수출 주도의 성장 움직임을 보이고 있었습니다.

결국 세계는 '수출 경쟁' 무대에 다시 올라섰고 모두 통화 가치를 낮춰 경쟁력을 확보하려는 흐름에 뛰어든 것입니다.

하지만 여기에는 한 가지 역설이 있었습니다. 모두 수출을 늘리려고 할 때 수입을 늘려줄 국가는 존재하지 않는다는 사실이었습니다. 모든 국가가 자국 통화를 약하게 만들어 수출을 늘리려고 한다면 당연히 상대국 통화는 강해져야 합니다. 그렇다면 모든 국가가 동시에 약세를 시도할 때 상대적으로 강해질 수밖에 없는 유일한 통화는 무엇이었을까요?

바로 미국 달러였습니다. 이 시기에 미국은 전 세계 주요국 중 유일하게 금리를 인상하고 있었습니다. 연준(Fed)은 2015년 12월 금융위기 이후 처음으로 금리를 인상하며 통화 정책 정상화를 개시했습니다. 반면 다른 나라들은 모두 경기 부양을 위해 저금리, 심지어 마이너스 금리 정책을 쓰고 있었습니다. 유럽, 일본, 심지어 중국까지도 통화 약세를 유도하고 있었던 셈입니다.

이러한 정책 차별화는 환율시장에 매우 뚜렷한 방향성을 만들어냈습니다. 전 세계 자금은 상대적으로 금리가 높고 통화가 강세인 '달러'로 몰리기 시작했습니다. 모두 자국 통화를 약하게 만들려는 가운데 가만히 있어도 강해지는 통화가 바로 달러였습니다. 금리를 올리는 유일한 나라, 정책 신뢰가 가장 높은 나라, 유동성이 풍부한 나라, 모든 조건이 달러를 유인하게 만들었습니다.

그 결과 미국 달러는 단순한 상대적 강세가 아니라 절대적 강세 국면에 진입했습니다. 원/달러 환율은 2016년 초까지 1,200원을 넘었고 신흥국 통화는 줄줄이 폭락했습니다. 브라질 헤알화, 말레이시아 링깃, 남아공 랜드 등은 달러 대비 20~40% 수준까지 약세를 기록하며 대외 부채 상환 부담이 급격히 커졌습니다.

환율전쟁은 본질적으로 정책 경쟁입니다. 각국이 자국 수출을 늘리기 위해 통화가치를 인위적으로 낮추는 데서 시작되며 통화 약세를 둘러싼 국가 간 힘겨루기가 발생합니다. 그런데 2015~2016년에는 특이한 구조가 있었습니다. 모두 통화 약세를 시도하고 있었고 미국만 금리 인상과 유동성 회수를 선언하고 있었습니다. 그 결과 환율시장에서 달러는 '혼자 강해질 수밖에 없는' 구조적 위치에 놓이게 된 것입니다.

2016년 초 전 세계가 직면한 '달러 강세'는 단순히 미국만 금리를 올렸기 때문만은 아니었습니다. 세계 경제가 한꺼번에 수출을 늘리려고 하면서 달러가 사실상 모든 압력을 혼자 감당하게 된 구조적 결과였습니다.

2016년: 상하이 합의, 달러 약세 흐름 시작

2016년 초 달러는 거의 '무적'처럼 보였습니다. 미국은 유일하게 금리를 인상하고 있었고 다른 주요국들은 모두 자국 통화를 약하게 만들기 위해 금리를 내리거나 양적완화를 확대하고 있었습니다. 원/달러 환율은 1,200원을 넘었고 신흥국 통화는 줄줄이 무너졌습니다. "세계 경제가 다시 침체에 빠지는 것 아니냐?"라는 공포가 시장을 뒤덮었고 투자자들은 달러에 몰리고 신흥국에서는 자금이 빠져나가는 상황이 반복되었습니다.

하지만 달러의 이런 절대적 강세 흐름도 오래 지속되지는 못했습니다. 2016년 중반부터 시장은 다시 조심스럽게 반전을 시작했습니다.

바로 이 시점에서 G20 재무장관·중앙은행 총재 회의가 중국 상하이에서 개최되었습니다. 공식적으로 '합의'라는 용어는 사용되지 않았지만 회의 직후 시장에서는 묵시적 공조(tacit coordination)가 있었음을 감지했습니다. 시장이 주목한 핵심 메시지는 분명했습니다. "달러 강세를 진정시키고 글로벌 자산시장의 불안을 해소하기 위해 정책 공조가 필요하다."라는 것이었습니다.

우선 미국은 금리 인상 속도를 조절하겠다는 입장을 내비쳤습니다. 당시 연준(Fed) 의장이던 재닛 옐런은 추가 인상에 대해 "신중하고 점진적으로 접근하겠다."라고 언급하며 실질적으로 2016년의 추가 인상을 보류하는 스탠스를 취했습니다. 이는 달러 강세 흐름에 제동을 거는 효과를 낳았습니다.

중국은 위안화 절하에 대한 우려를 불식시키는 데 주력했습니다. 인민은행은 외환시장 개입을 통해 환율을 방어했고 동시에 내수 진작을 위한 경기 부양책을 병행했습니다. 인프라 투자 확대, 부동산 규제 완화, 지방정부 부채 구조조정 등이 추진되면서 자국 내 수요 기반을 다지려는 노력이 강화되었습니다.

유럽과 일본도 중요한 역할을 했습니다. 유럽중앙은행(ECB)과 일본은행(BOJ)은 기존 통화 완화 기조는 유지하되 경쟁적인 환율절하 시도는 자제하는 모습을 보였습니다. 이는 주요국이 '환율전쟁'을 피하고 정책의 안정성과 예측 가능성을 중시하는 방향으로 선회했음을 시사했습니다.

신흥국들은 외환보유금을 동원해 자국 통화를 방어하는 동시에 재정지출 확대를 통해 경기 하방 압력을 완화하기 위해 애썼습니다. 또한 국제통화기금(IMF)과의 공조 가능성도 염두에 두면서 시스템 리스크에 대비했습니다.

이러한 흐름은 시장의 기대를 안정시키는 데 충분했습니다. 회의 직후 급등하던 달러 인덱스(DXY)는 하락 반전했고 브라질 헤알, 러시아 루블, 한국 원화 등 주요 신흥국 통화가 일제히 반등했습니다. 이는 해외자금 유입 재개로 이어졌고 주식 및 채권시장도 빠르게 회복세를 보였습니다. 국제 유가도 OPEC의 감산 논의가 맞물리며 회복세로 돌아섰고 원자재 수출국의 재정 상황도 서서히 안정되었습니다.

중국의 적극적인 내수 부양도 시장에 긍정적인 시그널을 주었습니다. 위안화 절하 우려가 잦아들자 중국은 정책의 중심을 다시 내수와 인프라로 전환했고 이는 "중국은 환율 절하보다 구조적 성장 전략에 집중하겠다."라는 신호로 해석되었습니다. 그 결과 신흥국은 한숨 돌릴 수 있었고 미국조차 강달러에 대한 부담을 덜게 되었습니다.

2016년 중반 이후 시장은 확실히 반등세로 돌아섰습니다. 달러 가치는 하락세를 보였고 위험자산 투자심리는 빠르게 회복되었습니다. 상하이 회의에서 드러난 정책 공조는 단기적인 시장의 불안감 해소를 넘어 글로벌 성장의 조율이라는 장기적 과제를 공유하는 계기가 되었습니다. 이는 단순히 "금리를 어떻게 할 것인가?"보다 더 중요한 메시지, 즉 "위기 때 각국이 서로 구해줄 준비가 되어 있다."라는 신뢰를 시장에 심어준 사건이었습니다.

결국 2016년 하반기에는 '신흥국 회복'이라는 키워드가 글로벌 투자자들의 주목을 받았고 그에 따라 글로벌 자금 흐름도 다시 위험자산 쪽으로 움직이기 시작했습니다. 그 과정에서 달러는 자연스럽게 약세로 전환되었습니다. 시장은 더 이상 무조건적인 달러 매수에 나서지 않았고 미국 이외 지역의 회복 가능성에도 관심을 갖기 시작했습니다.

하지만 2016년 11월 도널드 트럼프 후보가 미국 대통령에 당선되자 시장은 다시 크게 움직이기 시작했습니다. 선거 직후 금융시장은 일시적 혼란을 겪었지만 곧 방향을 바꾸었습니다. 트럼프 대통령은 감세,

인프라 투자 확대, 규제 완화 등 대규모 경기 부양책을 공약으로 내세웠고 시장은 이를 반영하기 시작했습니다.

이 시기부터 시장은 '리플레이션 트레이드(reflation trade)'라는 새로운 흐름을 타기 시작했습니다. 이는 물가 상승과 성장률 회복에 대한 기대가 커지며 주식은 상승, 채권 금리는 상승(가격은 하락), 달러는 강세로 돌아서며 위험자산이 재평가되는 흐름을 말합니다.

즉 미국의 부양 정책→성장 기대→물가 기대→금리 상승→달러 강세라는 일련의 선순환 기대가 형성되었고 이는 시장 전반에 긍정적인 분위기를 조성했습니다. 하지만 달러 강세는 다시 오래가지 못했습니다. 트럼프 행정부의 정책 집행 속도에 대한 의문, 무역정책의 불확실성, 그리고 여전히 낮은 물가 수준은 달러 강세 흐름에 제동을 걸었습니다.

실제로 2017년 접어들면서 미국의 기대인플레이션율은 예상보다 낮게 유지되었고 연준(Fed)의 통화 정책도 점진적 인상 기조에 머물렀습니다. 연준이 예상보다 금리 인상을 덜 할 것이라는 소식에 달러 약세 흐름이 나타났고 신흥국 통화는 다시 강세로 전환되고 글로벌 위험자산에 대한 선호가 지속되었습니다.

정리하면 2016년 초 시장은 위기와 공포에 사로잡혀 있었습니다. 달러는 절대 강세였고 신흥국은 자금 이탈에 흔들렸으며 유가는 바닥을 뚫을 듯이 떨어지고 있었습니다. 하지만 중국의 강력한 정책 대응, 유가 반등, 미국의 경기부양 기대가 순차적으로 작용하면서 시장은 반전을 시작했고 다시 위험자산이 주목받기 시작했습니다.

하지만 이 모든 흐름이 다시 유지되느냐는 현실이 기대를 얼마나 따라와주느냐에 달려 있었습니다. 2017년 이후 시장은 다시 '정책 실현 가능성'과 '실물경제 회복 속도'를 점검하기 시작했고 이는 금리, 환율, 자산시장에 새로운 질문을 다시 던지게 됩니다.

2017년: G20 국제공조

상하이 합의로 불확실성을 잠재운 글로벌 경제는 이후 2017년 G20 국제 회의를 통해 새로운 모멘텀을 맞이했습니다. 2017년은 세계 경제가 금융위기 이후 처음으로 동반 성장 국면에 접어든 해로 평가됩니다. 트럼프 미국 대통령이 1월에 취임하며 법인세 인하와 인프라 투자 등 공격적인 성장정책을 내세웠고 주요 20개국(G20)은 글로벌 불균형을 완화하기 위해 내수 진작과 환율 안정에 협력하는 모습을 보였습니다.

특히 G20 재무장관 회의에서는 "경쟁적 통화가치 절하를 지양한다."라는 기존 원칙을 재확인하면서도 자유무역 언급을 줄이는 등 미국의 보호무역 기조를 에둘러 수용하는 분위기가 감지되었습니다.

이는 곧 달러 약세를 용인하는 공조로 해석되었는데 미국이 무역수지를 개선하려고 강달러에 부담을 느낀다는 신호에 다른 나라들도 인위적인 환율조작을 자제하며 달러가 자연스럽게 조정되도록 한 것입니다.

그 결과 연초 트럼프 정책에 대한 기대감으로 강세를 보이던 달러화는 봄부터 하향세로 돌아섰습니다. 미 연준(Fed)이 3월과 6월에 기준금리를 인상했음에도 불구하고 달러 가치는 꾸준히 떨어져 9월에는 달러 인덱스가 3년 만에 최저치를 기록했는데 이는 트럼프 정책 추진의 불확실성에 따른 실망감과 동시에 유럽의 경기회복으로 유로화가 강세를 띠며 달러를 끌어내린 영향이었습니다. 다시 말해 금리 인상에도 불구하고 달러 약세가 이어진 이례적인 상황이 전개된 것입니다.

달러 약세 기조는 신흥국 자산시장에 훈풍을 불어넣었습니다. 미국의 통화긴축(금리 인상)이 진행되는데도 달러가 약세를 보이자 상대적으로 위험자산에 대한 투자심리가 살아나며 글로벌 자금이 신흥시장으로 유입되었습니다.

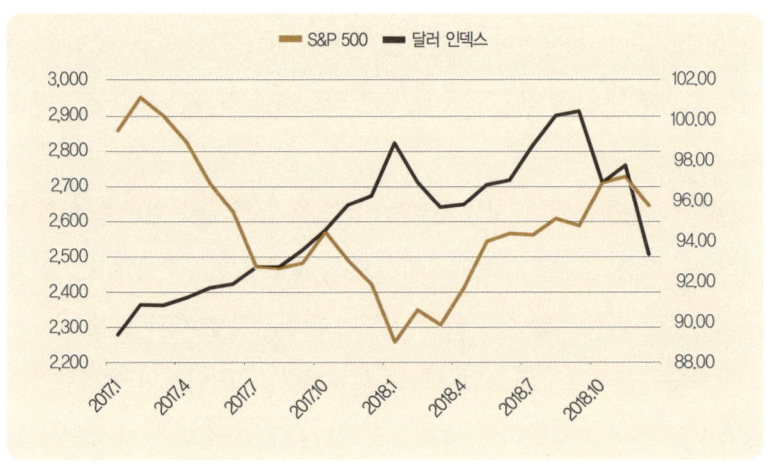

2017~2018년 달러 인덱스와 S&P 500

출처: FRED

달러 가치 하락은 국제 원자재 가격 상승으로도 이어져 자원부국 등 신흥국 제조업에 활력을 불어넣었고 전반적으로 신흥국 경제에 긍정적 효과를 주었습니다. 실제 2017년 한 해 동안 MSCI 신흥국 주가지수는 달러 기준으로 30% 안팎의 높은 상승률을 기록하며 선진국 시장을 앞질렀고 브라질·인도 등 주요 신흥국 통화도 달러 대비 강세를 보였습니다.

달러 약세는 미국에도 순풍으로 작용했는데 수출경쟁력 상승과 다국적기업 이익 증가로 이어져 "달러 약세가 글로벌 경기 전반에 약이 되고 있다."라는 분석이 나왔습니다. G20 국가들이 한 목소리로 내수 성장을 강조한 것도 이런 흐름을 뒷받침했습니다.

각국이 자국 내 수요 진작에 힘쓰면서 무역 불균형을 완화하려고 했고 환율을 통한 수출 부양 대신 재정·통화 정책 공조로 성장률을 끌어올리는 데 집중했습니다. 이러한 환경에서 위험자산 선호 심리가 강화되어 글로벌 투자자들은 앞다퉈 신흥국 주식과 채권을 사들이는 양상이었습니다.

실제로 달러 약세 국면에서는 해외투자자들이 환차익까지 노릴 수 있어 신흥국 증시 매수가 활발해지는데 2017년 한국을 비롯한 신흥국 증시로의 자금 유입도 크게 늘어나며 주가를 끌어올렸습니다. 이처럼 2017년은 트럼프 정부의 감세·투자 정책과 G20의 정책공조가 어우러져 글로벌 경기 회복에 대한 신뢰가 높아진 해였고 그 속에서 달러 약세와 신흥국 자산시장 강세라는 흐름이 펼쳐졌습니다.

2017년 말 즈음 달러 인덱스는 90 초반대까지 내려와 있었는데 이는 연준(Fed)의 점진적 금리 인상에도 불구하고 글로벌 투자자금이 미국 이외 지역으로 분산된 결과였습니다. 반면 2018년 접어들면서 달러 가치가 저점에서 반등하기 시작했는데 이는 금리 차만으로 설명되기보다 정책 환경의 변화에 따른 것이었습니다.

2018년: G20 공조의 붕괴와 무역전쟁에 따른 시장 반전

2018년에는 전년의 협력 분위기가 눈에 띄게 흔들렸습니다. 연말까지 유효할 것으로 예상되었던 G20의 달러 약세 공조는 트럼프 행정부의 일방적인 행보로 금세 금이 갔습니다.

2018년 1월부터 미국은 법인세율 인하를 포함한 대규모 감세정책(TCJA)을 실제 시행에 옮기며 자국 성장률 제고에 박차를 가했습니다. 이 감세효과와 재정지출 확대에 힘입어 2018년 미국 경제성장률은 2.9%로 올라서며 경기 호조를 보였고 이에 따라 연준(Fed)은 2018년 한 해에만 네 번이나 금리 추가 인상을 단행해 12월에는 정책금리가 2.5% 수준까지 올라갔습니다. 하지만 정작 국제 공조는 무너지고 미국 중심의 보호무역 기조가 강해지면서 이전 해의 긍정적 흐름이 급격히 뒤집혔습니다.

트럼프 행정부는 동맹국들의 우려를 무릅쓰고 3월에 철강·알루미늄 관세를 부과한 데 이어 중국과의 무역전쟁을 본격화했습니다. 2018년 상반기부터 미국과 중국은 수차례에 걸쳐 상대국 수입품에 고율의 관세를 부과하며 충돌했고 6월에는 미국이 500억 달러 규모의 중국산 제품에 25% 관세를 발표하자 중국도 즉각 동등한 보복관세로 맞서는 등 상황은 악화일로를 치달았습니다.

G20 차원에서 쌓아온 다자간 협력 정신은 찾아보기 어려워졌고 각국은 다시 자국 우선의 대응에 집중하게 되었습니다. 미국의 관세 공세에 유럽연합(EU)과 기타 국가들도 보복관세나 무역장벽으로 대응하면서 세계 무역 질서에 불확실성이 커졌습니다. 글로벌 자산시장은 곧바로 반응했습니다.

2018년 초까지만 해도 상승세를 타던 신흥국 증시는 무역분쟁의 충격파로 흔들리기 시작했습니다. 4월 이후 미국과 중국의 관세 공방이 거세지자 투자 심리가 급속히 얼어붙었고 한때 풍부한 유동성에 활황을 보이던 신흥국 시장에서 자금이 이탈하기 시작했습니다. 달러 인덱스(DXY)는 2018년 4월부터 반등하기 시작해 하반기 내내 상승 흐름을 지속했고 신흥국 통화는 큰 타격을 입었습니다. 중국 위안화는 미·중 갈등 심화 속에서 약 7% 이상 절하되어 수년 만에 최저치를 기록했고 인도 루피와 인도네시아 루피아, 아르헨티나 페소, 터키 리라화 등 주요 신흥국 통화가 일제히 급락했습니다.

그 결과 일부 신흥국에서는 통화위기 가능성까지 불거졌습니다. 2018년 8월 터키 리라화는 연중 40% 이상 가치가 폭락하며 IMF 구제금융설이 흘러나왔고 아르헨티나는 페소화 가치 폭락으로 국가부도 위기가 다시 부각되었습니다. 남아공, 인도, 멕시코 등 주요국들도 환율 방어를 위해 기준금리를 인상하고 외환보유금을 방어적으로 동원하는 등 대응에 나섰습니다.

이러한 신흥국 위기의 확산은 각국의 금융불안 지표에도 즉각 반영되었습니다. 한국개발연구원(KIEP)이 발표한 신흥국 금융불안지수는 2017년 말 2.9에서 2018년 10월에는 8.0까지 급등했습니다. 특히 외환시장 불안 지표가 상승 폭의 대부분을 차지했으며 이는 시장이 얼마나 급격히 달러화 유동성 위험에 노출되었는지를 단적으로 보여주었습니다.

중국도 무역분쟁 장기화와 외환시장 불안 속에서 2018년 하반기부터 통화 완화 기조로 전환했습니다. 위안화의 추가 하락을 일부 용인하면서도 인프라 투자 확대 및 중소기업 유동성 지원을 통해 성장 둔화를 방어하려는 노력이 본격화되었습니다.

이처럼 2018년은 한 해 만에 시장 분위기가 급반전된 시기로 기록됩니다. 전년도까지 이어지던 G20의 공조는 무너지고 각국은 자국 중심의 대응에 몰두하게 되었습니다. 미국은 달러 패권과 금리 인상이라는 두 가지 무기를 동시에 사용하며 글로벌 질서를 재편하려고 했고 신흥국은 이런 흐름 속에서 통화·재정 리스크를 정면으로 맞이해야 했습니다. 그 결과 글로벌 자산시장은 위험자산 비중을 급격히 줄이며 다시 미국 중심의 자산으로 몰리는 흐름을 형성했습니다.

금리-환율 조합으로 읽는 자산시장

금리와 환율의 조합은 단순한 수치 변화 이상의 의미를 담고 있습니다. 시장이 어느 방향으로 움직일지 이해하기 위해서는 금리의 움직임이 전하는 정책 신호와 환율의 반응이 보여주는 시장 해석을 동시에 고려해야 합니다. 다음은 금리와 환율의 조합별로 나타날 수 있는 시장 심리와 실제 자산시장에 미치는 영향을 정리한 대표적인 네 가지 시나리오입니다.

1. 미국 단기금리 상승+환율 하락(달러 약세): 2017년 사례

이 조합은 경기 회복에 대한 자신감과 글로벌 공조 분위기를 함께 보여줍니다. 금리가 인상된다는 것은 중앙은행이 경기가 충분히 회복되었고 과열을 조절할 필요가 있다고 판단했다는 뜻입니다. 그런데도 달러가 약세라는 것은 미국 경제뿐만 아니라 전 세계가 함께 좋아지고 있으며 미국 이외 지역으로도 자금이 유입되고 있다는 신호입니다. 이는 전형적인 위험자산 선호 국면으로 이어집니다. 주식, 원자재, 신흥국 자산이 동반 상승하는 분위기가 조성됩니다. 실제로 2017년이 이러한 전형적인 사례였습니다.

2. 미국 단기금리 상승+환율 상승(달러 강세): 2018년 사례

이 조합은 시장에 경계심을 불러일으킵니다. 금리가 올라간다는 것은 통화 정책이 긴축적으로 전환되었다는 의미이고 달러 강세는 그 긴축이 전 세계 자금을 미국으로 빨아들이고 있음을 뜻합니다. 이때 시장은 미국 이외 지역의 자산을 회피하고 상대적으로 안전한 미국 자산에 몰리는 '글로벌 자금 이탈' 국면으로 전개됩니다. 신흥국 자산은 약세를 보이고 미국 중심의 자산 선호가 강화됩니다. 2018년이 바로 이 조합에 해당하며 무역전쟁과 함께 신흥국 시장이 급격히 흔들렸던 해였습니다.

3. 미국 저금리 국면 하락+환율 하락(달러 약세): 2008~2014년 사례

이 조합은 시장에 다시 유동성 랠리 가능성을 열어줍니다. 금리가 내려간다는 것은 통화당국이 경기 부양에 나섰다는 뜻이고 달러 약세는 그 유동성이 전 세계 자산시장으로 흘러들고 있음을 의미합니다. 이런 시기에는 자산가격이 동반 상승하는 경우가 많습니다. 통화 당국의 대응이 적시에 이루어졌다는 신뢰가 유지되는 한 주식·채권·부동산 등 여러 자산이 동시에 상승할 수 있는 여건이 조성됩니다. 과거 2009년 이후 양적완화 시기와 유사한 조건입니다.

4. 미국 금리 하락+환율 상승(달러 강세): 2008년 금융위기, 2020년 3월 코로나 팬데믹

이 조합은 시장에 강한 불안감이 조성될 때 나타나는 전형적인 패턴입니다. 금리가 인하되고 있음에도 불구하고 달러가 강세를 보인다는 것은 통화 정책의 효과에 대한 시장의 신뢰가 떨어지고 있다는 뜻이며 동시에 디플레이션에 대한 우려 또는 전방위적 리스크 회피 심리가 작동하고 있다는 신호로 해석됩니다.

이러한 시기에는 실물경제의 회복 가능성에 대한 기대가 약해지고 투자자들은 주식과 같은 위험자산에서 발을 빼기 시작합니다. 그 대신 금과 같은 안전자산이 주목받으며 가격이 상승하는 흐름이 자주 나타납니다. 하지만 불안이 극단적으로 심화될 경우에는 금 가격마저도 하락하는 경우가 발생합니다. 이 경우는 투자자들이 모든 자산을 매도해 현금, 특히 달러 확보에만 집중하는 국면으로 시장 전체가 유동성 위기에 휘말리는 시기라고 볼 수 있습니다.

이러한 급격한 공포 심리가 지배하는 국면에서는 많은 자산이 내재가치보다 낮은 가격에 매물로 쏟아져 나오는 현상이 관찰됩니다. 바로 이때가 중장기적 관점에서 매수 기회를 노릴 수 있는 타이밍이 될 수 있습니다. 모든 투자자들이 "달러만 원한다."라고 외치는 순간 시장에는 과도하게 할인된 가격의 기회들이 등장하는 법입니다.

이처럼 금리와 환율의 조합은 단순히 방향성뿐만 아니라 그 안에 담긴 시장의 해석과 심리까지 함께 읽어야만 비로소 실제 투자에 활용할 수 있습니다. 이 조합을 이해하는 능력은 시장이 어느 국면에 있는지, 지금은 공격적으로 투자해야 할 시기인지, 아니면 방어적 태세를 취해야 할 시기인지 판단하는 데 매우 중요한 나침반 역할을 합니다.

· 4장 ·
금
| 인플레이션과 불안심리의 지표 |

금 가격은 서로 정반대처럼 보이는 두 가지 상황에서 모두 상승할 수 있습니다. 하나는 경기 둔화기에 금 가격이 오르는 경우이고 다른 하나는 회복기 후반 인플레이션과 화폐 가치 불안이 부각될 때 오르는 경우입니다. 겉보기에는 상반된 상황처럼 보이지만 실제로는 같은 원리로 작동합니다.

금 가격은 왜 오르는 걸까?

어느 날 아침, 뉴스를 틀어보니 이런 속보가 들려옵니다.
'미국 연준, 기준금리 0.25%포인트 전격 인하'
처음에는 이런 생각이 들죠.
"이제 경기를 살리려나 보다. 금리를 낮추면 주식시장에는 호재 아닌가?"

하지만 막상 시장 반응은 전혀 다릅니다. 오히려 주가는 떨어지고 국채 금리도 더 낮아지고 금 가격은 급등했습니다.

"금리를 내렸는데 시장이 왜 불안해하지?"

"왜 금 가격이 오르지?"

이럴 때는 경제의 흐름을 좀 더 깊이 들여다볼 필요가 있습니다. 최근 들어 고용 사정이 나빠지고 있다는 뉴스가 계속 들렸고 자영업 폐업도 잦아졌으며 체감 경기는 냉랭했습니다. 물가 상승률은 꺾이고 있지만 사람들이 느끼는 불안감은 여전했습니다.

이런 상황에서 연준이 금리를 인하했다는 것은 시장 입장에서는 오히려 "연준도 경기가 안 좋다고 판단했구나."라는 신호로 받아들였던 것입니다.

"지금 금리를 낮춘다고 경기가 정말 살아날까?"

"정책 타이밍이 너무 늦은 것 같은데…"

이러한 시장의 불신은 곧바로 위험자산 이탈로 이어집니다. 유동성은 풍부하지만 투자처에 대한 확신이 사라진 상황에서는 자금이 갈 곳을 잃고 금으로 향하는 흐름이 만들어집니다. 이때 금 가격이 오르는 이유는 단순한 수급의 문제가 아닙니다.

이런 국면에서의 금 강세는 정책에 대한 신뢰 부족, 성장 둔화에 대한 불안, 유동성 확장에 따른 화폐 가치 하락에 대한 방어적 선택이 함께 작용한 결과입니다.

결국 이 구간에서 중요한 것은 통화 정책이 '성장을 만들어낼 수 있다'라는 시장의 기대를 형성할 수 있느냐입니다. 정책에 대한 기대가 살아나야 시장 참여자들이 금이 아닌 실물경제와 위험자산으로 자금을 이동시키기 시작합니다.

그래서 이 시점에서는 통화 정책만으로는 부족하고 재정 정책이 함께 나오는 경우가 많습니다. 정부는 각종 예산안과 지원정책을 발표하며 '돈이 흘러가야 할 방향'을 제시하려고 합니다. 이때 투자자는 단순히 돈이 풀린다는 사실보다 "그 돈은 어디로 향하고 있는가?", "정부는 어느 방향으로 자금을 유도하는가?"를 읽어내는 것이 중요합니다.

재정 정책의 규모, 속도, 실행력에 따라 시장 기대가 바뀌고 자금이 실제로 움직이는 곳도 달라지기 때문입니다. 그래서 이 시기에는 금 가격의 흐름과 함께 정부 정책이 의도하는 산업 섹터나 자금 흐름을 읽어내는 것이 실전 투자에서 중요한 포인트입니다.

성장기 후반, 유동성 과잉에 금 가격 재상승

경기는 회복되고 있고 고용도 살아나고 주식시장도 활기를 되찾습니다. 표면적으로는 모든 지표가 좋아 보이는 구간이죠. 하지만 자세히 들여다보면 성장 속도는 점점 둔화되고 있고 물가는 조금씩 더 오르고 있습니다.

이런 국면에서 정부는 성장을 더 끌어올리기 위해 재정지출을 확대하고 각종 경기 부양책을 쏟아냅니다. 하지만 문제는 돈을 푼다고 성장이 반드시 따라오지는 않는다는 데 있습니다. 유동성은 늘어나지만 그것이 생산성 향상으로 연결되지 못한다면 오르는 것은 결국 물가뿐일 수도 있습니다.

예를 들어 명목 경제성장률은 2%에 불과한데 물가가 5%까지 오른다면 이는 양적 팽창이 질적 성장으로 이어지지 못한 전형적인 사례입니다.

이처럼 성장보다 물가 상승률이 더 가파른 국면이 되면 시장에서는 화폐 가치 희석에 대한 우려가 점점 커집니다. 경제가 둔화될 수 있다는 불안감이 여전히 남아 있고 돈이 계속 풀린 결과 사람들은 화폐 자체에 대한 신뢰를 점점 잃기 시작합니다.

이때 시장은 다시 금으로 향합니다. 이번에는 성장이 없어서가 아니라 성장은 있지만 물가 상승이 더 걱정되어 금이 주목받는 것입니다. 이 시기의 금 강세는 단순히 실물 경기와 반대로 움직이는 것이 아닙니다. 오히려 금은 지금 시장이 느끼는 복합적 감정을 반영합니다.

"지금 경제는 좋아 보이지만 이게 얼마나 지속될까?"

"돈을 너무 많이 풀고 있는데 화폐 가치는 괜찮을까?"

"실질 성장보다 물가가 더 오르고 있는데 이건 곧 자산 왜곡으로 이어질 수 있어."

이런 심리가 시장을 지배할 때 금은 인플레이션 방어 자산으로 다시 주목받게 됩니다. 성장이 계속되는데도 금 가격이 오른다면 이는 단순히 경제가 좋아서가 아니라 물가에 대한 우려가 성장 기대를 덮어버린 상황이라는 뜻입니다.

실제로 이런 국면에서는 '금리 상승+주가 상승+금 가격 상승'이라는 다소 이례적인 조합이 등장하기도 합니다.

이 흐름은 시장이 이미 "지금은 물가 리스크가 강해지는 국면이다."라는 판단을 내렸다는 신호이기도 합니다. 이런 시그널을 읽을 수 있다면 다음과 같은 투자 전략이 유효할 수 있습니다.

첫째, 채권 투자에 신중해야 합니다. 고금리가 지속되면 채권 수익률이 낮아지거나 손실이 날 수 있습니다.

둘째, 금과 주식 중심의 포트폴리오가 효과적일 수 있습니다. 금으로 물가 위험을 헤지하고 고금리와 인플레이션에도 실적 상승이 잘 나타날 수 있는 글로벌 초대형 우량주가 좋은 선택이 될 수 있습니다.

금 가격의 특징

이처럼 경기 둔화기의 금 강세와 확장기 후반의 금 강세는 전혀 다른 맥락에서 해석되어야 합니다. 경기 둔화기에는 정책에 대한 불신과 방어 심리가 금 가격 상승의 핵심이며 이때는 시장 심리를 전환시킬 수 있는 재정 정책의 방향과 실행력을 주의 깊게 살펴보며 투자 기회를 포착해야 합니다.

반면 확장기 후반의 금 가격 상승은 유동성 과잉과 자산 가격 왜곡에 대한 경계심을 반영한 것입니다. 이 시기에는 금 가격의 움직임을 통해 채권 투자에 대한 경고 신호를 감지하고 포트폴리오의 방향성과 리스크 노출 조절에 대한 실마리를 얻을 수 있습니다.

즉 금은 금리와 환율만으로는 파악되지 않는 시장 심리와 정책 신뢰의 미세한 균열을 보여주는 지표입니다. 그래서 단기금리·장기금리·환율의 흐름을 해석한 후 마지막으로 금 가격을 함께 살펴보면 시장의 전반적인 생각과 실제 투자 타이밍에 대한 결정적인 힌트를 얻을 수 있습니다.

여기서 한 걸음 더 나아가 금 가격의 역사적 흐름을 따라가다 보면 과거 시점에서 시장이 어떤 감정을 느꼈는지, 투자자들이 어떤 선택을 했는지, 정책이 시장과 어떻게 충돌했는지를 고스란히 읽을 수 있게 됩니다.

바로 그렇기 때문에 지금부터 우리는 금 가격이 급등하거나 급락했던 역사적 순간들을 하나씩 되짚어보려고 합니다.

금 가격 해석 방법과 실전 사례

1970년대: 금본위제 폐지 이후 금 가격의 구조적 변화

1971년 8월 15일, 당시 미국 대통령이던 리처드 닉슨은 더 이상 달러를 금으로 교환해주지 않겠다는 선언을 전격 발표합니다. 바로 브레튼우즈 체제의 붕괴, 소위 '닉슨 쇼크'입니다. 이전까지는 국제 통화 질서가 매우 단순했습니다. 달러는 금과 고정적으로 교환되었고 전 세계 통화는 이 달러에 연동되어 비교적 안정적인 흐름을 유지하고 있었죠.

하지만 1960년대 후반 미국은 두 가지 커다란 재정 부담을 안게 됩니다.

1. 베트남 전쟁 수행 비용
2. 존슨 행정부 시절 대규모 복지 지출 ('위대한 사회' 정책)

이로 인해 미국의 재정은 빠르게 악화되었고 결과적으로 달러는 시장에 과잉 공급되기 시작합니다. 미국은 금을 그만큼 보유하고 있지 않은데도 시장에는 달러가 넘쳐났던 것이죠.

결국 전 세계는 물었습니다. "지금 이 달러, 정말 금으로 바꿔줄 수 있는 거 맞아?"

이 신뢰의 균열은 급속히 번졌고 프랑스를 비롯한 몇몇 유럽 국가는 미국에 직접 금 교환을 요구하기 시작합니다.

이때 미국은 결단을 내립니다. "달러를 더 이상 금으로 바꾸지 않겠다."

달러 가치를 지탱하던 대외 공식 금태환이 중단되는 순간이었습니다.

핵심은 단순한 제도 변경이 아니라 브레튼우즈식 고정환율을 떠받치던 '달러↔금 교환'이라는 최종 보증 장치가 사라졌다는 데 있었습니다.

그 결과 환율·물가의 불확실성이 커질 것이라는 인식이 확산되었고 화폐 가치 보존 수요의 일부가 금으로 점점 분산되기 시작했습니다.

이러한 흐름 속에서 1973년 주요국들이 변동환율제로 전환하면서 환율 변동성이 구조적으로 확대되자 금은 통화 변동성에 대한 헤지 수단으로서 위상이 더 높아졌습니다.

설상가상으로 1973년에는 1차 오일 쇼크가 터집니다. 중동전쟁 여파로 OPEC(석유수출국기구)가 석유 수출을 제한하면서 국제 유가는 4배 가까이 급등했고 전 세계는 인플레이션 충격을 받았습니다.

미국은 달러를 이미 마구 풀었고 에너지 가격은 폭등했고 기업은 비용을 전가했고 노동자들은 임금 인상을 요구했고 정부는 적절히 대처하지 못했습니다.

이렇게 악성 인플레이션이 구조화되기 시작했습니다. 심지어 적시에 금리를 충분히 올리지도 못한 채 정부는 경기 둔화를 막기 위해 재정

지출을 확대하며 돈을 더 풀었습니다.

그 결과 기대인플레이션의 급등, 실질금리의 하락, 달러 가치 약세가 동시에 작용하자 시장은 반사적으로 금을 사들였습니다.

1971년까지만 해도 금 가격은 1온스당 35달러 선에 머물렀습니다. 하지만 1970년대 후반부터는 그야말로 가파른 상승세를 보이며 1980년 초 1온스당 800달러에 육박하는 사상 최고가를 기록합니다.

정리하면 1971년 대외 금태환이 공식적으로 중단되고 1973년 변동환율제가 정착됨에 따라 환율과 물가가 대외 요인에 따라 더 크게 흔들릴 수 있다는 인식이 확산되었습니다. 이에 가치 보존을 추구하는 자금의 일부가 금으로 이동했습니다. 더불어 1973~1974년 오일쇼크로 인플레이션 압력이 급격히 높아지면서 화폐의 구매력 훼손을 우려한 수요가 금으로 추가 유입되기 시작했습니다. 이 두 가지 요인이 맞물리면서 금 가격은 급등했습니다.

그렇다면 이후 미국은 어떤 선택을 했을까요? 달러가 더 이상 금으로 보장되지 않는 시대가 열리자 미국은 달러의 '새로운 가치 근거'를 만들어야 했습니다. 그 대안이 바로 '석유'였습니다. 미국은 사우디아라비아 등 주요 산유국들과 협상을 통해 "전 세계 석유 거래는 반드시 달러로 결제해야 한다."라는 사실상 강제 구조를 만들었습니다. 이것이 바로 '페트로 달러 시스템(Petrodollar System)'입니다. 이 시스템 덕분에 전 세계는 석유를 사려면 반드시 달러를 보유해야 했고 그 결과 달러에 대한 기초 수요가 지속적으로 유지되었습니다.

즉 금본위제 이후에는 금이 아닌 석유라는 실물 수요를 통해 달러에 대한 신뢰를 다시 회복한 것입니다. 하지만 달러 가치가 안정되었다고 해도 화폐 공급 팽창과 인플레이션 압력은 여전히 남아 있었고 이제 금 가격은 이러한 통화 가치의 변화를 민감하게 반영하는 지표가 되었습니다.

금은 더 이상 고정된 가격의 화폐가 아니라 통화 가치 하락을 헤지(hedge)하는 자산으로 구조적 전환을 이루었다고 볼 수 있습니다. 이렇게 1970년대 내내 치솟던 금 가격은 통화의 실질가치 하락과 인플레이션에 대한 시장의 생각을 읽어낼 수 있는 지표로 작동했던 것입니다.

1980년대: 볼커의 강달러 정책과 플라자 합의

1980년에 이르러 미국의 물가 상승률은 10%대를 넘어서는 등 극심한 인플레이션이 정점을 찍었고 금 가격도 온스당 850달러 선까지 폭등한 상태였습니다. 이를 진정시키기 위해 연준(Fed) 의장 폴 볼커는 1979~1980년부터 과감한 긴축 통화 정책을 실시했습니다. 그는 기준금리를 한때 20% 가까이 인상하는 충격 요법을 통해 '인플레이션과의 전쟁'에 나섰는데 그 결과 시중 금리가 치솟고 경제가 침체를 겪었지만 미국의 물가 상승률은 급격히 떨어지기 시작했습니다.

볼커의 고금리 정책은 달러 가치를 다시 끌어올리는 효과를 가져왔습니다. 금리가 크게 오르자 전 세계 자금이 미국 달러 자산으로 몰렸고 1980년대 초에는 강력한 킹달러(강달러) 시대가 열렸습니다. 한때 금본위제 붕괴와 인플레이션으로 약세를 보였던 달러는 볼커의 정책 덕분에 신뢰를 회복했고 이는 동시에 페트로달러 체제의 안정적인 지속을 뒷받침하는 기반이 되었습니다.

달러 강세와 고금리는 반대로 금 가격에는 하락 압력으로 작용했습니다. 금은 이자나 배당을 지급하지 않는 자산이기 때문에 은행 예금이나 채권 금리가 매우 높아지면 투자 매력이 상대적으로 떨어집니다. 실제로 1980년 초 정점을 찍었던 국제 금값은 그 후 몇 년 동안 큰 폭의 조정 국면을 맞이했습니다. 1984년경에는 금값이 1980년 고점 대비 절반 이하 수준으로 내려앉았는데 이는 볼커 의장의 급진적 금리 인상으로 미국 실질금리가 비정상적으로 높아지면서 투자자들이 금 대신 달러자산을 선호한 결과였습니다. 한편 1980년대 초 레이건 행정부의 적극적인 경기부양 정책과 감세 등으로 경제 회복에 대한 기대가 높아진 것도 금 수요를 둔화시키는 요인이 되었죠. 이렇게 초강세를 보이던 달러는 시간이 지나면서 부작용도 드러났습니다.

미국의 높은 금리와 강달러로 인해 제조업 경쟁력이 약화되고 무역 적자가 심화되자 1985년 미국은 주요 선진국들과 함께 플라자 합의를 도출해 과도하게 오른 달러 가치를 의도적으로 떨어뜨리기로 합니다. 플라자 합의 이후 달러화는 주요 통화 대비 급속도로 절하되기 시작했고 그동안 눌려 있던 금값도 어느 정도 반등의 계기를 맞았습니다.

실제로 1985년 초 저점을 기록했던 금값은 이후 몇 년 동안 서서히 상승세로 돌아서 1987년 무렵 온스당 500달러 수준까지 회복되기도 했습니다. 이는 달러 약세 전환과 함께 당시 미국의 금리 인하 및 유동성 확대 정책이 맞물려 금에 투자 매력이 다시 실렸기 때문으로 해석됩니다. 다만 1980년대 후반에 이르러 인플레이션이 완전히 잡히고 세계 경제가 안정 국면에 들어서자 금 가격은 1980년의 기록적인 고점에 비해 낮은 수준에서 안정적으로 움직이게 됩니다.

요컨대 1980년대는 볼커의 강달러 정책으로 금값이 크게 하락 조정되었다가 이후 플라자 합의 등 일련의 흐름 속에서 달러 가치가 적정 수준으로 조정되며 금 가격도 어느 정도 균형을 찾아가는 시기였다고 할 수 있습니다. 이로써 금 가격은 더 이상 한 국가의 통화에 고정되지 않고 세계 경제와 통화 정책 변화에 따라 탄력적으로 움직이는 자산으로 자리매김하게 되었습니다.

인플레이션·안전자산 선호로 읽는 금 가격

이처럼 금은 자유변동 가격을 갖게 된 이후 다양한 거시경제 변수에 반응해 가격이 형성되고 있습니다. 전통적으로 금값은 달러 가치와 실질금리와 반대로 움직이고 인플레이션율과 같은 방향으로 움직이는 경향이 강해졌습니다.

1. 실질금리

실질금리는 명목금리에서 물가 상승률(인플레이션 기대)을 뺀 것으로 화폐를 보유했을 때의 실제 구매력 변화율입니다. 금은 이자를 지급하지 않는 자산이므로 실질금리가 떨어지거나(특히 마이너스가 되면) 금의 상대적 투자 매력도가 높아져 가격이 상승하는 경향이 있습니다. 예를 들어 물가 상승률보다 이자율이 낮아 돈을 들고 있어봤자 구매력이 줄어드는 상황이라면 투자자들은 현금 대신 금 같은 실물자산을 선호하게 되죠. 반대로 실질금리가 오르면 금의 매력도가 줄어들어 금 가격이 약세를 보일 수 있습니다.

2. 기대인플레이션

앞으로 물가가 오를 것이라는 인플레이션 기대도 금 가격에 중요한 영향을 미칩니다. 금은 인플레이션으로 통화 가치가 하락할 때 그 가치 보존 수단으로 주목받기 때문에 물가가 크게 뛸 것으로 예상되는 시기에는 금 수요가 증가해 가격이 오르곤 합니다. 1970년대 금값 급등도 결국 달러의 구매력 하락(높은 인플레이션 예상)에 대한 투자자들의 대응이었다고 볼 수 있습니다. 반면 물가 안정 기조가 뚜렷해지면 금에 대한 투자심리가 약해져 가격이 정체되거나 하락하는 경향이 있습니다.

3. 달러 가치

국제 금 가격은 주로 미국 달러로 표시되므로 달러의 강약에 반비례하는 움직임을 보입니다. 일반적으로 달러 가치(달러 인덱스 등)가 하락하면 금 가격은 상승하는 경향이 있습니다. 달러가 약세라는 것은 달러로 살 수 있는 재화의 양이 줄어든다는 뜻이므로 같은 온스의 금을 사기 위해 필요한 달러의 양(금 가격)은 높아지게 됩니다. 또한 달러 가치가 떨어지는 국면에서는 달러 자산에 대한 신뢰가 약화되기 때문에 대안 자산인 금으로 자금이 이동하기도 합니다. 다만 달러와 금이 동시에 오르는 국면도 있습니다. 2020년 팬데믹 초기(3월)처럼 유동성 경색이 극심할 때입니다. 초반 며칠은 현금화 수요로 금이 일시적으로 하락했지만 대규모 정책 대응 이후 투자자들이 달러와 금을 동시에 '안전자산'으로 선호하며 동반 강세가 나타났습니다.

따라서 큰 틀에서는 '달러 강세 = 금 약세', '달러 약세 = 금 강세'라는 정반대(inverse) 경향이 관찰되지만 실질금리·인플레이션 위기 국면에 따라 예외가 자주 발생할 수 있으므로 금 가격은 단독으로 해석하기보다 채권 금리와 환율 지표도 함께 고려해 종합적으로 판단하는 것이 적절합니다.

4. 글로벌 유동성

유동성은 시중에 풀린 자금의 풍부한 정도를 말합니다. 전 세계 중앙은행들이 금리를 인하하고 양적완화(QE) 등을 통해 통화를 풀어 글로벌 유동성이 풍부해지면 그 자금의 일부가 금과 같은 자산시장으로 흘러들어가 금 가격을 밀어올리는 역할을 합니다. 특히 경기 부양을 위해 시중에 돈이 많이 풀리는 시기에는 달러 등의 화폐 가치가 상대적으로 희석되기 때문에 인플레이션 기대가 높아지고 이에 따라 금과 같은 인플레이션 헤지 자산에 투자 수요가 몰리는 경향이 있습니다. 예를 들어 2020년대 초 각국의 유동성 공급 확대 국면에서 금값이 강세를 보인 것이 풍부한 유동성이 금 시장으로 유입된 대표적인 사례입니다. 반대로 통화 긴축으로 유동성이 줄어드는 국면에서는 금 수요에 부담을 주어 가격이 눌릴 수 있습니다.

5. 위기 심리(안전자산 선호)

지정학적 갈등, 금융위기, 경제 불황 등의 위기 상황은 금 가격을 움직이는 요소입니다. 불확실성이 커지고 투자자들의 위기 심리가 확산될 때 시장에서는 마땅한 투자처를 찾을 수 없습니다. 이때 상대적으로 안전하다고 인식되는 자산으로 자금이 몰립니다. 금은 이러한 안전자산의 대표 주자여서 전쟁이나 국제 분쟁, 금융시장 불안이 고조되는 시기에 수요가 크게 증가합니다. 반대로 경제와 국제 정세가 안정되고 위험자산 선호 심리가 회복되는 국면에서는 금에 대한 투자 수요가 줄어들어 가격이 조정받는 모습이 나타납니다.

결론적으로 1970년대 금본위제 폐지 이후 금 시장은 통화 가치와 거시경제 변화에 민감하게 반응하는 시장형 자산으로 탈바꿈했습니다. 한때 달러에 고정되어 움직이지 않던 금 가격이 이제는 인플레이션, 금리, 달러가치, 유동성, 위기 상황 등 복합적인 요인들의 함수로 결정되고 있는 것이죠. 초보 투자자 입장에서는 이러한 핵심 변수들을 이해함으로써 금 가격의 움직임을 더 잘 해석할 수 있습니다.

· 5장 ·

코인

| 인플레이션과 위험자산 선호 지표 |

2008년 금융위기 이후 10년 가까이 지속된 미국의 초저금리 정책과 양적완화는 시장에 엄청난 유동성을 남겼습니다. 연준(Fed)은 금리를 제로에 가깝게 유지했고 유럽과 일본도 마이너스 금리까지 동원하면서 자산시장에 돈이 풀렸죠. 하지만 실물경제는 생각만큼 회복되지 않았고 투자자들은 "이 넘치는 돈을 어디에 두어야 할까?" 고민하기 시작했습니다.

그 시기에 나타난 것이 바로 코인이라는 새로운 자산군이었습니다. 기존 자산과 완전히 다른 방식으로 작동하고 중앙은행이나 정부의 통제도 받지 않는 이 디지털 자산은 금처럼 '화폐 시스템 바깥에 있는 대체 자산'이라는 매력을 지녔습니다. 금리가 낮아지고 달러가 약세를 보이던 환경 속에서 사람들은 전통적 화폐에서 탈출할 대안을 점점 더 찾고 있었고 코인이 바로 그 틈을 파고든 것이죠.

코인 가격은 왜 오르는가?

코인은 '디지털 금'이라고 불립니다. 코인의 가격 흐름을 분석해 보면 금과 비슷한 방식으로 움직이는 경우가 많기 때문입니다.

실질금리가 낮아지면 코인도 상승하고 달러가 약세를 보이면 코인도 강세를 띠고 중앙은행이 돈을 푸는 시기에는 금과 함께 코인도 빠르게 올라갑니다. 이처럼 코인은 금과 유사한 '화폐 가치 방어 자산'으로 움직이는 특성이 있습니다.

특히 유동성이 넘치고 사람들의 자금이 '화폐'에서 탈출하려고 할 때 금과 함께 코인도 주요 수혜 자산이 됩니다. 하지만 딱 한 가지 상황에서 이 둘은 극명하게 갈립니다. 바로 위기 국면입니다.

경제에 충격이 오고 전쟁이 터지고 금융 시스템에 대한 불신이 커질 때 사람들은 '어디에 있어야 생존할 수 있을까?' 고민하게 됩니다.

이럴 때마다 금은 역사적으로 '안전자산'으로 선택되어 왔습니다. 수천 년간 축적된 신뢰와 실물 자산으로서의 속성 덕분에 사람들은 위기 상황에서 금을 보유하려고 합니다.

반면 코인은 역사적으로 검증된 안전자산이 아닙니다. 오히려 리스크 감수(risk-on) 자산으로 분류됩니다. 즉 경제 상황이 좋고 투자 심리가 활발할 때 자금이 몰리는 '위험자산'인 것입니다. 그래서 코인은 '디지털 금'이지만 위기 앞에서는 '디지털 위험자산'이 되는 것입니다.

- 정책 신뢰 훼손, 화폐 가치 불안 → 금과 코인 둘 다 상승 가능
- 실질금리 하락, 유동성 확대 → 금과 코인 둘 다 상승 가능

- 전쟁, 금융위기, 지정학적 불안, 극단적인 리스크 회피 상황 → 금 가격은 오르고 코인 가격은 떨어진다.

다시 말해 금과 코인은 거의 모든 점에서 비슷하게 움직이지만 '극단적 불확실성'이라는 마지막 문 앞에서 코인은 고개를 돌리는 자산입니다. 이 차이를 이해하고 투자에 적용하면 시장의 흐름에 따라 금과 코인의 역할을 훨씬 더 정교하게 활용할 수 있습니다.

코인 가격을 해석하는 방법과 실전 사례

1차 도약: 2017년 ICO 폭등과 2018년 폭락의 원인

2017년은 단순히 코인 시장에만 열기가 집중된 해가 아니었습니다. 이 시기는 글로벌 자산시장이 전체적으로 위험자산에 환호하던 시기입니다. 그 배경에는 2016년 말 상하이 합의 이후 이어진 G20의 글로벌 공조가 있었습니다. 특히 2017년 G20 회의에서는 '환율 안정과 내수 진작을 통한 균형적인 성장'이라는 공감대가 형성되면서 사실상 달러 약세 기조를 용인하는 정책 환경이 만들어졌습니다.

이러한 환경 속에서 투자자들은 리스크를 감수하는 자산군으로 자금을 이동시키기 시작했습니다. 신흥국 주식, 원자재, 기술주 등 고수익을 기대할 수 있는 자산들이 일제히 주목받았고 특히 IT와 반도체는 4차 산업혁명의 주도 기술로 각광받으며 시장을 선도했습니다.

이처럼 기술에 대한 기대감이 시장 전반을 지배하던 상황에서 블록체인 기술도 자연스럽게 조명을 받기 시작했습니다. 단순히 비트코인의 가격 상승 때문이 아니라 블록체인이 가진 분산 네트워크, 탈중앙화, 데이터 불변성이라는 개념 자체가 당대 기술 트렌드와 딱 맞아떨어졌기 때문입니다.

결론적으로 달러 약세로 인해 글로벌 유동성이 확대되었고 위험자산 선호 심리가 극대화되었으며 IT·반도체 기술주의 상승이 기술 전반에 대한 신뢰를 만들었고 그 연장선에서 블록체인 기술과 암호화폐가 뜨거운 주목을 받았습니다. 그리고 바로 그때 비트코인과 이더리움을 중심으로 한 ICO 열풍이 시작되었고 사람들은 "앞으로 세상을 바꿀 코인을 지금 미리 담아야 한다."라는 심리에 빠져든 것이죠.

여기에 더해 SNS와 유튜브, 텔레그램 같은 플랫폼을 통해 '정보'와 '심리'가 실시간으로 전파되는 구조가 완성되면서 코인 투자 열풍은 일반 투자자에게까지 빠르게 확산되었습니다. 한국에서는 '김치 프리미엄'이라고 불릴 정도로 국내 코인 가격이 해외보다 비싸게 거래되는 현상이 나타났고 사람들은 "이 기회를 놓치면 다시는 못 잡는다."라는 심리(FOMO)에 사로잡혀 너도나도 코인을 매수했습니다.

이처럼 투자자 심리가 극단적으로 위험자산 선호로 기울 때 코인은 금보다 훨씬 민감하게 반응합니다. 금이 보수적인 투자자들의 선호 자산이라면 코인은 '앞서가는' 투자자들의 수요로 인해 훨씬 더 급격한 가격 상승을 보이죠. 그래서 위기 상황이 아닌 '위험자산 선호 국면'에서 코인은 가장 강하게 상승합니다.

2018년: 중국의 ICO 규제와 위험자산 회피심리

하지만 이렇게 급등하던 코인은 2018년 접어들며 급락하기 시작합니다. 중국의 ICO 전면 금지, 한국과 일본의 규제 발표, 거래소 해킹 사건 등이 겹치면서 투자 심리는 순식간에 탐욕에서 공포로 전환되었죠.

특히 2018년 초 10년물 미국 국채 금리가 상승하고 연준이 금리 인상 기조를 본격화하자 시장의 유동성은 빠르게 위축되었습니다. 이런 국면은 코인에게 매우 치명적입니다. 실질금리가 상승하고 달러가 강세를 보이기 시작하면 시장은 더 이상 '코인을 들고 있을 이유'를 느끼지 못하게 됩니다.

금처럼 역사적 신뢰가 있는 자산이 아니라면 사람들은 불안감 속에서 가장 먼저 위험자산을 매도하게 되죠.

실제로 이 시기에 금 가격은 하락했지만 비교적 선방한 반면 비트코인은 2만 달러에서 3천 달러 대까지 약 85%의 폭락을 겪었습니다. 이 차이가 바로 앞에서 설명한 "위기 국면에서는 금과 코인의 운명이 갈린다."라는 원칙의 실전 사례입니다.

2차 도약: 2020년 팬데믹 이후 신뢰도를 쌓는 과정

2020년 초 전 세계를 덮친 코로나19 팬데믹은 금융시장에도 충격을 안겼습니다. 주식, 원유, 금 모두 단기 급락하며 공포가 시장을 지배하던 시기였죠. 그리고 이 극단적인 위기 속에서 코인도 전형적인 '리스크 자산'처럼 급락했습니다.

2020년 3월 비트코인은 단 며칠 만에 9천 달러 대에서 4천 달러 대로 추락했는데 이는 앞에서 이야기했던 극단적인 위기 국면에서는 코인이 먼저 매도되는 위험자산이라는 특성을 그대로 보여주는 장면이었습니다. 그런데 이후 반등 과정은 이전과 달랐습니다.

1. 2020년 이후 코인 가격 폭등 이유
1) 무제한 유동성: 디지털 금이 진짜 금보다 더 올랐다.

2020년 3월 이후 연준은 즉각적으로 제로금리 정책과 무제한 양적완화(QE)를 실시하며 사상 최대 규모의 유동성을 공급했습니다. 여기에 미국 정부의 초대형 재정지출까지 더해지면서 시장에는 말 그대로 '돈이 홍수처럼 풀리는 상황'이 벌어졌습니다. 이때 투자자들의 뇌리를 스친 의문은 하나였습니다.

"이렇게 돈을 계속 찍어내도 괜찮은 걸까?"

이 질문은 곧 화폐 가치에 대한 불안감으로 이어졌고 '화폐 시스템 바깥에 있는 자산'들이 다시 주목받기 시작했습니다. 금은 물론 비트코인도 '디지털 금'이라는 이름으로 다시 수면 위로 부상하게 됩니다. 하지만 이번에는 그때와 달리 한 가지 변화가 있었습니다. 바로 기관투자자들의 등장입니다.

2) 기관의 진입: 신뢰의 전환점

2020년 말 나스닥 상장사였던 마이크로스트래티지(MicroStrategy)가 비트코인을 대량 매수했다는 뉴스가 전해졌습니다. 이전까지 "비트코인은 사기다."라고 선을 긋던 기관과 월가의 주요 인사들조차 이제는 비트코인을 자산 포트폴리오의 일부로 고려하기 시작했습니다.

"금만큼은 아니더라도 일정 부분 대체자산으로서의 역할을 할 수 있다."라는 평가가 늘어나자 비트코인은 처음으로 제도권 금융의 일부로 받아들여지기 시작한 것입니다.

즉 이번 상승장은 2017년과 달리 '기대와 투기'가 아니라 '유동성과 제도 수요'가 함께 만든 구조적 상승이었습니다.

3) 투자 접근성의 혁신: 누구나 쉽게 살 수 있는 시대

또 하나 중요한 변화는 투자 접근성의 혁신입니다. 2017년까지 코인 투자는 거래소에 가입하고 지갑을 만들고 비트코인을 송금받아야 하는 등 꽤 번거로운 절차를 요구했습니다. 하지만 2020년 이후에는 페이팔, 로빈후드, 캐시앱, 코인베이스 같은 앱에서 주식 사듯이 코인을 쉽게 사고팔 수 있게 되면서 대중 접근성이 크게 향상되었고 이는 개인 투자자들의 진입 장벽을 낮추는 계기가 되었습니다.

한편 MZ세대의 투자 참여가 폭발적으로 증가하면서 "나는 금보다 코인이 더 익숙하다."라는 인식도 빠르게 확산되었죠. 과거 '금은 보수적인 중장년층의 자산, 코인은 젊은 층의 자산'이라는 프레임이 이제는 '금과 코인을 병렬적으로 놓고 비교할 수 있는' 시대로 진입한 것입니다.

2. 이번에는 무엇이 달랐을까? '질적 변화의 시작'

앞에서 살펴본 2017년의 코인 상승이 주로 기대감과 투기 열풍, 즉 "다음 비트코인을 찾아라."라는 심리 중심이었다면 2020~2021년은 다음과 같은 질적인 변화가 있었습니다.

📊 코인 가격 구조의 변화 비교

구분	2017년 ICO 버블	2020~2021년 팬데믹 반등
가격 급등의 원인	기술 기대 + 개인의 투기심리	유동성 확대 + 제도권 수요 유입
투자 주체	주로 개인 투자자	개인 투자자 + 기관 투자자
접근성	불편한 거래소 위주	페이팔·로빈후드 등 직관적 앱 확산
자산군 인식	위험자산 이미지가 아직 강함	'디지털 금'으로서의 신뢰도 상승
규제 환경	각국의 규제 강화 시도	제도권 내 편입 논의 시작

출처: 자체 제작

이처럼 코인은 단순한 투기 자산을 넘어 제도권 자산군으로 도약하기 시작한 전환점을 맞이합니다. 물론 여전히 높은 변동성과 규제 불확실성이라는 약점은 남아 있었지만 시장 참여자들의 인식이 달라졌다는 것 자체가 중요한 변화였죠.

2020~2021년의 상승은 "코인은 금처럼 움직일 수 있다."라는 주장이 검증되기 시작한 시기였습니다. 연준(Fed)의 돈풀기, 실질금리 하락, 달러 약세라는 세 가지 조건이 동시에 맞물릴 때 코인과 금이 함께 급등했고 이는 '디지털 금'이라는 별명에 걸맞은 움직임이었습니다.

3. 2022년 코인의 특성: 코인은 '금'이지만 여전히 위험자산

2020년부터 이어진 유동성 장세는 2022년을 기점으로 급격히 반전됩니다. 인플레이션이 통제 불능 수준으로 치솟자 연준(Fed)은 결국 금리를 대폭 인상하며 긴축 사이클에 돌입했고 자산시장은 즉각 반응했습니다. 주식, 부동산, 채권 등 대부분의 위험자산이 가격 조정을 받았고 코인도 예외가 아니었습니다. 아니, 오히려 가장 먼저, 가장 큰 충격을 받았죠.

금리 상승은 미래의 현금흐름 가치를 할인시킨다는 점에서 고위험·고성장 자산인 코인에 매우 불리한 조건입니다. 여기에 달러 강세까지 겹치면서 글로벌 유동성은 빠르게 위축되었죠. 이런 조합은 금과 코인 모두에게 단기적인 하방 압력을 가하지만 그 반응 강도는 다릅니다. 금은 역사적으로 축적된 신뢰 덕분에 비교적 방어적인 흐름을 유지했지만 코인은 다릅니다. 아직까지는 '시장 신뢰의 시험대'에 있는 자산이었기 때문에 투자자들이 불안해지면 가장 먼저 매도하는 자산이 되어버린 것입니다.

또한 2022년의 하락이 단순한 가격 조정으로만 끝났다면 그나마 다행이었겠지만 시장은 더 큰 충격을 받았습니다. 바로 크립토 생태계 내부에서 신뢰 붕괴가 이어진 것이죠.

- 루나(LUNA): 알고리즘 스테이블코인의 실패 사례로 일종의 '디지털 뱅크런'이 발생하며 수십조 원 규모의 자금이 증발했습니다.
- FTX: 세계 2위 규모의 거래소가 고객 자산 유용과 회계 조작으로 파산해 암호화폐 시장 전반에 대한 불신이 급격히 퍼졌습니다.
- 실버게이트, 셀시우스, 블록파이 등이 연이어 파산하거나 유동성 위기에 몰리면서 '제도권 진입'에 대한 기대감에 균열이 발생했습니다.

이처럼 2022년은 외부적 긴축 환경과 내부적 신뢰 붕괴가 겹친 해였습니다. 특히 FTX 파산은 단순한 기업 부도 이상의 상징성을 가졌습니다. 2020~2021년 상승기의 상징이자 신뢰의 구심점이었던 플랫폼이 붕괴한 것은 시장 전반에 "코인을 다시 믿을 수 있는가?"라는 질문을 던졌기 때문입니다.

이 시기를 통해 다시 한 번 명확히 확인할 수 있었습니다. 코인은 여전히 정책 환경과 신뢰도 확보가 중요한 시장이었으며 2022년은 바로 그 시험 시기였습니다. 그 결과 2021년 말 약 6만9천 달러에 도달했던 비트코인은 2022년 말에는 만6천 달러선까지 떨어졌습니다. 고점 대비 약 75% 하락한 셈이죠.

비트코인과 금의 공통점과 차이점

시기	특징	공통점	차이점
2017년	기대와 탐욕, 기술에 대한 환상	화폐 불신, 유동성 시대의 수혜	위기 앞에서 폭락
2020~2021년	코인 신뢰도 하락	초저금리·유동성 확대의 수혜	위험자산과 동행성
2022년	코인 신뢰도 하락	긴축, 실질금리 상승에 역풍	위험자산 인식 확산

다만 2023년부터 시작된 비트코인의 반등은 단순한 가격 회복이 아니었습니다. 2017년부터 2022년까지 투자자들이 가장 우려했던 '비트코인에 대한 신뢰'가 서서히 회복되기 시작했고 시장은 조용히 다시 코인을 포트폴리오에 편입하기 시작했습니다.

3차 도약: 2025년, 전략적 자산으로 자리매김

2024년에는 비트코인이 제도적으로 '승인'받는 결정적인 사건이 일어났습니다. 바로 비트코인 현물 ETF 승인입니다.

1. 제도권 공식 진입: ETF 승인의 상징성

2024년 1월 미국 증권거래위원회(SEC)는 최초로 비트코인 현물 ETF를 승인했습니다. 그동안 수년간 논쟁과 거부로 이어졌던 이 사안은 결국 월가와 정부가 코인을 제도권 자산으로 받아들였다는 공식적인 선언이었습니다. 이는 단순한 '상품 출시' 이상이었습니다. 비트코인을 직접 보관하거나 거래소 계정을 만들지 않아도 주식처럼 간편하게 거래할 수 있는 구조가 만들어졌기 때문입니다. 대형 기관투자자들은 그제야 안심하고 자금을 투입하기 시작했고 연기금, 보험사, 패밀리오피스 같은 보수적인 투자 주체들도 이제 코인을 '배제할 수 없는 자산군'으로 인정하기 시작했습니다. ETF 승인 이후 비트코인은 다시 사상 최고가를 경신했고 2025년 현재 시장에서 "코인은 사기인가요?"라는 질문은 사라졌습니다.

이제 질문은 바뀌었습니다. "포트폴리오에 코인을 어느 정도 비중으로 넣을까요?"

2. 단순한 위험자산이 아닌 '전략 자산'으로

2025년이 되자 코인은 주식과 금 사이 어딘가에서 독특한 입지를 확보하기 시작했습니다. 금처럼 화폐 가치 불안에 반응하고 주식과 같은 위험자산 선호와 성장 기대에도 반응하는 동시에 글로벌 리스크 이벤트에는 민감하게 조정을 받습니다.

이제는 과거처럼 단순히 '투기 자산' 또는 '젊은 층의 장난감'으로 분류되지 않습니다. 글로벌 자산배분이라는 맥락 안에서 코인은 다음과 같은 전략적 성격으로 정의되기 시작했습니다.

비트코인과 금의 가격 변동 요인

조건	금 가격	코인 가격	해석 키워드
실질금리 하락	상승	상승	화폐 가치 하락에 대한 헤지 수요 강화
실질금리 상승	하락	하락	화폐 가치 하락에 대한 헤지 수요 감소
위험자산 선호 심리 강화	하락	상승	금은 안전자산, 코인은 위험자산
안전자산 선호 심리 강화	상승	하락	금은 안전자산, 코인은 위험자산

출처: 자체 제작

즉 단순히 등락을 넘어 시장의 '신호를 읽을 수 있는 자산'이 된 것입니다. 자산배분 전략에서도, 리스크 파악에서도 코인의 움직임은 이제 하나의 지표이자 해석 도구로 쓰이게 되었습니다.

- 2017년: 기대와 투기의 시기
- 2020~2021년: 제도 수요와 유동성의 시기
- 2022년: 시험과 붕괴의 시기
- 2024~2025년: 제도화와 전략자산으로의 전환

앞으로 투자자에게는 코인을 사고파는 것만큼 코인의 움직임을 읽고 해석하는 것도 중요해질 것입니다. 이제 코인은 단순한 투자 대상이 아니라 시장 전체의 심리를 비추는 거울로 작용하고 있기 때문입니다.

인플레이션·위험자산 선호도를 읽는 코인 가격

금과 코인은 시장 심리를 해석하는 데 매우 유용한 자산입니다. 두 자산이 서로 어느 방향으로 움직이느냐에 따라 시장이 어떤 조건 아래

놓여 있는지, 그에 따른 포트폴리오 전략을 어떻게 구성해야 할지에 대한 힌트를 얻을 수 있습니다.

예를 들어 단기금리와 장기금리 모두 상승하는 가운데 금 가격도 오르고 있다고 가정해봅시다. 이 경우 시장은 이렇게 해석할 수 있습니다.

금리가 오른다는 것은 경제가 과열되거나 물가가 우려된다는 신호이고 금이 오른다는 것은 시장이 화폐 가치 하락 또는 인플레이션 리스크를 의식하고 있다는 뜻입니다. 그런데 코인 가격도 함께 오른다면 이는 단순한 위험 회피가 아니라 리스크 감수 심리가 여전히 살아 있다는 반증입니다.

이처럼 금과 코인의 동반 상승은 시장이 인플레이션과 성장 사이에서 균형을 찾는 데 사용할 수 있으며 코인 상승을 바라보면서 투자자들이 아직 리스크를 감내할 여력이 있다고 판단하는 구간이라고 볼 수 있습니다.

이런 시기에는 주식시장에서도 기대인플레이션에 강한 업종이나 실적이 확실한 우량 성장주들이 강세를 보일 가능성이 큽니다.

결국 우리는 이 과정을 통해 단순히 금리나 자산 가격의 등락뿐만 아니라 '단기금리, 장기금리, 환율, 금, 코인'이라는 주요 변수들의 조합을 종합적으로 바라보게 됩니다. 이는 자산 움직임 너머에 있는 시장 센티먼트(심리), 정책 신뢰 수준 그리고 리스크 허용 범위를 해석할 수 있는 강력한 도구가 됩니다.

물론 현실에서는 수많은 변수들이 복잡하게 얽혀 있어 모든 국면을 일률적으로 정형화하기는 어렵습니다. 하지만 3부 1~4장의 내용을 잘 이해하고 금과 코인의 방향성을 중심으로 시장 심리를 해석하는 틀을 갖춘다면 시장을 훨씬 더 입체적으로 이해할 수 있게 될 것입니다.

이번 장에서는 실전 투자에 바로 적용할 수 있는 대표적인 네 가지 시나리오를 금과 코인의 조합을 중심으로 정리해보았습니다.

1. 금과 코인 가격이 동반 상승한다면

금과 코인이 함께 상승하는 국면은 시장이 화폐 가치 하락 또는 실질금리 하락에 대한 신호를 강하게 반영하고 있을 가능성이 큽니다. 중앙은행의 정책에 대한 신뢰가 약화되었거나 유동성이 다시 확대될 조짐이 감지되는 시기일 수 있죠. 특히 실질금리가 낮아질 것으로 기대되면 투자자들은 안전자산인 금뿐만 아니라 코인과 같은 리스크 감수 자산에도 동시에 자금을 투입하는 경향이 나타납니다.

이런 흐름은 다양한 시나리오가 있지만 대체로 유동성 확대에 따른 금과 코인 가격의 동반 상승이 주된 동인인 경우가 많습니다.

경기 침체 이후 저물가 상황에서의 유동성 확대가 배경이라면 저금리, 저물가로 인해 중소형 성장주가 상대적으로 좋은 성과를 내기 쉽습니다.

반대로 경기 확장 국면에서 인플레이션 우려가 부각되어 금과 코인 가격이 동반 상승한다면 고금리·고물가에 견딜 수 있는 대형 우량주(현금 흐름 안정·가격 전가력 보유) 중심으로 비중을 조절하는 것이 바람직할 수 있습니다.

2. 금 가격은 오르고 코인 가격은 하락한다면

반면 금 가격은 상승하는데 코인 가격은 하락하고 있다면 시장은 전형적인 리스크 회피 국면에 들어선 것으로 해석할 수 있습니다. 금은 여전히 화폐 가치 방어 자산으로서의 수요가 유입되고 있지만 코인에서 자금이 빠져나오고 있다는 것은 위기에 대한 민감도와 불안 심리가 동시에 커졌다는 뜻입니다.

3. 코인 가격은 오르고 금 가격은 하락한다면

금은 조정을 받고 있는데 코인은 오르고 있다면 시장은 리스크를 감수할 준비가 된 상황일 가능성이 큽니다. 이런 시기에는 시장이 다시 성장주에 관심을 갖기 시작하며 특히 기술주와 나스닥, 신흥국 자산이 상승 탄력을 받을 수 있습니다. 코인의 반등도 위험자산 선호 심리의 회복을 반영하기 때문에 더 공격적인 포트폴리오 구성이 가능해집니다. 단기적인 조정이 있었더라도 이제 성장에 다시 베팅할 수 있는 환경이 조성되고 있다는 의미로 해석할 수 있습니다.

4. 금과 코인 가격 둘 다 하락한다면

마지막으로 금과 코인 가격 둘 다 동시에 하락하는 구간은 주로 유동성 축소 국면에 휩싸여 있을 가능성이 큰 시기입니다. 대표적으로 실질금리가 급격히 상승하며 유동성이 빠르게 말라가는 긴축 충격 구간에서 이런 현상이 발생합니다.

이런 흐름은 2022년 상반기가 대표적인 사례입니다. 당시 연준(Fed)은 40년 만의 고물가를 잡기 위해 빠른 속도로 기준금리를 인상하는 동시에 양적 긴축(QT)까지 병행했습니다. 그 결과 TIPS 기준 실질금리는 0% 이하에서 1% 이상으로 급등했고 그 과정에서 주식, 채권, 코인,

금 할 것 없이 모든 자산이 동반 하락했습니다. 투자자들은 "이제 안전한 자산은 없다."라는 불안감 속에 일제히 현금화에 나섰고 자산 축소 전략으로 전환했습니다.

다만 예외적으로 '극단적 위기' 국면에서는 위험자산과 전통적 안전자산이 동시에 하락하는 '현금 선호'가 나타날 수 있습니다.

예를 들어 2008년 리먼 브라더스 사태 직후와 2020년 3월 팬데믹 초기에는 신용 경색(시장에 돈이 말라 대출이 막히는 상황)과 디레버리징(빚·레버리지를 급히 줄이느라 보유 자산을 파는 과정)이 급격히 진행되면서 주식, 코인은 물론 금과 장기채 등 안전자산까지 일시적인 매도 압력을 받았습니다.

금과 코인 가격은 유동성 축소 상황에서 동시에 하락한다고 볼 수 있지만 극단적인 위기의 충격이 코인과 금 가격 둘 다 하락시킬 수 있습니다.

이러한 구간이 예상된다면 현금 비중을 확대하고 고정금리 단기채권이나 보수적인 ETF를 중심으로 구성하는 것이 좋겠죠.

금과 코인의 움직임은 단순한 자산 가격 등락을 넘어 시장의 기저에 깔린 심리와 정책 기대, 성장과 리스크 간 균형 상태를 보여줍니다. 투자자는 이 흐름을 해석할 수 있을 때야 비로소 단순히 '오를까, 내릴까?' 게임에서 벗어나 전체 시장을 이해하고 대비할 수 있는 힘을 갖게 됩니다.

· 6장 ·
다섯 가지 자산 가격 신호, 종합해 읽기

실전 투자자라면 반드시 알아야 할 다섯 가지 자산

1. 단기금리(2년물 미국 국채 금리)

중앙은행의 정책금리에 대한 '시장 기대'를 반영하는 금리입니다. 같은 금리 상승이라도 경기 과열을 막기 위한 금리 인상과 물가 억제를 위한 금리 인상은 의미가 다르고 주식시장의 반응도 정반대로 나타납니다. 따라서 단기금리는 '왜 움직였는가?'를 해석하는 것이 핵심입니다.

2. 장기금리(10년물 미국 국채 금리)

경기 전망, 인플레이션 기대, 불확실성을 모두 반영하는 금리입니다. 상승 이유에 따라 시장의 반응이 다릅니다. 단기금리, 달러, 금 가격과 함께 보면서 흐름을 해석해야 합니다.

3. 금

인플레이션 헤지 수단이자 위기 상황에서 안전자산으로 작동하는 자산입니다. 금값이 오를 때는 보통 시장이 불안하거나 물가에 대한 우려가 커졌을 가능성이 큽니다. 하지만 단순한 위기가 아니라 정책에 대한 신뢰 부족일 때 금은 더 민감하게 반응합니다. 금 가격은 단독으로 해석할 수 없습니다. 금리와 함께 해석해야 합니다.

4. 달러 가치(환율, 달러 인덱스)

주로 주요국과의 금리 격차와 성장에 따른 자본 흐름을 동시에 반영합니다. 단독 해석이 불가능합니다. '금리·금'과의 조합으로 읽어야 신호가 명확해집니다.

5. 코인(비트코인 등 디지털 자산)

'디지털 금'이라는 별명을 가지고 있으며 실질금리·달러 약세·유동성 확대에 민감하게 반응합니다. 다만 전통적 안전자산인 금과 달리 위기 상황에서 급락할 수 있는 위험자산입니다. 평소에는 금과 유사하지만 위기 상황에서는 별도로 해석해야 합니다.

각 자산 가격의 움직임 해석하기

단순히 금리가 하락하고 달러가 약세를 보이면 유동성이 풍부해지니 주식이 유망하다고 판단하는 사람들이 있습니다. 마치 매크로를 수학 공식처럼 외워 적용하는 방식입니다. 하지만 이러한 접근은 전적으로 잘못된 판단입니다.

자산 가격의 움직임은 언제나 그 이면에 있는 배경과 맥락까지 함께 해석해야 합니다. 단지 금리가 내렸다고 그것이 언제나 호재가 되는 것은 아니며 달러가 약세라고 위험자산에 반드시 긍정적인 것도 아닙니다.

결국 중요한 것은 그런 움직임이 왜 발생했는지 정확히 해석할 수 있는 능력입니다. 그 이유를 놓친다면 어떤 매크로 지표든 잘못된 방향으로 해석할 수밖에 없으며 이는 투자에서 치명적인 실수를 초래할 수 있습니다.

2025년 8월 2일 미국 금융시장 흐름

미국 2년	3.704
미국 10년물 국채 금리	4.220
미국 달러 지수	98.930
금	3,413.80
US 500	6,235.6
WTI유	67.33
달러/원	1,389.03
엔/원	9.4251

출처: Investing.com

예를 들어 위의 그림에서 2025년 8월 2일의 미국 금융시장 흐름을 살펴보면 단기금리(2년물 국채 금리)와 장기금리(10년물 국채 금리) 모두 큰 폭으로 하락했고 금 가격은 급등했습니다. 달러는 약세로 전환되었으며 주식시장은 -1.6% 하락했습니다.

이날 시장 흐름 가운데 특히 주목할 점은 단기금리와 장기금리의 동반 급락입니다. 그 시점을 자세히 살펴보면 미국의 비농업고용지수가 발표된 직후부터 금리가 급격히 하락하기 시작한 것을 확인할 수 있었습니다.

그렇다면 이 장면을 목격한 실전 투자자는 단순히 '금리 하락→유동성 증가→자산 가격 상승'이라는 공식을 적용하는 것이 아니라 금리가 왜 하락했는지, 그 하락이 어떤 의미를 내포하고 있는지, 다른 자산군과 어떤 흐름으로 연결되고 있는지도 함께 해석해야 했습니다.

바로 이러한 이유 때문에 매크로 지표의 조합을 맥락 없이 해석하는 것이 아니라 금, 금리, 달러, 코인 등의 흐름을 연결해 시장 심리를 입체적으로 읽어내는 해석력이 필요합니다.

이것이 이번 장에서 다양한 시나리오를 통해 정리하려는 핵심입니다.

1. 단기금리 급락

이번 하락의 배경은 미국의 고용지표가 예상보다 충격적으로 부진하다는 발표 때문이었습니다. 시장은 이를 통해 연준(Fed)이 더 이상 긴축을 이어나가기 어렵다고 판단했고 빠른 금리 인하 가능성을 반영하며 단기금리가 급락했습니다. 결국 이번 금리 하락은 연준(Fed)의 정책 전환 기대와 함께 경기 둔화에 대한 경고 신호로 해석되었습니다.

2. 장기금리 하락

단기금리와 마찬가지로 장기금리도 경기 둔화에 반응한 모습이죠. 경기가 둔화되면 수요가 줄어들고 시간이 지나면서 인플레이션 압력도 약해질 수 있습니다. 실제로 기대인플레이션이 큰 폭으로 하락했던 지표도 보였습니다. 이런 점에서 장기금리 하락은 일정 부분 성장 둔화, 물가 둔화에 대한 기대감을 반영하고 있었습니다. 결국 장기금리는 "경기에 대한 자신감이 약해지고 있다."라는 신호를 보내고 있었습니다.

3. 금 가격 급등

이날 금 가격은 온스당 3,400달러를 넘어서며 급등했습니다. 단기금리와 장기금리 모두 하락하고 물가는 여전히 목표치를 웃도는 상황에서 실질금리가 내려가면서 화폐 가치에 대한 불안감을 키웠습니다. 결국 투자자들은 화폐 가치 보존을 위해 어딘가에 투자해야 하는데 위험자산보다 금으로 자금을 이동시키기 시작했고 그 결과 금 가격이 급등하는 흐름이 나타났습니다.

4. 달러 약세

이날 달러 인덱스는 하루 만에 1.3% 하락했습니다. 이는 미국 고용지표 부진에 따른 경기 둔화 우려와 금리 인하 기대가 복합적으로 작용한 결과였습니다. 통상적으로 미국 경기가 흔들리면 안전자산 선호 심리로 인해 달러가 강세를 보이기도 합니다. 그러나 이번에는 미국의 경기 둔화가 전 세계를 동시에 흔들 수준은 아니라는 판단이 우세했습니다. 미국의 경기 둔화 우려로 금리가 내려가고 다른 나라와의 금리 차가 줄어들면서 달러를 들고 있을 이유가 약해졌고 그 결과 자금 유입보다 유출의 힘이 우세해 달러 인덱스는 빠르게 하락했습니다.

이는 미국의 경기 둔화가 글로벌 시장 전반에 미치는 충격이 크지 않다는 것을 보여주는 대목이기도 했습니다. 실제로 당일 국내 증시는 비교적 안정적인 흐름을 보였습니다.

5. 주식과 비트코인의 하락

이날 나스닥 지수는 하루 만에 2% 이상 하락했고 비트코인도 5% 가까이 급락했습니다. 단순히 표면적으로는 연준(Fed)의 금리 인하 기대가 시장에 퍼졌던 날이었기 때문에 위험자산에 유리해 보일 수도 있었습니다. 하지만 그 배경이 '경제지표 부진'에 따른 정책 전환 기대였다는 점에서 이는 오히려 시장의 성장 기대가 꺾이고 있다는 신호로 작용했습니다. 결국 주식과 비트코인 같은 위험자산은 단순히 금리 인하 기대보다 "금리 인하가 불가피해진 배경에 더 큰 의미를 두었습니다." 이러한 흐름이 바로 2025년 8월 2일 고용보고서를 둘러싼 증시 하락의 본질적인 이유였습니다.

저는 이와 같은 정보를 접하면 단순히 뉴스로 받아들이는 데 그치지 않고 실전 투자로 연결해야 한다고 생각합니다. 그래서 매일 출근길에 전일 시장의 반응이 과연 타당했는지 스스로 점검해보는 시간을 갖습니다. 단순히 결과를 받아들이는 것이 아니라 그 흐름을 내 나름대로 해석해보고 어떤 결론을 낼 수 있을지 고민하는 것입니다.

해석 차이가 실전 투자 전략을 만든다

2025년 8월 2일 증시가 왜 상승하고 하락했는지 알게 되었습니다. 2025년 8월 2일 미국 증시는 왜 하락했을까요? 처음에는 금리 인하 기대가 시장에 긍정적으로 작용할 것이라고 생각할 수 있습니다. 하지만 시장은 달랐습니다. 이날 시장의 핵심 변수는 고용지표였습니다. 문제는 같은 고용 데이터를 두고도 투자자마다 전혀 다른 해석을 내렸다는 점입니다. 이는 데이터를 바라보는 전제, 정책 여력에 대한 판단, 향후 시장 반응에 대한 해석이 모두 다르기 때문입니다. 누군가는 '침체의 전조'라고 해석하고 다른 누군가는 '일시적 왜곡이며 곧 회복될 것'이라고 믿고 어떤 이는 "불확실한 구간이므로 안전자산으로 이동해야 한다."라고 판단합니다. 다음은 같은 고용 데이터를 두고 나온 세 가지 시나리오와 각각의 해석 그리고 그에 따른 투자 전략을 정리한 도표입니다.

똑같은 데이터를 두고 나온 세 가지 시나리오와 해석, 투자전략

시나리오	고용 해석	정책 전망	시장 반응 기대	투자 자산
1. 일시적 둔화	통계적 오류, 구조조정의 영향	금리 인하 여력 존재	경기 회복 기대	주식, 주식형 ETF
2. 완만한 둔화	정책 여력은 있지만 물가 부담 병존	유동성 확대, 인플레이션 기대	안전자산 선호	금, 원자재
3. 구조적 침체	노동시장 약화, 정책 무력화 우려	실물경제 둔화 지속	위험자산 회피	장기채권, 단기채권 혼합

출처: 자체 제작

첫 번째 해석은 "일시적이다. 곧 회복된다."입니다. 이 시각에서는 정부 고용의 일시적 감소(DOGE 프로그램 등)와 창업·폐업 모델의 오류, 설문

응답률 저하 등 통계적 왜곡 가능성을 주요 원인으로 지목합니다. 실제 민간 고용과 평균 근무 시간, 시간당 임금은 여전히 견조했기 때문에 이들은 "연준(Fed)은 금리 인하 여력이 있고 침체는 아니다."라고 판단합니다. 시장의 하락은 과도한 반응이며 이는 오히려 매수 기회라는 관점으로 주식이나 ETF 비중을 늘리는 전략을 취합니다.

두 번째 해석은 "애매한 국면이다. 그래서 금이다."입니다. 고용 둔화는 인정하지만 동시에 금리 인하 여력이 생겼고 이는 유동성 환경의 개선으로 연결될 수 있다는 점에 주목합니다. 다만 동시에 인플레이션이 다시 자극될 수 있다는 점에서 화폐 가치 하락을 방어할 수 있는 금이나 원자재 같은 실물 자산을 선호합니다. 이는 "지금은 경기가 별로 나쁘지는 않지만 그렇다고 확신할 수 있는 구간도 아니다."라는 판단에 기반한 전략입니다.

세 번째 해석은 "정책도 소용없다. 침체가 온다."입니다. 가장 보수적인 시나리오입니다. 이들은 이번 고용지표가 단순한 둔화가 아니라 노동 공급의 구조적 약화, 정부의 대규모 고용 축소, 연준(Fed)에 대한 정책 신뢰 하락이 복합된 결과라고 봅니다. 트럼프 행정부의 반이민 정책도 노동시장 약화에 기여한다고 해석합니다. 이들은 '지금은 금리 인하로도 경기를 살릴 수 없는 구조적 침체' 국면으로 보고 안전자산인 채권(특히 5~10년물 채권 ETF)을 선택합니다. 주식 비중은 낮추는 전략이죠.

결론: 전일 금융시장의 흐름을 읽는 것이 포트폴리오 구성의 기초

이처럼 세 가지 시나리오를 해석하고 그에 맞는 자산 전략을 구성하기 위해서는 적어도 단기금리, 장기금리, 환율, 금 가격의 움직임을 읽고 해석할 수 있어야 합니다. 이것이 바로 매크로 투자의 가장 기초적인 부분입니다. 시장이 어떤 경제지표에 주목하고 있고 어느 방향으로 해석하고 있으며 자산별로 어떤 신호를 보내고 있는지 이해하는 것이 핵심입니다. 이 네 가지 변수의 조합을 읽어내는 힘이 생겼을 때 비로소 '시장의 생각'을 해석하는 입문 단계에 들어섰다고 말할 수 있습니다.

위 예처럼 간단한 지표 하나를 두고도 투자자들은 전혀 다른 포트폴리오를 설계하게 됩니다. 누군가는 주식을, 누군가는 금을, 또 다른 누군가는 채권을 선택합니다. 그리고 이 선택은 단순히 수치가 좋고 나쁘냐가 아니라 그 수치가 말하는 '맥락'과 '정책 대응 가능성'에 대한 해석에 달려 있습니다.

저도 매일 출근길에 전날 시장이 주목했던 지표가 무엇이었는지, 그 해석이 과연 타당했는지 스스로 되묻는 시간을 갖습니다. 시장과 제 생각이 다를 때 오히려 시장이 비합리적으로 반응했는지 살펴보며 초과 수익을 얻을 수 있는 구간을 찾아내는 연습을 합니다.

무엇보다 이러한 포트폴리오 전략의 장점은 내가 원하는 리스크는 노출하고 내가 모르는 리스크는 방어할 수 있다는 것입니다. 경기 침체가 두렵다면 단기채권이나 금 같은 자산으로 리스크를 낮추는 전략이 가능하고 반대로 과도한 비관 속에 매수 기회를 포착하고 싶다면 주식 비중을 늘리는 전략도 가능합니다.

3부에서는 이러한 해석을 가능하게 만들기 위해 반드시 이해하고 넘어가야 할 자산별 '특징'들을 정리했습니다.

· 7장 ·
다섯 가지 자산 가격 해석의 힘

3부에서는 단기금리, 장기금리, 환율, 금, 코인 다섯 가지 주요 지표를 중심으로 과거의 사이클을 되짚으며 시장을 해석하는 방법을 살펴보았습니다.

  단기금리(2년물)는 향후 기준금리에 대한 시장의 기대를 민감하게 반영합니다. 하지만 금리가 올랐다는 사실 자체보다 중요한 것은 왜 올랐는가였습니다. 경기 회복 기대라면 주식시장에 호재이지만 인플레이션 우려라면 악재가 될 수 있습니다. 장기금리(10년물)는 성장과 물가, 기간 프리미엄을 함께 담아내며 단기금리와의 조합을 통해 경기 전환의 신호를 읽어낼 수 있었습니다. 환율은 금리 차이와 성장 격차를 반영하며 글로벌 자금의 흐름을 보여주었고 금은 안전자산이자 인플레이션 방어 수단으로서 경기 둔화기에도 확장기 후반 인플레이션 국면에서도 오를 수 있었습니다. 여기에 코인은 새로운 시대의 자산으로 화폐가치 하락기에 인플레이션 헤지로 기능하는 동시에 위험자산 선호를 드러내는 이중적 성격을 보였습니다.

다만 우리는 단순한 자산 가격의 등락만으로는 시장을 온전히 해석할 수 없음을 알게 되었습니다. 각 자산 가격이 형성되는 시대적 배경을 이해해야 했습니다. 예를 들어 1960~1970년대 초반에는 재정지출과 전쟁 비용이 물가를 자극했는데 이 시기에는 단기금리가 정책적으로 눌려 시장과 괴리가 발생하기도 했습니다. 2005년에는 경기 확장 국면임에도 불구하고 장기금리가 오르지 않는 특수한 상황이 나타났습니다. 이러한 사례는 교과서적 이론만으로는 설명할 수 없는, 시대적 특수성을 고려한 해석의 필요성을 일깨워 주었습니다. 2020년 팬데믹 이후에는 사상 유례없는 통화완화와 재정정책이 동시에 시행되면서 유동성이 자산 가격을 강하게 밀어올렸습니다. 이 과정에서 금과 코인 같은 대체자산이 중요한 역할을 했으며 특히 코인의 폭등은 화폐 가치에 대한 불신과 초저금리 환경이 맞물리며 나타난 현상이었습니다.

결국 3부에서 얻은 교훈은 명확합니다. 시장의 초점은 언제나 변한다는 것입니다. 어느 시대에는 금리, 또 다른 시대에는 금이나 달러, 최근에는 코인까지도 시장 심리를 가장 잘 드러내는 지표가 되었습니다. 따라서 투자자의 과제는 시대적 특수성을 고려한 자산 움직임을 해석하는 것이 중요하다는 것입니다.

과거의 사이클을 살펴본 이유도 단순히 역사를 나열하기 위해서가 아니었습니다. 이론적으로 설명되는 자산 가격의 움직임이 실제로는 시대적 환경에 따라 달라지고 때로는 예외적인 흐름을 보인다는 사실을 확인하기 위해서였습니다. 이러한 다양한 사례와 특수성을 이해해야만 오늘날의 시장을 더 정확히 해석할 수 있으며 불확실한 상황 속에서도 스스로 판단할 수 있는 힘을 기를 수 있습니다.

| 4부 |

실전 투자에 쓰는 매크로 도구

3부까지는 독자 여러분이 경제 사이클을 이해하고 금리·물가·고용·환율과 같은 핵심 지표들을 해석하는 기본 틀을 배우는 과정이었습니다. 역사 속 사례와 함께 이런 훈련을 반복하다 보면 정상적인 국면에서 충분히 시장을 읽어낼 수 있습니다. 하지만 실제 투자 현장에서는 항상 교과서적인 상황만 펼쳐지는 것은 아닙니다. 때로는 과도한 공포가 모든 합리적 분석을 압도하기도 하고 반대로 극단적인 탐욕이 기존 해석 틀을 무력화시키기도 합니다. 이런 구간에서는 우리가 배운 이론만으로는 해석이 매끄럽게 통하지 않는다는 한계에 부딪히게 됩니다.

이럴 때 필요한 것이 바로 시장 심리를 수치화해 보여주는 보조 지표들입니다. 금리 인하가 얼마나 반영되어 있는지, 시장이 물가와 성장 중 어느 쪽을 더 걱정하는지, 프리미엄은 어느 정도인지, 공포는 얼마나 극단으로 치달았는지 구체적인 수치로 확인해야만 이론을 실전 투자에 제대로 연결할 수 있습니다.

따라서 4부는 앞에서 배운 이론을 현실 시장에 적용할 때 해석을 더 명료하고 정확히 해주는 도구들을 정리한 장입니다. CME FedWatch를 통해 금리 전망을 시장의 기대와 비교해 점검하고 공포·탐욕지수와 VIX 지수를 활용해 극단적 심리를 수치화해 매수·매도 타이밍을 가늠합니다. 또한 연준(Fed)의 DKW 모델을 통해 장기 금리를 쪼개어 분석하면 단순히 수치 뒤에 숨어 있는 기대인플레이션과 실질 기간 프리미엄까지 들여다볼 수 있습니다.

독자 여러분이 이번 장을 마치고 나면 이런 도구들을 함께 사용해보는 과정을 통해 매크로 해석이 한층 더 깊어지고 실전 투자에서 훨씬 더 단단한 판단력을 가질 수 있을 것이라고 믿습니다.

· 1장 ·
금리·물가·고용으로 금리전망 읽는 방법

여러분이 뉴스를 꾸준히 접하다 보면 "올해 금리를 ○번 정도 인하할 것 같다."라는 예측이 언제부터인가 자연스럽게 생길 겁니다. 예를 들어 미국의 경제 상황을 파악하는 데 주요 지표로 주로 확인되는 비농업고용지수(NFP)와 소비자물가지수(CPI)가 있습니다.

비농업고용지수는 매월 첫 번째 금요일, 한국 시간으로 보통 금요일 밤 9시 30분 또는 겨울철에는 밤 10시 30분에 발표되는데 미국 내 농업 분야를 제외한 산업 전반의 고용자 수 변화를 보여주는 지표입니다.

소비자물가지수는 매월 중순, 보통 둘째 주 수요일, 한국 시간으로 밤 9시 30분 또는 겨울철에는 밤 10시 30분에 발표됩니다.

위 데이터들은 모두 구글 검색창에 '미국 비농업고용지수, 미국 소비자물가지수'라고 검색하시면 인베스팅닷컴에서 최신 현황으로 나옵니다.

비농업고용지수(NFP) 보는 법

> **Investing.com 한국어**
> https://m.kr.investing.com › nonfarm-payrolls-227
>
> **미국 비농업고용지수**
> 비농업고용지수(Nonfarm Payrolls)는 농축산업을 제외한 전월 고용인구수 변화를 측정합니다. 일자리 창출은 경제활동의 대부분을 차지하는 소비자지출의 가장 중요한 지표입니다.

출처: Google

그럼 우리는 이 데이터를 보고 미국의 경제 상황이 좋은지 나쁜지 판단해야 합니다. 먼저 비농업고용지수부터 알아봅시다.

비농업고용지수: 어느 정도가 적절한 수준인가?

예를 들어 "지난 2월 미국 경제는 15만 1,000개의 일자리를 추가했습니다."라는 뉴스를 들었다면 이 수치가 미국 경제에 정말 좋은 것인지 부족한 것인지 어떻게 알 수 있을까요?

이런 수치를 평가하는 가장 간단한 방법으로 '손익분기점 고용 성장(Breakeven Employment Growth)' 개념이 있습니다. 쉽게 말해 실업률을 안정적으로 유지하려면 한 달에 몇 개의 일자리가 필요한지를 나타내는 기준점입니다.

이런 자료들은 주로 세인트루이스 연방은행 홈페이지에서 적절한 고용이 얼마인지 경제학자들이 열심히 분석해 업로드합니다. 그리고 저는 이 논문들을 찾아내 오늘날 적절한 고용수준을 찾아냅니다.

2025년 4월 세인트루이스 연방은행은 '단순하지만 유용한 기준(Breakeven Employment Growth: A Simple but Useful Benchmark)'이라는 글에서 월 11

만~14만 개 수준을 제시했습니다.

이런 경제학적 지식을 찾았다면 이 기준을 토대로 미국의 비농업고용지수를 간단히 분석해볼 수 있습니다.

출처: Investing.com

예를 들어 이번 달 비농업고용지수가 13만9천 명 증가했다고 발표되었다면 11만~14만 개 사이 일자리이므로 고용 상황이 적절한 수준이라고 평가할 수 있고 여기서는 고용 환경을 걱정해 금리를 굳이 내릴 필요가 없다고 볼 수 있습니다.

하지만 현재 고용 상황이 좋더라도 앞으로 경기가 둔화될 것으로 전망된다면 미리 금리를 낮춰 경기 악화를 방지해야 한다는 주장이 나올 수 있습니다. 이렇게 되면 투자자들은 다음 달 발표될 비농업고용지수가 10만 명 미만으로 나올 가능성을 미리 예상하고 채권 금리가 하락할 것에 투자(베팅)하는 경우가 생깁니다.

반대로 다음 달 비농업고용지수가 15만 명 수준으로 나온다면 적절한 고용 수준인 11만~14만 명을 초과하므로 금리 동결 또는 금리 인상을 고려할 수도 있습니다. 이 경우 채권 금리가 상승하는 시나리오가 나올 수 있죠.

즉 경제지표를 바탕으로 시장의 움직임을 예상하고 투자 결정을 내리는 것입니다. 하지만 다음 달 비농업고용지수가 예상과 다르게 발표된다면 '예측 실패'하고 이 부분에 대해서는 '투자 손실'을 보게 되는 것이죠.

결국 경제학적 지식을 통해 고용과 금리의 관계를 이해하고 이것을 실제 채권시장과 연결해 투자에 활용할 수 있습니다.

소비자물가지수와 기대인플레이션

소비자물가지수는 우리가 실제 생활에서 물건과 서비스 가격이 얼마나 오르고 내렸는지를 보여주는 지표입니다. 이 소비자물가지수가 특히 중요한 이유는 앞으로 물가가 더 오를 것으로 사람들이 예상하는 '기대인플레이션'에 큰 영향을 미치기 때문입니다.

기대인플레이션을 간단히 말하면 앞으로 물가가 더 오를 것으로 예상하는 사람들의 심리입니다.

예를 들어 물가 상승률이 2%대 초반(2.0~2.5%)이라면 사람들은 크게 걱정하지 않고 "앞으로 물가는 안정되겠구나."라고 생각합니다. 이렇게 안정적이라고 생각하면 평소처럼 소비하고 중앙은행도 금리를 유지하거나 필요하면 조금 내릴 수 있습니다.

물가 상승률이 조금 높아져 2% 후반대(2.6~2.9%)에 접어들면 중앙은행은 상황을 좀 더 조심스럽게 지켜봅니다. 물가 상승이 일시적 현상일 수 있다고 생각하고 금리를 급하게 올리지 않고 다른 경제 상황(예: 고용 상황)도 함께 살펴보며 금리를 유지하거나 금리 인상을 고려합니다.

하지만 물가 상승률이 3% 이상으로 높아지면 이야기가 달라집니다. 이 시점부터 사람들과 기업들은 "이제 물가가 본격적으로 오르기 시작하겠구나."라고 생각합니다. 그러면 소비자들은 물가가 더 오르기 전에 물건을 미리 사들이고 기업들도 물건값을 미리 올립니다. 이렇게 되면 실제 물가가 더 빨리 오르는 악순환이 생깁니다.

중앙은행은 이런 악순환을 막기 위해 물가가 3% 이상 오르면 금리를 올려 사람들의 소비를 조금 억제합니다. 최소한 금리를 낮추지는 않고 현재 수준으로 유지하거나 필요하면 더 올릴 수도 있습니다.

따라서 소비자물가지수 지표를 확인할 때는 단순히 현재 물가가 아니라 현재의 물가 상승이 사람들의 '기대인플레이션'에 어떤 영향을 미칠지를 유심히 살펴봐야 합니다.

참고로 미국의 물가지수 데이터는 소비자물가지수와 개인소비지출 물가지수(PCE) 등 여러 가지가 있습니다. 그래서 실제 투자자들은 어느 물가지표를 보아야 하는지 헷갈릴 수 있습니다. 특히 많은 사람이 "연준(Fed)은 금리를 결정할 때 PCE 물가지수를 더 중요하게 본다."라는 말을 듣고 더 혼란스러워합니다. 하지만 실전 투자에서는 소비자물가지수를 보는 것이 더 효과적입니다.

그 이유는 발표되는 시점 때문입니다. 소비자물가지수는 매월 중순경 먼저 발표되는 반면 PCE 물가지수는 매월 말경 발표됩니다.

투자자 입장에서는 소비자물가지수 데이터가 먼저 발표되므로 PCE 데이터를 굳이 기다릴 필요가 없습니다. 소비자물가지수 수치를 보고 나면 이번 달 PCE 수치가 어떻게 나올지도 거의 정확히 예측할 수 있기 때문입니다.

  결국 투자자들은 소비자물가지수가 먼저 발표되면 그 수치를 보고 이렇게 생각합니다. "아, 이번 달 PCE 물가지수도 대략 이 정도겠구나. 그럼 통화 정책은 이렇게 결정되겠구나."

  소비자물가지수가 중요한 이유는 바로 이 때문입니다. 소비자물가지수가 나오면 사실상 PCE 물가지수가 어떻게 나올지도 거의 정해지기 때문에 투자자에게는 물가지수 중 소비자물가지수가 가장 중요한 데이터로 여겨지는 것입니다.

· 2장 ·
CME FedWatch를 활용한 금리전망 읽기

지금까지 우리는 고용지수와 소비자물가지수가 무엇이고 어떻게 활용되는지를 배웠습니다. 이제 이 지표들을 활용해 실제 투자 사례를 들어보겠습니다.

현재 미국의 고용지수가 한 달에 15만 명 이상 증가하고 있고 물가 상승률은 약 3%라고 가정해보겠습니다. 이런 상황을 경제적으로 해석하면 고용시장은 약간 과열 상태이고 물가도 높은 수준이라고 볼 수 있습니다. 따라서 저는 이런 상황에서 "올해는 금리를 내리지 않을 것 같다."라고 판단할 수 있습니다.

그런데 시장의 다른 투자자들은 전혀 다르게 생각할 수 있습니다. 시장의 많은 투자자가 "올해 금리를 네 번이나 내릴 것이다."라고 예상한다면 저는 자연스럽게 다음과 같은 의문을 갖게 됩니다.

"금리를 네 번이나 내리려면 앞으로 심각한 경기 침체가 와야 하는데 그러려면 당장 다음 달부터 고용지수가 매달 10만 명 미만으로 줄어들고 물가 상승률도 2% 초반까지 빠르게 떨어져야 하는데 이게 정말 가능할까?"

이처럼 시장 참여자들의 생각과 내 생각 사이에 뚜렷한 차이가 생깁니다. 심지어 경제 공부를 하면 할수록 다음 달 고용이나 물가지표가 어느 정도 나와야 하는지 더 구체적으로 떠오르게 됩니다.

이런 분석을 통해 저는 이런 결론을 내릴 수 있습니다.

"다음 달 고용지수가 10만 명 미만으로 나오지 않는다면 오히려 채권 금리가 상승할 가능성이 크겠다."

실제 투자로 연결하면 이런 상황에서는 채권 금리 상승(채권 가격 하락)에 투자하는 '채권 숏(short)' 전략을 선택할 수 있습니다.

또한 이런 상황에서는 "고용 상황이 좋다."라고 판단하기 때문에 금리가 상승하더라도 경제가 튼튼하다는 이유로 주가도 상승할 수 있습니다. 흔히 "금리가 오르면 주가는 떨어진다."라는 공식이 항상 맞는 것이 아닌 이유는 바로 이런 상황에서 나타나는 것입니다.

결국 여기서 가장 중요한 것은 시장의 생각을 읽어내는 것입니다.

첫째, 채권시장은 향후 금리를 어떻게 예상하는가?

둘째, 그런 금리 예상이 실제로 이루어지려면 앞으로 어떤 경제지표가 나와야 하는가?

여기서 "첫째, 채권시장은 향후 금리를 어떻게 예상하는가?"를 쉽게 읽어낼 수 있는 유용한 도구가 바로 CME FedWatch 사이트입니다.

먼저 CME FedWatch 사이트에서 미국의 금리전망을 시장이 어떻게 보는지 간단히 알 수 있습니다. 이 사이트에서 Aggregated 탭을 클릭하면 향후 미국 기준금리가 어떻게 움직일지 확률을 한눈에 보여줍니다.

예를 들어 현재 CME FedWatch 사이트를 보면 시장은 7월 30일까지

금리가 동결될 확률을 약 84.90%로 예상하며 올해 말까지 금리를 두 번 더 내릴 것으로 예상하고 있습니다.

▎CME FedWatch – CME Group

MEETING DATE	CME FEDWATCH TOOL – AGGREGATED MEETING PROBABILITIES					
	300~325	325~350	350~375	375~400	400~425	425~450
2025.07.30	0.00%	0.00%	0.00%	0.00%	10.33%	89.67%
2025.09.17	0.00%	0.00%	0.00%	0.00%	78.89%	21.11%
2025.10.29	0.00%	0.00%	0.00%	32.33%	67.67%	0.00%
2025.12.10	0.00%	0.00%	0.00%	84.90%	15.10%	0.00%
2026.01.28	0.00%	0.00%	20.33%	79.67%	0.00%	0.00%
2026.03.18	0.00%	0.00%	69.37%	30.63%	0.00%	0.00%
2026.04.29	0.00%	0.00%	98.33%	1.67%	0.00%	0.00%
2026.06.17	0.00%	47.02%	52.98%	0.00%	0.00%	0.00%
2026.07.29	0.00%	98.33%	1.67%	0.00%	0.00%	0.00%
2026.09.16	15.05%	84.95%	0.00%	0.00%	0.00%	0.00%
2026.10.28	28.33%	71.67%	0.00%	0.00%	0.00%	0.00%
2026.12.09	31.15%	68.85%	0.00%	0.00%	0.00%	0.00%

출처: CME FedWatch, 자체 제작

여기서 우리는 두 가지 핵심 질문을 던질 수 있습니다.
- 첫 번째 질문: "채권시장은 앞으로 금리를 어떻게 예상할까요?"
- 답변: 올해 말까지 금리를 두 번 추가 인하할 것으로 84.90%의 확률로 보고 있습니다.

이 질문의 답은 매우 간단히 나옵니다.
- 두 번째 질문: "그런 금리 예상이 실제로 이루어지려면 앞으로 어

떤 경제지표들이 나와야 할까요?"

두 번째 질문은 더 구체적으로 말하면 "올해 금리를 두 번 더 내리려면 앞으로 경제 상황이 어떻게 변해야 할까요?"라는 질문이 됩니다.

앞에서 살펴본 2025년 4월 세인트루이스 연방은행 자료에 따르면 비농업 고용 증가가 11만~14만 명이라면 적절히 안정적인 고용 수준입니다. 그렇다면 올해 금리를 두 번이나 내리려면 적어도 비농업 고용 증가가 10만 명 밑으로 떨어지는 수준의 데이터가 몇 번 나와야 할 것입니다.

예를 들어 향후 비농업 고용 증가가 올해 안에 한두 번은 10만 명 미만으로 떨어질 것이라는 예상이 필요합니다. 그런데 실제 데이터가 꾸준히 15만 명 이상으로 나온다면 고용 환경이 계속 좋은 상태이기 때문에 연내 두 번의 금리 인하는 현실적으로 어렵다는 결론을 내릴 수도 있습니다.

이처럼 연준(Fed)에서 실제 발표한 다양한 논문을 기반으로 경제 지식을 쌓아두면 현재 시장 투자자들이 어떤 생각으로 움직이고 있는지, 다음 달 경제지표에서 어떤 수치들을 특히 주목해 보아야 하는지 이해할 수 있습니다.

다만 위 내용을 이해하면 아시겠지만 "매크로 투자에는 정답이 없다."라고 말씀드리는 이유는 다음 달 경제지표가 어떻게 나올지 아무도 정확히 알 수 없기 때문입니다.

그럼에도 우리가 매크로 경제 분석을 꾸준히 공부하고 미리 준비해야 하는 이유는 시장 참여자들이 가끔 매우 극단적이고 비상식적인 판단을 내릴 때가 있기 때문입니다.

예를 들어 실제 물가 상승률이 3% 이상이고 고용 증가가 20만 명으로 매우 좋은 상황인데도 시장에서 "올해 금리를 여섯 번 인하해야 한다."라는 주장이 나오는 경우가 있습니다. 이런 상황에서는 "시장이 너무 비합리적인 기대를 하고 있구나. 금리는 오히려 오를 가능성이 크다."라는 투자 의사결정을 내릴 수도 있습니다. 이런 판단과 결정을 내릴 수 있는 힘이 바로 매크로 경제 분석의 가장 큰 가치입니다.

제가 강조하고 싶은 핵심은 여러분이 먼저 '시장의 생각'을 읽어낼 수 있어야 하고 그다음 그것을 여러분 자신의 생각과 비교해 투자 결정을 내려야 한다는 것입니다.

이 능력을 기르는 쉬운 방법 중 하나는 CME FedWatch에서 시장의 실시간 금리전망을 쉽게 파악하는 것입니다. 그리고 시장의 전망이 현실로 나타나려면 앞으로 어떤 경제 상황(예: 고용, 물가 등)이 필요한지 스스로 예상해보는 연습을 해보는 겁니다.

시장에서는 다음 달 금리가 그대로 유지될 것으로 예상한다고 가정해보겠습니다. 그런데 실제로 다음 달 비농업고용지수가 10만 명 미만으로 떨어진다면 경제가 예상보다 빠르게 둔화되고 있다는 뜻이 됩니다. 그렇게 되면 시장은 금리가 내려갈 가능성이 커졌다고 보고 채권을 미리 매수하는 전략을 선택할 수 있습니다.

처음에는 이런 판단이 어렵게 느껴질 수 있습니다. 하지만 앞에서 우리가 배운 기본적인 경제지표들(비농업고용지수, CPI 등)의 의미를 반복해 익히고 실제 데이터와 연결해 자주 생각하다 보면 점점 더 익숙해질 것입니다.

CME FedWatch는 이렇게 채권시장의 흐름을 미리 확인하는 데 매우 유용한 도구로 사용하고 나중에는 주식이나 환율 같은 다른 자산의 움직임을 예측할 때도 효과적으로 활용할 수 있습니다.

결국 이런 흐름을 정확히 이해하면 시장과 소통하면서 더 효과적으로 투자 전략을 세울 수 있습니다. 그럼으로써 여러분은 포트폴리오를 지금보다 더 공격적으로 운영할지, 좀 더 보수적으로 관리할지 등의 중요한 의사결정을 내릴 수 있게 됩니다.

· 3장 ·
공포·탐욕지수와 VIX 지수를 활용한 주식 투자 전략

주식 투자의 가장 기본적인 원칙 중 하나는 "공포에 사서 탐욕에 팔라."입니다. 이것은 시장이 극단적인 공포에 빠졌을 때 투자자들이 비이성적인 결정을 내리면서 일부 투자자들이 보유한 자산을 지나치게 저렴하게 매도하기 때문입니다. 이런 시장 상황을 정확히 인지하고 적절한 타이밍을 잡을 수 있다면 양질의 자산을 합리적인 가격보다 훨씬 저렴하게 매입할 기회가 생깁니다.

그렇다면 시장이 공포 상태인지 탐욕 상태인지 어떻게 정확히 판단할 수 있을까요? 이것을 위해 활용할 수 있는 도구가 바로 VIX 지수와 공포·탐욕지수입니다.

VIX 지수(Volatility Index)는 흔히 '공포 지수'로 불리는 지표로 시장의 변동성에 대한 투자자들의 기대치를 나타냅니다. VIX 지수가 높다면 투자자들이 미래에 대해 불안을 느끼며 주가가 크게 흔들릴 가능성을 높게 보고 있다는 뜻입니다. 반대로 VIX 지수가 낮다면 시장이 비교적 안정적이고 투자자들이 미래를 낙관적으로 바라본다는 뜻입니다.

공포·탐욕지수(Fear & Greed Index)는 투자자들의 감정을 0~100 숫자로 표현해 더 직관적으로 보여줍니다. 이 수치가 낮을수록 시장에는 공포감이 팽배해 투자자들은 지나치게 비관적이고 비합리적인 매도가 자주 발생하는 것을 나타냅니다. 반면 이 수치가 높을수록 탐욕이 시장을 지배해 과도한 낙관주의로 인해 자산 가격이 지나치게 상승할 가능성이 큽니다.

이 지표들이 효과적으로 작동하는 것은 다음 세 가지 이론적 배경에 근거합니다.

첫째, 행동경제학적 가정입니다. 인간은 극단적인 공포나 탐욕에 사로잡히면 객관적인 판단력이 떨어져 비이성적인 행동을 보이는 경향이 있습니다. 이로 인해 자산 가격이 본래 가치보다 지나치게 내리거나 오르는 경우가 빈번히 발생합니다.

둘째, 평균회귀(Mean Reversion) 이론입니다. 시장에서 자산 가격이나 변동성은 장기적으로 일정한 평균 수준을 유지하려는 성질이 있습니다. 즉 일시적으로 극단적인 상황이 벌어져도 결국 장기 평균으로 돌아가게 됩니다. 예를 들어 시장이 공포로 크게 하락했더라도 시간이 지나면 과도한 하락분이 회복되면서 평균 수준으로 되돌아오는 경향이 있습니다.

셋째, 위험 프리미엄 확대 효과입니다. 시장 참여자들이 공포에 빠져 있을 때는 많은 투자자가 어떻게든 자산을 빨리 처분하고 싶어 가격이 급락합니다. 이때 매수자는 시세보다 훨씬 싼 가격에 자산을 매입할 수 있게 됩니다. 이것은 결국 높은 위험의 대가로 더 높은 잠재수익을 얻을 기회를 제공합니다.

이제 제가 어떤 식으로 투자하는지 본격적으로 설명하겠습니다.

공포·탐욕지수로 매수·매도 영역 찾기

먼저 구글 검색창에 '공포·탐욕지수'라고 검색하면 공포·탐욕지수를 볼 수 있습니다.

📊 공포·탐욕지수

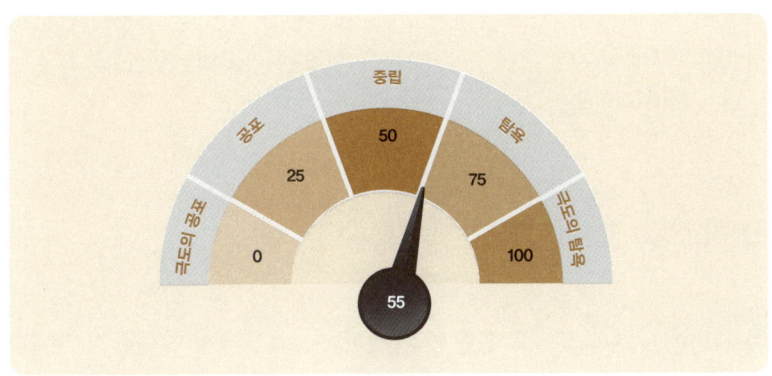

출처: CNN, 공포·탐욕지수

예로 첨부된 이미지에서 공포·탐욕지수를 확인하면 중앙에 숫자 55가 보입니다. 다음과 같이 해석합니다.

- 0~20: 극단적 공포→저평가 가능성 큼
- 20~50: 공포 상태→저평가 가능성 있음
- 50~70: 중립 또는 약간의 탐욕→적정 수준 또는 약간 고평가
- 70~100: 극단적 탐욕→고평가 가능성 큼

일반적으로 공포·탐욕지수가 20 이하인 구간에서는 시장이 극도의

공포 상태로 간주되어 투자자들이 자산을 비이성적으로 저렴한 가격에 매도하는 상황이 벌어집니다. 이런 시점은 대부분 매수하기에 유리한 타이밍입니다.

반면 공포·탐욕지수가 70 이상(특히 80 이상)이라면 시장은 지나친 낙관주의인 탐욕 상태로 볼 수 있습니다. 이 경우 자산 가격이 과도하게 높게 형성되어 있을 가능성이 크므로 주의가 필요합니다.

하지만 저는 시장이 단지 공포와 탐욕 상태라는 이유만으로 무조건 매수·매도를 결정하지는 않습니다. 중요한 것은 '실제로 현재 주가가 저렴한가?'를 확인하는 과정입니다. 이것을 판단하는 가장 직관적인 방법은 1부에서 진행했던 '표준편차를 활용한 가치평가법'입니다.

표준편차로 가치평가하기

이 시점에서 본격적으로 활용하는 것이 바로 1부에서 학습한 '실적×멀티플'을 이용한 적정가치 평가법입니다. 특히 공포·탐욕지수를 활용한 전략은 비교적 짧은 주기로 발생하는 시장의 급등락을 포착해 신속히 대응하는 트레이딩 전략이기 때문에 저는 PER, PBR 같은 멀티플 데이터도 긴 시계열보다 짧은 시계열을 활용합니다. 시장은 공포 상황에서 단기간에 급락했다가 빠르게 반등하기 때문입니다. 따라서 과거 3~5년 짧은 기간에서 산출된 평균값과 표준편차 데이터를 활용해 신속한 의사결정을 내립니다.

예를 들어 코스피 지수를 매수할 경우 한국거래소(KRX)가 제공하는 코스피의 PER나 PBR 평균값과 표준편차 데이터를 통해 현재 주가 수준이 통계적으로 저렴한지 여부를 쉽게 판단할 수 있습니다.

개별 종목이라면 금융정보 사이트에서 개별 종목의 PER 또는 PBR 데이터를 찾고 미국 시장의 경우에는 매크로트렌드(Macrotrends) 사이트에서 S&P 500, 개별 종목의 예상 EPS와 PER 데이터를 간단히 얻을 수 있습니다.

사례) 오늘 S&P 500 지수가 5,200포인트에 도달했다. 매수할 것인가?

표준편차를 활용한 적정가치 분석

S&P 500 평가 수준	적용 PER	예상 EPS	S&P 500 적정 주가
매우 저평가(강력 매수)	19.69(-2σ)	227.64	4,482
저평가(매수 타이밍)	22.17(-1σ)	227.64	5,047
적정가치(평균 수준)	24.64(0σ)	227.64	5,609
고평가(분할 매도)	27.12(+1σ)	227.64	6,174
매우 고평가(강력 매도)	29.60(+2σ)	227.64	6,738

출처: 매크로트렌드, 자체 제작

예를 들어 현재 시점의 S&P 500 예상 EPS가 227.64이고 과거 몇 년 동안의 평균 PER가 24.64배이고 PER 표준편차가 2.48이라고 가정했을 때 위 표에서 현재의 적정 주가 수준을 간단히 계산할 수 있습니다.

만약 S&P 500의 현재 주가가 5,200포인트라면 평균값(5,609포인트)보다 저렴한 상태이므로 이것은 통계적으로도 매수 가능한 구간에 진입했음을 의미합니다. 특히 이런 저평가 상태가 공포·탐욕지수가 20 이하의 극단적 공포 상황과 동시에 나타난다면 적극적인 매수를 준비할 만한 명확한 신호가 됩니다.

하지만 이렇게 적정가치를 파악하고 저평가 상태를 확인했더라도 시장이 공포 상태일 때 주가가 정확히 어디까지 하락할지 예측하기는 매우 어렵습니다. 따라서 현실적으로 가장 효과적인 전략은 '분할매수'로 리스크를 관리하는 것입니다. 초보 투자자들은 이 단계에서 얼마나 분할해 매수할지, 어느 정도 가격대에서 매수할지 판단하기 어려우므로 더 객관적인 판단 기준이 필요합니다. 이때 제가 실제로 활용하는 것이 바로 VIX 지수입니다.

VIX 지수를 활용해 분할매수 구간 정하기

VIX 지수가 상승하는 것은 시장의 공포가 심화하고 있음을 뜻하므로 주가가 더 하락할 가능성이 큽니다. 이때 VIX 지수 차트를 보고 사

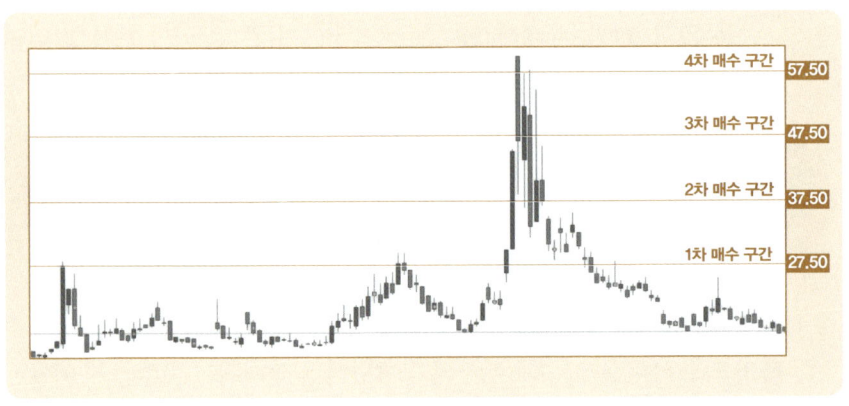

VIX 지수의 기술적 저항선을 활용한 분할 투자 전략

출처: Investing.com

전에 설정된 주요 저항선(기술적으로 강력한 저항 수준) 근처에서 단계적으로 매수를 진행합니다.

예를 들어 VIX 지수가 단계별 저항선에 도달할 때마다 매수 자금을 나누어 점진적으로 투입하면 평균 단가를 낮추고 리스크를 관리할 수 있습니다.

또한 시장의 공포가 극심할 때는 일반적으로 채권과 금 같은 안전자산이 상대적으로 강세를 보입니다. 즉 안전자산 가격은 상승하고 주식과 같은 위험자산 가격은 크게 하락하는 경향이 있습니다. 이때는 기존에 보유 중인 채권과 금의 비중을 일부 줄이고 그렇게 확보한 현금을 더 낮은 가격으로 떨어진 주식을 매입하는 데 활용하는 포트폴리오 재조정 전략을 적극적으로 실행할 수 있습니다. 이로써 전체적인 포트폴리오 수익성을 높이고 시장이 정상화될 때 큰 수익을 기대할 수 있습니다.

포트폴리오 예

시장 상황(VIX)	채권·금 비중	주식 비중
VIX 20 이하(안정)	40%	60%
VIX 27~35(1차 공포)	30%	70%
VIX 35~45(2차 공포)	20%	80%
VIX 45~57(3차 공포)	10%	90%

결론적으로 공포·탐욕지수를 활용해 매수하기 좋은 구간을 찾고 표준편차 가치평가를 활용해 실제 자산의 가격 수준을 판단하며 VIX 지수를 활용해 적절한 분할매수 타이밍과 포트폴리오 조정을 실행할 수 있습니다.

· 4장 ·

DKW 모델을 활용한
10년물 국채 금리 체크 방법

미 연준(Fed)은 매월 'DKW 모델'을 통해 10년물 국채 금리 관련 분석 자료를 제공합니다. DKW 모델은 연준(Fed)의 이코노미스트인 D'Amico, Kim, Wei가 개발한 모형으로 2019년 FEDS 노트 「Tips from TIPS: Update and Discussions」에서 처음 소개된 이래 매달 최신 데이터를 제공하고 있습니다.

📊 연준(Fed) 웹사이트의 Economic Research Data

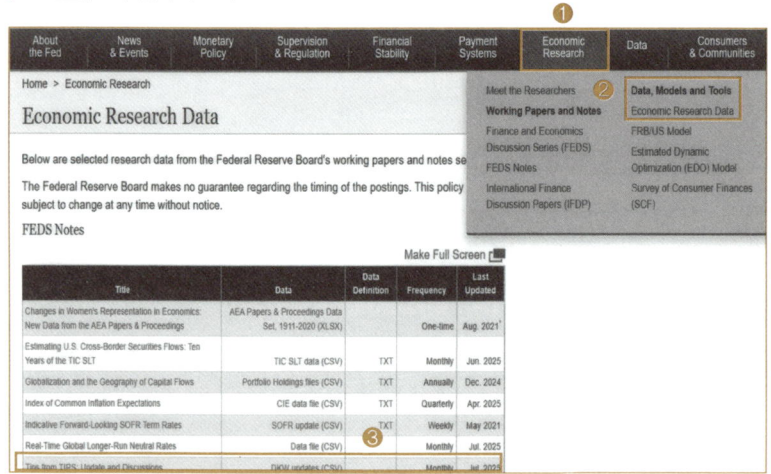

출처: 미국 연방준비제도이사회, 「Economic Research Data」

누구나 연준(Fed) 공식 웹사이트(federalreserve.gov)에서 이 데이터를 간편하게 다운로드해 활용할 수 있으며 저도 매월 이 자료를 활용해 10년물 국채 금리의 적정 수준을 분석하고 있습니다.

DKW 모델에 따르면 10년물 국채의 명목금리는 다음 세 가지 주요 요소로 구성됩니다.

첫 번째 요소는 '기대 실질 단기금리(Expected Real Short Rate)'입니다. 기대 실질 단기금리는 앞으로 10년 동안 투자자들이 예상하는 실질 기준금리의 평균 수준을 나타냅니다. 경기가 활황이고 연준(Fed)이 금리를 올릴 가능성이 크다고 시장이 예상하면 이 기대 실질 단기금리는 상승합니다. 반대로 경기 침체에 대한 우려로 연준(Fed)의 금리 인하 가능성이 클수록 기대 실질 단기금리는 하락합니다.

두 번째 요소는 '기대인플레이션(Expected Inflation)'입니다. 이것은 투자자들이 예상하는 향후 10년 동안의 평균 물가 상승률로 투자자들은 국채에 투자할 때 이 예상 물가 상승분만큼의 보상을 반드시 요구하게 됩니다. 즉 미래의 화폐 가치 하락에 대한 보상으로 인플레이션 전망이 높을수록 명목금리가 높아지는 특성이 있습니다.

마지막 세 번째 요소는 '기간 프리미엄'입니다. 기간 프리미엄은 장기 국채에 투자할 때 추가로 요구되는 보상으로 두 가지 세부 요소로 나눌 수 있습니다.

첫째, 장기간 투자할 때 예상치 못한 실질금리의 변동 리스크를 보상하는 '실질 기간 프리미엄(Real Term Premium)'과 둘째, 실제 인플레이션이 예상을 초과할 가능성에 대비한 '인플레이션 리스크 프리미엄(Inflation Risk Premium)'입니다. 일반적으로 실무에서는 이 두 가지 프리미엄을 통합해 간단히 '기간 프리미엄'이라고 부릅니다.

결과적으로 DKW 모델을 활용한 10년물 국채 금리 분석은 연준(Fed)의 향후 금리정책 전망(기대 실질 단기금리), 시장의 인플레이션 기대치(기대 인플레이션), 장기 투자에 수반되는 리스크 프리미엄(기간 프리미엄)을 종합적으로 평가하는 투자 접근법입니다. 투자자들은 이 모델을 통해 현재 10년물 국채 금리가 적정한지, 저평가되어 있는지, 고평가되어 있는지 더 명확하고 체계적으로 판단할 수 있습니다.

데이터 다운로드 및 가공

1단계: 데이터 다운로드
- 연준(Fed) 데이터 다운로드: 먼저 연준(Fed)의 공식 웹사이트에서 DKW 모델 데이터를 다운로드받습니다.

연준(Fed) 웹사이트의 Economic Research Data 섹션에서 'Yield Curve Models and Data' 페이지를 찾아 DKW 모델 자료를 선택해 'DKW_updates.csv' 파일을 다운로드하면 됩니다.

2단계: 데이터 구성 이해하기
- 데이터 구성 이해하기: 다운로드한 CSV 파일을 Excel로 열면 다음과 같은 네 가지 핵심 열(column)이 있습니다.

DKW 모델 엑셀 데이터

기간 설정   **10년물 국채 금리 구성요소**

date	exp.real.st	exp.inflati	real.term.	inflation.ri	tips.liq.pr	nominal.y	nominal.y	ic.raw.5	c.fitted.5	exp.real.short.rate.10	exp.inflation.10	real.term.prem.10	inflation.risk.prem.10	프리미엄 합
2024-06-03	1.6518	2.7379	0.1192	-0.1393	0.2547	4.3689	4.3696	3.2079	2.3439	1.470099956	2.756400108	0.257299989	-0.105000138	0.15229985
2024-06-04	1.6346	2.7197	0.0912	-0.1484	0.2533	4.2948	4.2971	2.278	2.318	1.449699968	2.741499901	0.224700004	-0.115599751	0.10910025
2024-06-05	1.6222	2.7116	0.0747	-0.1546	0.2493	4.2548	4.2539	2.2707	2.3077	1.439100057	2.735599995	0.209199995	-0.12070024	0.08849975
2024-06-06	1.6174	2.7093	0.0663	-0.1582	0.2698	4.2372	4.2348	2.2514	2.2813	1.436100051	2.734400034	0.202900007	-0.123100162	0.07979984
2024-06-07	1.6615	2.7431	0.1179	-0.1414	0.315	4.398	4.3811	2.2656	2.2867	1.479200006	2.761300087	0.25940001	-0.104900122	0.15449988
2024-06-10	1.6647	2.7563	0.1331	-0.1377	0.3156	4.4249	4.4164	2.273	2.303	1.490499973	2.773299932	0.282999992	-0.09739995	0.18560004
2024-06-11	1.6476	2.7367	0.1093	-0.1442	0.3143	4.3492	4.3494	2.2419	2.2782	1.468399972	2.755500006	0.251999921	-0.107299805	0.14490016
2024-06-12	1.6259	2.7191	0.0788	-0.1547	0.3507	4.2636	4.2691	2.1717	2.2137	1.447100058	2.742799997	0.2192	-0.117899805	0.10130010
2024-06-13	1.6048	2.7019	0.0474	-0.1658	0.346	4.1831	4.1883	2.15	2.1901	1.426399961	2.729599953	0.186900005	-0.128599763	0.05830024
2024-06-17	1.6031	2.6969	0.0387	-0.1688	0.3677	4.1717	4.1699	2.1596	2.1604	1.422300026	2.725399971	0.176800004	-0.132199883	0.04410012
2024-06-18	1.6252	2.7091	0.0592	-0.1615	0.3583	4.243	4.232	2.1646	2.1893	1.440299958	2.734499931	0.195899993	-0.125999928	0.06990006
2024-06-18	1.6095	2.6965	0.0408	-0.1674	0.3218	4.182	4.1794	2.1776	2.2073	1.424400046	2.724299908	0.174999997	-0.132599831	0.04240016
2024-06-19	NA	NA	NA	NA	NA	NA	NA	NA	NA	NA	NA	NA	NA	
2024-06-20	1.6135	2.7044	0.0485	-0.1658	0.4227	4.2068	4.2006	2.2152	2.2409	1.432300001	2.73149991	0.187700003	-0.128600001	0.05910000
2024-06-21	1.611	2.7064	0.0516	-0.1649	0.3229	4.2105	4.2041	2.1916	2.2186	1.432600051	2.733400106	0.192699999	-0.126900077	0.06579992
2024-06-25	1.6119	2.7049	0.0527	-0.1639	0.3295	4.2145	4.2056	2.1857	2.2115	1.431499988	2.731699944	0.191300005	-0.127199769	0.06410023
2024-06-25	1.61	2.7005	0.0486	-0.1647	0.3295	4.1944	4.1784	2.2063	2.2063	1.427300051	2.727699995	0.1869	-0.129400015	0.05499999
2024-06-26	1.6268	2.7203	0.078	-0.1555	0.3219	4.245	4.2696	2.2205	2.2429	1.446699951	2.744100094	0.217199993	-0.117899895	0.10190010
2024-06-27	1.614	2.7128	0.072	-0.1565	0.2966	4.2471	4.2423	2.2342	2.2597	1.437099993	2.737699986	0.211600006	-0.120000124	0.09159988
2024-06-28	1.616	2.7292	0.0897	-0.1525	0.3104	4.2873	4.2824	2.2589	2.2663	1.450500056	2.747300017	0.25	-0.110699892	0.13020010
2024-07-01	1.6349	2.7628	0.1271	-0.1435	0.3172	4.3877	4.3813	2.2994	2.3021	1.484199971	2.782900095	0.296600014	-0.093099952	0.20350006
2024-07-02	1.6206	2.7521	0.1126	-0.1478	0.323	4.338	4.3377	2.2813	2.2813	1.470400035	2.774900014	0.279900014	-0.098300099	0.18159991
2024-07-03	1.608	2.7402	0.0882	-0.1554	0.3257	4.2753	4.276	2.2383	2.2541	1.452700034	2.759900093	0.249400005	-0.108200312	0.14119969
2024-07-04	NA	NA	NA	NA	NA	NA	NA	NA	NA	NA	NA	NA	NA	
2024-07-05	1.5762	2.715	0.0532	-0.1677	0.2954	4.1716	4.1767	2.2333	2.2519	1.424999982	2.745199952	0.215000004	-0.119400144	0.09555998
2024-07-08	1.5761	2.7154	0.0505	-0.1691	0.4134	4.1759	4.1729	2.2254	2.2389	1.42580004	2.745399952	0.213799998	-0.119899998	0.09390000
2024-07-09	1.5805	2.7232	0.0543	-0.1695	0.3187	4.1918	4.1885	2.2251	2.235	1.434300005	2.752899985	0.223800004	-0.117099988	0.10670012
2024-07-10	1.5793	2.7197	0.0498	-0.1707	0.3043	4.1841	4.1781	2.2247	2.2447	1.431199983	2.749799967	0.217399999	-0.119199872	0.09820012
2024-07-11	1.5306	2.6977	0.0247	-0.1778	0.3126	4.0778	4.0752	2.1911	2.2073	1.393300042	2.728200007	0.192399994	-0.126200199	0.06619979
	1.5156	2.6962	0.0155	-0.1824	0.3286	4.0523	4.0449	2.1708						

출처: DKW 모델 엑셀 파일

1. exp.real.short.rate.10: 향후 10년 동안의 예상 실질 단기금리
2. exp.inflation.10: 향후 10년 동안의 기대인플레이션
3. real.term.prem.10: 10년 동안의 실질 기간 프리미엄
4. inflation.risk.prem.10: 10년 동안의 인플레이션 리스크 프리미엄

10년물 금리 계산법은 이 네 가지 데이터를 더하면 이론상 10년물 국채 금리를 직접 계산할 수 있습니다.

10년물 금리
= exp.real.short.rate.10 + exp.inflation.10 + real.term.prem.10 + inflation.risk.prem.10

3단계: 평균값과 표준편차 구하기

엑셀(Excel)에서 새로운 열을 만들어 위 수식을 입력하고 아래로 드래

그해 모든 날짜의 10년물 금리를 계산해야 합니다. 먼저 엑셀에서 최근 1년(예: 2024년 6월~2025년 5월) 데이터를 필터링합니다. 필터링한 데이터의 각 구성요소에 대해 평균과 표준편차를 계산합니다.

엑셀 함수 사용법

date	exp.real.short.rate.10	exp.inflation.10	real.term.prem.10	inflation.risk.prem.10	프리미엄 합	10년 국채금리
2024-06-03	1.470099956	2.756400108	0.257299989	-0.105000138	0.152299851	4.378799915
2024-06-04	1.449699968	2.741499901	0.224700004	-0.115599751	0.109100252	4.300300121
2024-06-05	1.439100057	2.735599995	0.209199995	-0.12070024	0.088499755	4.263199806
2024-06-06	1.436100051	2.734400034	0.202900007	-0.123100162	0.079799846	4.250299931
2024-06-07	1.479200006	2.761300087	0.25940001	-0.104900122	0.154499888	4.394999981
2024-06-10	1.490499973	2.773299932	0.282999992	-0.09739995	0.185600042	4.449399948
2024-06-11	1.468399972	2.756500006	0.251199991	-0.107299805	0.143900186	4.368800163
2024-06-12	1.447100058	2.742799997	0.2192	-0.117899895	0.101300105	4.291200161
2024-06-13	1.426399961	2.729599953	0.186900005	-0.128599763	0.058300242	4.214300156
2024-06-14	1.422300026	2.725399971	0.176300004	-0.132199883	0.044100121	4.191800117
2024-06-17	1.440299958	2.734499931	0.195899993	-0.125999928	0.069900066	4.244699955
2024-06-18	1.424400046	2.724299908	0.174999997	-0.132599831	0.042400166	4.191100121
2024-06-19	NA	NA	NA	NA	0	#VALUE!
2024-06-20	1.432300001	2.73149991	0.187700003	-0.128600001	0.059100002	4.222899914
2024-06-21	1.432600051	2.733400106	0.192699999	-0.126900077	0.065799922	4.231800079
2024-06-24	1.431499988	2.731699944	0.191300005	-0.127199769	0.064100236	4.227300167
2024-06-25	1.427300051	2.727699995	0.184400007	-0.129400015	0.054999992	4.210000038
2024-06-26	1.448699951	2.744100094	0.219799995	-0.117899895	0.101900101	4.294700146
2024-06-27	1.437099993	2.737699986	0.211600006	-0.120000124	0.091599882	4.26639986
2024-06-28	1.450500056	2.753000021	0.240899995	-0.110699892	0.130200103	4.33370018
2024-07-01	1.484199971	2.782900095	0.296600014	-0.093099952	0.203500062	4.470600128
2024-07-02	1.470400035	2.774199963	0.279900014	-0.098300099	0.181599915	4.426199913
2024-07-03	1.452700034	2.759900093	0.249400005	-0.108200312	0.141199693	4.35379982

출처: DKW 모델 엑셀 파일

1. 표준편차 데이터: = STDEV.S(데이터 범위)

각 열별로 이 수식을 입력해 표준편차를 구합니다. 또한 두 가지 프리미엄(real.term.prem.10, inflation.risk.prem.10)을 합친 열을 만들어 이 합계에 대해서도 표준편차를 계산합니다.

2. 평균 데이터: = AVERAGE(데이터 범위)

평균을 더해 균형적인 10년물 금리 수준을 계산하고 현재 금리와 비교해 얼마나 높거나 낮은지 분석합니다.

구성요소 나누어 가치평가하기

위 과정을 통해 분석한 결과 최근 1년 동안의 데이터는 다음과 같은 특징을 보여줍니다.

DKW 모델을 활용한 장기금리(10년물)의 세부 요인 분해

	기대 실질 단기금리	기대인플레이션	프리미엄 합계	10년물 국채 금리
평균	1.269	2.731	0.275	4.275
표준편차	0.085	0.045	0.212	0.271

출처: 미국 연방준비제도이사회, 「Economic Research Data」 DKW updates

최근 1년 데이터를 살펴보면 실질금리와 기대인플레이션은 비교적 안정적으로 유지된 반면 프리미엄 요인의 변동성이 상대적으로 높은 것을 확인할 수 있습니다. 이것은 투자자들의 심리적 요인이나 시장의 불확실성에 따라 프리미엄이 더 크게 움직이고 있음을 나타냅니다. 이런 정보는 2부, 3부의 내용과 접목해 최근 장기금리의 움직임을 해석하는 데 큰 도움이 됩니다.

또한 평균(μ=4.275%)과 표준편차(σ=0.271%)를 활용해 적정 금리 범위를

장기금리(10년물)의 변동폭

구간	포함 확률	10년물 국채 예상 금리
$\mu \pm 1\sigma$	약 68.3%	4.004~4.546
$\mu \pm 2\sigma$	약 95.4%	3.733~4.817
$\mu \pm 3\sigma$	약 99.7%	3.462~5.088

출처: 미국 연방준비제도이사회, 「Economic Research Data」 DKW updates

확률적으로 판단해볼 수 있습니다.

이것을 실전 투자와 연결해보면 다음과 같이 판단할 수 있습니다.

표준편차를 활용한 10년물 장기 국채 투자 방법

구간	포함 확률	금리 범위(%)	투자 판단
μ-2σ~μ-1σ	약 13.6%	3.73~4.00	금리 하락(채권 매도 구간)
μ±1σ	약 68.3%	4.00~4.54	정상 범위(홀딩)
μ+1σ~μ+2σ	약 13.6%	4.54~4.81	금리 상승(채권 매수 구간)

출처: 미국 연방준비제도이사회, 「Economic Research Data」 DKW updates

구체적으로 금리가 정상 범위(4.004~4.546%)를 벗어나 ±1σ에서 ±2σ 구간으로 움직일 경우부터 실질적인 투자 결정이 필요합니다. 예를 들어 금리가 4.546%를 넘어 상승하면 시장의 과민반응으로 금리가 높아졌다고 판단해 채권을 매수할 수 있습니다. 반대로 금리가 4.004% 밑으로 떨어졌다면 채권 가격이 상대적으로 비싸졌다고 판단해 매도나 방어적 대응이 필요합니다.

실전 예: 정성적 평가 추가하기

위에서 제시한 통계적 분석은 과거 데이터에 기반했지만 실제 투자를 위해서는 더 구체적인 정성적 평가가 필요합니다.

정성적 평가 예: 채권 프리미엄 예상하기

	기대 실질 단기금리	기대인플레이션	예상 프리미엄	10년물 국채 예상 금리
평균	1.269	2.731	0.6	4.4~4.8
표준편차	0.085	0.045	0.2	

출처: 「Economic Research Data」 DKW updates, FRED

실질금리와 기대인플레이션은 최근 패턴을 고려할 때 향후 변동 폭이 크지 않고 오차범위는 최대 ±0.2% 이내로 제한될 가능성이 큽니다. 따라서 실제로 금리전망에서 결정적 역할을 하는 것은 투자자의 심리적 요인이 큰 비중을 차지하는 프리미엄의 변화입니다.

프리미엄은 투자자의 공포나 낙관적 심리 변화 등으로 인해 빠르게 변동할 수 있으며 특히 기술적 분석 차트에서 나타나는 지지선과 저항선의 영향을 크게 받습니다. 따라서 프리미엄 변화를 예측하기 위해서는 현재 시장 상황에서 채권 금리가 차트상 어느 구간에 위치하는지, 앞으로 지지나 저항을 받고 있는지에 대한 분석으로 더 정확한 방향성을 도출할 수 있습니다.

정성적 평가 예: 2021~2025년 10년물 미국 국채 프리미엄 추이

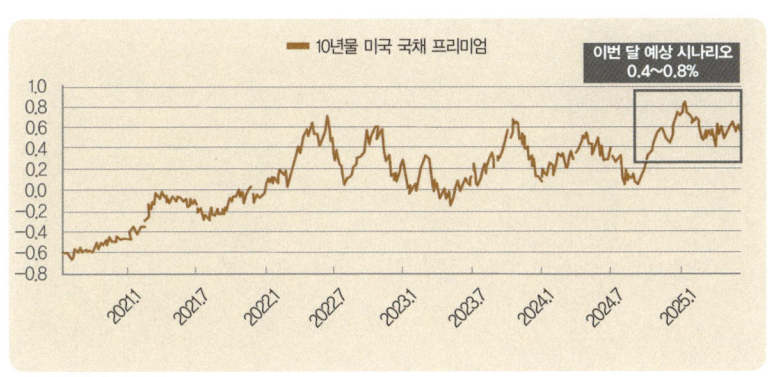

출처: FRED

예를 들어 현재의 매크로 상황을 고려해 시장 분위기와 최근의 채권 금리 움직임을 고려합니다. 채권 프리미엄의 방향성이 상승 추세인지 하락 추세인지 아니면 박스권에서 일정하게 움직이고 있는지 파악해

채권 금리의 적절한 범위를 설정할 수 있습니다. 이로써 채권 금리의 예상 고점과 저점을 더 명확히 파악하고 10년물 채권 금리 전망을 설정하고 이에 맞춰 투자 전략을 수립할 수 있습니다.

최종적으로 이렇게 설정된 10년물 국채 금리의 적정 가치를 바탕으로 합리적인 포트폴리오를 구성할 수 있게 됩니다. 또한 이런 분석과 전망을 정기적으로 업데이트하면 2부와 3부에서 다룬 매크로 경제환경 분석과 이것을 연계해 더 깊이 있는 투자 전략을 수립할 수 있게 됩니다.

· 5장 ·
실전에 바로 쓰는 매크로 도구

지금까지 우리는 매크로 경제지표를 기반으로 실제 투자에 활용할 수 있는 실전적 전략들을 구체적으로 학습했습니다.

첫 번째로 비농업고용지수와 소비자물가지수를 통해 미국의 경제 상태를 분석하는 방법론을 배웠습니다. 여기서 핵심은 경제 데이터를 '해석'할 수 있는 지식이 필요하다는 것입니다. 이런 데이터는 주로 연준(Fed)에서 업데이트하는 최신 자료들을 찾아 공부해야 하는데 이 과정은 상당히 많은 시간이 소요됩니다. 따라서 이 부분에 대해서는 다른 전문가나 증권사의 리포트를 참고하거나 필요하다면 제가 작성하는 콘텐츠와 블로그 게시글을 참고하시는 것도 좋다고 생각합니다.

두 번째로 CME FedWatch를 활용해 시장의 금리전망을 간편하게 읽어내는 방법을 익혔습니다. 이로써 시장 참여자들의 예측이 현실적으로 가능한지 평가하고 예상되는 경제지표를 미리 분석해 투자 방향성을 명확히 설정할 수 있었습니다. 매크로 분석의 가장 큰 가치는 시장이 비합리적인 판단을 했을 때 이것을 신속히 포착하고 합리적인 투자를 실행하는 데 있다는 것을 강조했습니다.

세 번째로 시장의 공포와 탐욕을 객관적으로 측정하는 공포·탐욕지수와 VIX 지수를 활용한 주식 투자 전략을 살펴봤습니다. 극단적인 공포 상황에서 양질의 자산을 저렴한 가격에 매수하는 원칙과 이것을 표준편차 기반의 가치평가로 구체화하는 방법을 이해했습니다. 또한 VIX 지수를 이용해 시장의 변동성을 관리하고 분할매수 전략과 포트폴리오 재조정을 효과적으로 수행하는 방법도 익혔습니다.

마지막으로 연준(Fed)의 DKW 모델을 통해 10년물 국채 금리의 구성요소(기대 실질 단기금리, 기대인플레이션, 기간 프리미엄)를 깊이 있게 분석하는 방법을 학습했습니다. 이로써 장기금리의 적정 범위를 통계적, 정성적으로 평가하고 향후 금리전망을 더 명확히 수립해 채권시장에서의 투자 전략을 수립하고자 했습니다.

결론적으로 매크로 지표를 활용한 투자 전략은 시장의 움직임을 선제적으로 읽고 자신의 분석을 토대로 합리적인 의사결정을 내릴 수 있게 합니다. 지속적인 학습과 실전적 적용을 한다면 여러분의 투자 판단력이 더 정교해지고 안정적인 수익을 내는 데 큰 도움이 될 것입니다.

에필로그

해석의 힘, 그리고 살아남는 전략

많은 사람들이 매크로 투자를 오해합니다.

"금리를 보면 돈을 벌 수 있다.", "환율을 예측하면 시장을 이길 수 있다."라는 식이죠.

하지만 매크로는 돈을 벌기 위한 전략이 아니라 돈을 잃지 않기 위한 전략입니다. 우리가 매크로를 공부하는 이유는 단 하나입니다. 시장에서 마주치는 수많은 리스크 중에서 감수해야 할 리스크와 피해야 할 리스크를 구분하기 위해서입니다. 쉽게 말해 불리한 싸움은 피하고 이길 수 있는 싸움만 골라 들어가기 위한 무기가 바로 매크로 분석입니다.

이런 태도는 일확천금과는 거리가 멉니다. 하지만 시장에서 오래 살아남기 위해 꼭 필요한 태도입니다. 결국 진정한 투자는 불확실한 세상 속에서 내가 감당할 수 있는 리스크만 받아들이고 내 해석과 선택을 믿는 것입니다. 그리고 이 책은 바로 '해석의 힘'을 기르기 위한 여정이었습니다.

1부에서는 주가의 본질을 '실적 × 멀티플'이라는 구조로 풀어냈습니다. 많은 투자자들이 "싸 보여서 샀다.", "비싸 보여서 팔았다."라는 식의 직관적인 감각에 의존합니다. 저도 처음에는 그랬습니다. 하지만 이 책 1부에서 그런 막연한 판단을 넘어 수치와 구조를 통해 시장을 해석하는 힘, 즉 통계적 사고를 훈련하고자 했습니다.

멀티플이 단순히 높은지 낮은지를 넘어 과거 평균과 분포를 살펴보고 실적의 흐름과 주가의 상관관계를 정량적으로 계산해보는 과정을 통해 우리는 더 이상 "싼 것 같다."라는 느낌이 아니라 "지금 멀티플은 과거 대비 어느 구간에 있고 향후 어떤 조건에서 정상화될 수 있다."라는 식의 구조적이고 확률에 기반한 판단을 내릴 수 있게 되었습니다.

2부는 많은 투자자들이 가장 어려워하는 질문에 대한 해답을 찾는 과정이었습니다. "싸 보이는데 더 떨어지진 않을까?", "비싸 보이는데 더 오를 수도 있지 않을까?" 이 질문에 답하려면 결국 '경제 사이클'과 자산들의 움직임을 함께 해석하는 능력이 필요합니다. 우리는 회복기→확장기→둔화기→침체기라는 사이클의 흐름 속에서 금리, 물가, 주식, 채권, 금, 환율 같은 자산들이 어떤 순서로 움직이고 서로 어떻게 영향을 주고받는지 정리해가면서 그 안에서 투자 타이밍의 실마리를 찾아가는 훈련을 했습니다.

예를 들어 단기금리는 오르는데 장기금리는 떨어진다면 이는 단기적 긴축 우려와 장기적 침체 우려가 동시에 존재하는 '둔화기 전반'일 수 있습니다. 또는 금 가격이 오르는데 달러도 강세를 보인다면 시장은 불안정한 물가 상황 속에서 '위기 헤지' 자산을 찾고 있을 수도 있습니다.

이처럼 하나의 지표가 아니라 여러 자산의 조합과 상호작용을 해석하며 우리는 "지금 시장은 어느 국면에 있는가?"를 고려해 시장의 생각을 파악했습니다.

단순히 "지표가 좋다.", "금리가 오른다."라는 1차원적 사고에서 벗어나 "이 조합이 의미하는 시장의 심리는 무엇인가?", "자산 간 퍼즐이 어떤 그림을 그리고 있는가?"를 질문하게 되었습니다. 2부는 바로 그런 자산 간 움직임 해석을 통해 타이밍을 잡는 사고 훈련의 장이었습니다.

3부는 단순한 이론 훈련이 아니라 실제 과거 시장 사례들을 통해 배운 '맥락 해석 훈련장'이었습니다. 수치와 지표는 시대마다 다르게 해석되었고 같은 금리 상승도 어떤 시대에는 호재로 어떤 시대에는 악재로 작용했죠. 우리는 그 차이를 역사 속 시장의 반응과 투자자 심리를 통해 체득했습니다.

1970년대 인플레이션과 금리 급등기, 1994년 채권 대학살, 2008년 금융위기, 2015년 금리 정상화 과정, 2020년 코로나 이후 시장 반등, 2022~2023년의 긴축과 시장 불안정기 등 수많은 실제 사례를 하나하나 짚어가며 같은 지표라도 시대와 상황에 따라 전혀 다르게 해석될 수 있다는 것을 배웠습니다.

4부에서는 제가 실전에서 직접 활용하고 있는 투자 전략과 마인드를 공유했습니다. 시장에서 끝까지 살아남기 위한 현실적인 방법, 그리고 리스크를 견디는 태도에 대한 이야기였습니다.

마무리하며…

사실 저는 순수하게 '생각하는 일', '해석하는 일' 그리고 그 결과를 사람들과 나누는 것을 즐거워합니다. 어린 시절 추리 퀴즈를 푸는 게 너무 좋아 추리 퀴즈 카페를 만들어 친구들과 함께 놀던 기억이 납니다. 제가 직접 추리 퀴즈를 만들어 올리고 정답과 추론 과정을 설명하며 사람들과 소통하는 일이 참 즐거웠습니다. 지금 와 돌이켜보니 그때의 저는 이미 '시장'이라는 거대한 퍼즐판 위에서 추론하고 사고하는 법을 배우고 있었던 것 같습니다.

주식시장도 마찬가지였습니다. 겉으로 보이는 수치와 뉴스 뒤에는 항상 진짜 '의도'가 숨어 있었습니다. 그리고 그것을 하나씩 풀어가는 과정은 어린 시절의 추리 게임 풀이처럼 제게 순수한 즐거움을 주었습니다.

그래서 증시 공부는 저에게 결코 지루한 숙제가 아니었습니다. 오히려 매 순간이 흥미진진한 게임과 같았습니다. 재미있게 공부하다가 좋은 인사이트가 떠오르면 자연스럽게 사람들과 그것을 나누고 싶었습니다. 그런 마음으로 블로그를 시작하게 되었고 유튜브 채널과 네이버 프리미엄 콘텐츠까지 운영하게 되었습니다. 이러한 생활은 각종 금융자격증 취득과 삼프로TV 출연, 각종 실전 및 모의 투자대회에서의 수상으로 연결되었고 평소 수없이 읽고 분석한 논문들 덕분에 다양한 장관상과 한국은행 총재상까지 받았습니다. 돌아보니 운좋은 순간들도 참 많았습니다. 그리고 정말 운좋게도 출판사에서 연락이 와 마침내 이렇게 한 권의 책까지 쓰게 되었습니다.

매일 새벽까지 증시 데이터를 정리하고 분석하고 콘텐츠를 만드는 과정은 솔직히 쉬운 일은 아니었습니다. 하지만 그럼에도 불구하고 제가 다시 힘을 내 책상 앞에 앉을 수 있었던 것은 제 글을 기다려 주시고 제가 전하는 분석을 기꺼이 들어주시던 독자 여러분과 구독자 여러분 덕분이었습니다.

이 책을 쓰는 데 많은 도움을 주신 JIN*** LEE, 가**리, 1mp**vise, 김*k, TG**UB, 느림**학, Con***llatio, 참, J **m, um***sk, 한*, 레*리, be **ppy 님 외 수많은 구독자 여러분께 깊은 감사의 마음을 전합니다.

여러분의 지속적인 관심과 응원, 때로는 날카로운 질문과 격려의 메시지가 저를 다시 펜 앞에 앉히고 이 책을 끝까지 완성할 수 있는 원동력이 되어주었습니다.

특히 woo****89님, 이해정님, 진심 어린 응원과 따뜻한 격려에 진심으로 감사드립니다.

아직 공부해야 할 것도 많고 가야 할 길도 멉니다. 하지만 적어도 이 책이 여러분이 '투자'라는 긴 여정을 떠날 때 작은 나침반이 되어 험난한 시장 속에서도 여러분만의 길을 찾는 데 조금이라도 도움이 되길 바랍니다.

다시 한번 여러분께 진심으로 감사드립니다. 이 책을 읽어주시고 제 이야기를 함께 나누어 주셔서 고맙습니다. 앞으로도 투자라는 퍼즐을 함께 즐겁게 풀어나갈 수 있기를 진심으로 바랍니다.

★ Memo ★

★ Memo ★

* Memo *

초판 한정
'주식의 코드, 매크로 투자'를 경험해 보세요!

네이버 프리미엄 콘텐츠
상위 10% 최우수 채널
『1%를 읽는 매크로 투자, 주식의 코드』 1개월 무료 구독권

· 사용 방법 ·

STEP 1 옆의 QR 코드를 스캔한다.

STEP 2 네이버 아이디로 로그인한다.

STEP 3 아래 쿠폰 번호를 입력한다.

『1%를 읽는 매크로 투자, 주식의 코드』
1개월 무료 구독 쿠폰 번호

4BB9UBRP

[유효 기간] 2025년 9월 20일~2026년 9월 20일

1%를 읽는 매크로 투자
주식의 코드

초판 1쇄 인쇄 2025년 10월 15일
초판 1쇄 발행 2025년 10월 22일

지은이 | 주식의 코드
펴낸이 | 권기대
펴낸곳 | ㈜베가북스

주소 | (07261) 서울특별시 영등포구 양산로17길 12, 후민타워 6-7층
대표전화 | 02)322-7241   **팩스** | 02)322-7242
출판등록 | 2021년 6월 18일 제2021-000108호
홈페이지 | www.vegabooks.co.kr   **이메일** | info@vegabooks.co.kr
ISBN | 979-11-94831-17-4 (03320)

* 책값은 뒤표지에 있습니다.
* 잘못된 책은 구입하신 서점에서 바꿔 드립니다.
* 좋은 책을 만드는 주인공은 바로 독자 여러분입니다.
* 베가북스는 독자 여러분의 의견에 항상 귀를 기울입니다. 베가북스의 문은 항상 열려 있습니다.
* 원고 투고 또는 문의사항은 위의 이메일로 보내주시기 바랍니다.